山东师范大学
人文社会科学学术文丛

21世纪以来
英联邦国家家事司法改革之探

齐凯悦／著

法律出版社
LAW PRESS·CHINA
——北京——

图书在版编目（CIP）数据

21世纪以来英联邦国家家事司法改革之探 / 齐凯悦著. -- 北京：法律出版社，2021
（山东师范大学人文社会科学学术文丛）
ISBN 978-7-5197-6083-0

Ⅰ. ①2… Ⅱ. ①齐… Ⅲ. ①亲属法－司法制度－体制改革－研究－英国 Ⅳ. ①D956.139

中国版本图书馆CIP数据核字(2021)第212563号

21世纪以来英联邦国家家事司法改革之探
21 SHIJI YILAI YINGLIANBANG GUOJIA JIASHI SIFA GAIGE ZHI TAN

齐凯悦 著

策划编辑 朱 峰
责任编辑 韩泓宇 马秋婧
装帧设计 鲁 娟

出版发行 法律出版社
编辑统筹 辞书·融出版编辑部
责任校对 杨锦华
责任印制 张建伟
经 销 新华书店

开本 710毫米×1000毫米 1/16
印张 18.5 字数 265千
版本 2021年10月第1版
印次 2021年10月第1次印刷
印刷 北京虎彩文化传播有限公司

地址：北京市丰台区莲花池西里7号(100073)
网址：www.lawpress.com.cn
投稿邮箱：info@lawpress.com.cn
举报盗版邮箱：jbwq@lawpress.com.cn

销售电话：010-83938349
客服电话：010-83938350
咨询电话：010-63939796

书号：ISBN 978-7-5197-6083-0
定价：66.00元
凡购买本社图书，如有印装错误，我社负责退换。电话：010-83938349

序 言

家庭的稳定和谐是美好生活的重要组成部分,也构成国家发展和社会进步的基础。家事纠纷的解决,关系着公民美好生活目标的实现及国家治理能力和治理体系现代化的发展。家事纠纷具有特殊性,既有财产关系因素,又有身份关系因素,故而家事司法制度在遵循民事审判一般原理的同时又具有显著特色,如注重调解等非诉讼纠纷解决机制的适用,减少当事人的冲突或对抗;注重对未成年人的权益保障等。进入21世纪以来,随着家事纠纷的不断增多且日益复杂,家事司法系统在运行过程中往往会出现诉讼迟延、时间和金钱成本较高、儿童利益保障有待增强等问题,从而影响了家事纠纷的有效解决和家事司法正义的实现。推动家事司法制度的不断发展和完善,从而保障家事纠纷的及时高效解决,是促进家事司法的程序正义和实质正义实现的必要途径。

我国自2016年开始进行家事审判方式和工作机制改革(以下简称家事审判改革)的试点工作,至2018年两年试点结束,家事审判改革进入进一步深化阶段。在改革过程中,独立家事法庭的建设、调解等非诉讼纠纷解决机制的完善、心理咨询师等专业人员的参与、家事调查员制度的建立等都构成了改革的重要内容。尽管我国家事审判改革工作已取得一定进展,但尚存在改革不充分、发展不平衡等问题,部分改革措施也有待商榷。例如,我国家事审判改革中尚存在未成年人程序参与不足、专家参与制度有待完善等问题,案多人少的矛盾突出、缺乏对家事法官的专业培训等新问题呈现,家事司法的专业化、智能化、社会化尚待进一步推进。在进一步深化家事审判改革阶段,如何克服家事审判制度发展面临的阻力、解决家事司法系统存在的问题、促进家事纠纷的有效解决和婚姻家庭关系的维护，是我国家事审判制度发展需要探讨的重要内容。

无论是我国还是其他国家和地区，通过改革的方式推动家事司法制度的发展成为普遍现象，并且各国或地区的改革措施具有相似性，体现了 21 世纪以来各国家事司法系统面临的挑战及发展路径选择的一致性。诸多国家和地区进行了家事司法改革（family justice reform）或审查，通过统一家事法院设置、促进非诉讼纠纷解决机制适用、简化家事司法流程、解决家庭暴力问题、保障儿童最大利益原则的实践等措施推进家事司法系统的优化，保障当事人和儿童权益。无论是国际公约和各国家庭法律制度规定的儿童最大利益原则，还是我国《民法典》引入的未成年人最大利益原则，均强调对未成年人的保护。同时，国外家事司法改革与我国的家事审判改革不仅关注家事审判制度和诉讼程序的发展，还关注非诉讼纠纷解决机制和其他工作方式的完善。各国的改革措施均对提升家事司法效率、保障儿童最大利益、推进非诉讼纠纷解决机制适用等作出了探讨，家事司法的专业化、智能化和社会化建设也成为 21 世纪各国家事司法改革的普遍发展方向。

因此，对其他国家家事司法改革的探讨，在一定程度上可以为我国家事审判改革提供比较法的借鉴，为探讨家事审判改革思路、路径设计和中立性要素等提供参考，同时也可构成对国外家事法发展史的深入研究。进入 21 世纪以来，英联邦国家普遍进行了家事司法改革或审查，不断推进家事司法系统的优化。所谓英联邦国家，是指加入英联邦国际组织的国家。英国、澳大利亚、新西兰、新加坡、加拿大都是英联邦具有代表性的成员国，并且均在 21 世纪推行了家事司法改革与审查，如英国 2011 年以来的家事司法改革、澳大利亚 2019 年家事司法审查、新西兰 2014 年家事司法改革及 2019 年家事司法审查、新加坡 2014 年家事司法改革及 2019 年家事司法审查、加拿大 2019 年家事司法改革等。上述英联邦国家在家事司法改革和审查中强调对家事司法系统的优化和程序机制的改革，并始终将儿童最大利益原则作为家事司法的首要原则，强调对接近正义的保障。这些国家的家事司法改革在取得一定效果的同时亦存在一些问题，部分国家在后改革时代仍不断探索家事司法制度的完善。英联邦国家的家事司法改革均在近年内开展,国内尚无针对英联邦国家家事司法改革的全面研究。本书旨在以上述五个英联邦成员国的家事司法改革为研究对象,探讨英联邦国家的家事司法改革及其进展,并分析英联邦国家家事审判制度发展的共性和趋向。

整体来看,英联邦各国的家事司法改革和审查具有较大的相似性,并且彼此相互影响和借鉴。这与英联邦国家间具有相近的法律传统和家事司法文化相关,也反映了21世纪各国家事司法制度发展的普遍路径和全球化发展趋向。因此,对英联邦国家在21世纪以来的家事司法改革进行研究,既能明确英联邦国家在21世纪以来的家事司法制度之发展,又能为我国进一步深化家事审判改革提供比较法上的借鉴和参考。

目　录

第一章

改革:21世纪以来家事司法发展的普遍趋势

进入21世纪以来,改革成为各国家事司法系统不断发展的重要途径。无论是在其他国家和地区还是在我国,家事司法改革都成为家事司法制度更新的必然选择。各国或地区的家事司法改革呈现一定共性,如提升家事司法效率,增强家事司法的社会化、科技化和人性化,注重对儿童最大利益的维护等,体现了家事司法的普遍发展要求和国际化趋势。在通过改革实现家事司法系统优化的普遍趋势下,英国、澳大利亚、新西兰、加拿大、新加坡等英联邦国家实施了家事司法改革或推进了家事司法审查。对英联邦国家的家事司法改革的研究,既可以增强对英联邦国家21世纪以来家事司法发展的探讨,又可为我国正在进一步深化的家事审判改革提供比较法上的参考。

第一节　家事司法系统与家事司法改革

近年来,世界各个国家和地区往往通过改革的方式推动本国或本地区家事司法系统的发展。在家事司法系统发展过程中,改革成为推动系统优化的有效途径,而家事审判制度和配套机制的完善能够有力推动家事司法系统的发展。

一、家事司法系统

家事司法系统是处理家事纠纷的相关机构、人员和配套制度等组成的司法子系统，旨在发挥解决家事纠纷之功能。有学者指出，所谓家事司法系统，是处理诸如离婚、儿童抚养问题或财产问题等家事纠纷的专业人员和机构。[1] 有学者将家事司法系统定义为：首要目标在于确定、保护家庭成员应有的法律权利和解决家庭成员之间关于法律权利的矛盾之机构的集合。[2] 探索家事司法系统的定义，集中在家事、司法和系统三个要素上，围绕家事纠纷、法律权利及纠纷解决机构展开。

（一）家事因素：家庭与家事纠纷

家事司法系统的运行在于处理家庭事务，解决家事纠纷。作为“社会的细胞”，家庭的稳定关系着社会的稳定与发展。随着社会不断发展及经济、技术等各方面的发展变化，家庭的规模与结构、理念与伦理、职能与关系等随着社会发展呈现变迁的形态，家事纠纷逐渐凸显且日趋复杂。

不同于一般民事纠纷，家事纠纷涉及财产关系和身份关系等问题。尽管有观点认为家事纠纷来源于家庭生活中的个人选择，家事纠纷的社会危害性可能不及其他类型案件严重，然而，一方面，家事纠纷并非只是个人选择，更多与家庭成员相关；另一方面，家事纠纷处理不当往往会给当事人带来巨大痛苦，若只能私力救济，则不可避免地会在一定程度上损害弱势一方及儿童的权益。

（二）司法因素：家事案件与司法机构

家事纠纷构成了家庭法调整的对象，也是家事司法系统处理的案件范围。以英国为例，家庭法在英国作为独立的法律部门，对婚姻、收养、监护、分居、离婚、子女权利等家庭关系进行调整。结合英国家事司法实践，英国家事司法系统管辖的家事案件类型主要包括：婚姻、同居、离婚法令、部分家庭暴力案件、父母关于儿童抚养的纠纷、夫妻离婚或分居后对子女的经济支持、地

〔1〕 See Nigel Lowe & Gillian Douglas, *Bromley's Family Law*, 11th edition, Oxford University Press, 2015, p. 15.

〔2〕 See John Eekelaar & Mavis Maclean, *Family Justice: The Work of Family Judges in Uncertain Times*, Hart Publishing, 2013, p. 7-8.

方机构对保护儿童免受虐待或遗弃的介入和收养等。[1]

在英联邦国家,根据案件性质的不同,家事案件往往有私法(private law)案件和公法(public law)案件之区分。私法案件是涉及配偶或父母等个人纠纷的案件,如离婚、家庭暴力或司法别居案件等;公法案件是涉及社会公共利益的案件,主要由诸如地方政府部门或其他被授权组织等公共机构向司法机关提起,如虐待儿童案件等。[2]

司法机关及相关机构组成了家事司法系统的各项机构。司法系统中的机构既包括由法院、法院工作人员以及相关机构构成的法院系统,也包括试图通过法律、调解等手段解决这些法律权利问题的法律专业人员及调解员,以及提供涉及问题相关信息的人。同时,被允许作证的组织也可以算在内。另外,由于家事司法系统之外的代理机构承担了对部分家事案件当事人的法律权利进行评估和对结果进行执行程序的权力,如儿童抚养和执行委员会(Child Maintenance and Enforcement Commission),甚至在某种程度上警方也参与在内,故而该类机构也应被纳入家事司法系统之内。需要指出的是,提供私人意见(counselling)[3]、医疗及心理服务、社会服务、父母教育或咨询服务的人、财务顾问或其他个人不在其列,因为这些主体未直接参与纠纷解决。[4]

(三)系统因素:法律系统的子系统

审理家事纠纷和保障家事案件中法律权利的机构组成了家事司法系统,与民事司法系统、刑事司法系统等构成了司法系统的子系统。对家事司法系统的理解,在其基本含义基础之上,可以从系统角度进行理解。

英美法中将系统一词界定为按照一定的合理规则,将各部分组合成的有

---

[1] See Gary Slapper & David Kelly, *The English Legal System* (2016 - 2017), 17th edition, Routledge, 2016, p. 291.

[2] See Kate Standley & Paula Davies, *Family Law*, 8th edition, Palgrave Macmillan, 2013, p. 3.

[3] 私人意见,指由辅导人员向已婚的当事人提供私人意见,目的是协助当事人以双方协议解决他们之间有争论的事宜或协助他们适应与其婚姻崩溃相连的情绪压力。

[4] See John Eekelaar & Mavis Maclean, *Family Justice: The Work of Family Judges in Uncertain Times*, Hart Publishing, 2013, p. 7-9.

序整体。"系统"一词源于古希腊文中的"sunistemi",可以追溯到柏拉图(Plato)、亚里士多德(Aristotle)《政治学》和欧几里得(Euclid)《几何原本》,指实在各个部分因素的集合体,这些因素既保持某些相互关系,又在整体中有各自特定的位置。[1] 系统由各元素组成,这些元素构成了系统的结构,并处于不断运行的过程中。一方面,系统与环境相互作用,系统不能离开环境独自存在,而是在与环境的关联中其结构与运行才存在,此即系统的开放性。[2] 另一方面,系统具有自主性,依据自己的特定符码和功能进行运作,在开放的同时有一定的封闭性。家事司法系统的发展,亦符合系统运行的规律,在环境影响和自主发展的推动下通过各项制度、机制的适用不断完善与优化,以推动系统功能的实现。系统的革新是系统对环境和社会变化作出的有利反映,当然该革新往往出现在一系列问题凸显之时。家事司法系统亦是通过改革以适应社会的变化。[3]

综合家事、司法、系统三方面的解读,家事司法系统可以界定为处理家事纠纷的司法机关及其相关机构,既包括法院系统,也包括配套机构及相关人员,即以家事审判组织及其审判规则作为中心的整体性结构及其运作。作为司法系统的子系统,家事司法系统的功能在于解决家事纠纷,其结构和各项制度在运行过程中不断完善和发展。

二、家事司法制度与改革

系统的优化和完善,需要通过一系列适宜制度的实施来实现,家事司法系统亦如此。所谓家事司法制度,既涉及审判组织等家事司法系统内各机构的组织和运行制度,也包括各机构之间的关系以及其与其他外部机构的联系等规定。家事司法系统的不断优化,有赖于各项家事司法制度的实施。各项制度的制定旨在更好地发挥家事司法系统的功能,实现家事司法的目标。根

---

〔1〕 参见高宣扬:《鲁曼社会系统理论与现代性》,中国人民大学出版社 2005 年版,第 79 页。

〔2〕 See Niklas Luhmann, *The Differentiation of Society*, translated by Stephen Holmes & Charles Larmore, Columbia University Press, 1982, p. 257.

〔3〕 See Gary Slapper & David Kelly, *The English Legal System*(2016–2017), 17th edition, Routledge, 2016, p. 298.

据制度内容的不同,家事司法制度可以从组织制度、管理制度及程序制度三方面内容进行探索。

组织制度规定了家事司法系统的结构。家事司法系统的组织制度,既涉及家事审判机构的组织与功能设定,亦包括家事审判机构工作人员的相关制度。组织制度的完善一方面能够解决结构中存在的问题,另一方面也可以推进结构的良好运作。管理制度涉及家事法院中信息网络技术的适用和案件管理制度的运行、专家参与制度等。通过管理制度的完善提升家事司法系统的运行效率是近年来各国司法实践的普遍探索。程序制度反映了家事司法系统的具体机制或特定规则。无论是注重保障儿童的参与、扩大非诉讼纠纷解决机制的适用还是增强家事司法的透明度,具体程序机制改革都重在强调家事司法程序的合理性。

随着家事案件的数量增长及日趋复杂,家事司法系统运作中的问题不断凸显,案件审理迟延、费用支出过高、儿童程序参与缺乏等问题逐渐显现,家事司法系统的功能无法得到很好的发挥,甚至出现阻碍家事案件中当事人对接近正义的追求等问题,而这些成为诸多国家和地区家事司法发展面临的难题。故而进入 21 世纪以来,各国普遍通过家事司法制度的改革来推进家事司法系统的不断革新与优化,以推动接近正义的实现和维护家事司法中的儿童最大利益。

第二节　21 世纪家事司法:改革推进发展,国际化更为突出

进入 21 世纪以来,随着家庭法的变革和发展,各国和地区家事司法系统进行了一系列改革,并呈现出具有普遍性的家事司法文化发展趋向。家事司法制度的发展趋向,关系着家事司法制度的国际化发展,也影响着对家事司法系统的发展策略和制度制定的考量。

一、21 世纪家事司法制度发展概述

进入 21 世纪以来,为解决日益增多且不断复杂的家事案件,提升家事司

法水平,推动家事司法文化的发展,部分国家和地区通过修改相关立法规定、完善家事司法相关制度甚至全方位改革等方式保障家事司法系统的有效运行。部分国家通过设立独立家事法院、发展家事网络法院和扩大非诉讼纠纷解决机制适用等方式推动家事司法系统发展,如澳大利亚、新西兰等国家;部分国家则通过大范围的改革推动家事司法系统的发展,如英国、新加坡及我国等国家。

英国在 20 世纪末期形成较为完善的家事司法制度,但进入 21 世纪以来,英国家事司法系统出现了大量问题。例如,在英国家事司法实践中,案件审理的周期过长,家事案件的审判费用较高,当事人对案件的审理状态缺乏足够认知,家事审判机构的设置较为复杂,不同机构之间的信任度不够,缺乏家事司法的共同目标与追求,信息科学技术的应用有待提升,等等。[1] 上述问题的存在,严重影响了家事案件审理工作的开展,阻碍了家事司法系统功能的发挥。为解决家事司法实践中存在的问题,保障家事司法系统功能的实现,英国自 2011 年起进行了家事司法审查,并相继制定或修改相关立法或规则、设立独立家事法院等,进行了大规模的家事司法改革,以促进家事司法系统功能的发挥。

为保障家事司法制度符合社会变化及需求,新加坡在 2013 年成立家事司法改革跨部门小组,探讨如何简化家事诉讼程序。家事司法法院(Family Justice Court)应运而生,这标志着新加坡家事司法改革工作的开展。与此同时,通过家事法律认证制度的构建,加强调解与辅导以更好地解决纠纷成为进一步改革的内容。[2]

2016 年,我国有 67.2 万对夫妻经法院判决、调解离婚,离婚率由 2000 年的 1.85‰增长至 2016 年的 3.0‰。[3] 随着我国经济社会发展进入新的常态,婚姻家庭关系中的新问题、新情况不断显现,家事案件的数量增长、类型

---

[1] See Family Justice Review Final Report (2011), p. 5-6.

[2] 参见魏瑜嶙:《家事司法法庭今早开幕》,载联合早报网,https://www.zaobao.com.sg/realtime/singapore/story20141001-395377。

[3] 参见《2016 年社会服务发展统计公报》,载中国政府网,http://www.gov.cn/xinwen/2017-08/03/content_5215805.htm。

多样、处理难度增大。为顺应司法改革趋势,针对婚姻家庭亲属关系的社会道德属性及特征,以维护婚姻家庭稳定及保护未成年人、妇女及老年人的合法权益为目的实行家事审判改革既符合家事审判内在规律的要求,也体现了法院参与社会管理创新和强化司法为民的决心。自 2016 年 4 月以来,我国家事审判改革处于不断推进过程中。最高人民法院相继发布《最高人民法院关于开展家事审判方式和工作机制改革试点工作的意见》《最高人民法院关于在部分法院开展家事审判方式和工作机制改革试点工作的通知》,统一部署在全国 108 个中级、基层法院开展家事审判改革的试点工作,推动家事司法系统的更新。自 2018 年开始,改革已进入进一步深化阶段。2020 年,我国法院判决、调解离婚 60.3 万对,离婚率为 3.1‰。[1]

尽管各国法律体系、司法机构设置存在差异,家事司法规定亦大有不同,但就 21 世纪以来全球范围内具有代表性的家事司法改革或审查来看,各国家事司法文化发展趋向有诸多共性。这集中体现在三个方面,即独立家事司法机构的设立、互联网信息技术的适用、程序机制的多元化发展。

二、家事司法专业化推进:独立家事司法机构的设立

家事司法的专业化,体现在家事审判机构的专门化、家事审判人员的独立化及家事司法程序的专业化三个方面。其中,家事审判机构专门化是家事司法专业化中的基础性内容,也是家事司法改革最典型的举措。进入 21 世纪以来,各国家事司法系统通过专门家事法庭或家事法院等独立家事司法机构的设立,推动家事司法专业化水平的提升。实际上,独立家事司法机构的设立是实现家事司法专业化的必由之路。

(一)独立家事司法机构的广泛设立

各国关于家事审判机构独立化的探索,或在原有法院机构中设立家事法庭,或设立独立的家事法院。英国、新加坡从家事法庭发展到家事法院的过程,则体现了家事审判机构专业化的不断推进与发展。新加坡于 2014 年设立

---

[1] 参见《2020 年民政事业发展统计公报》,载中华人民共和国民政部官方网站 2021 年 9 月 10 日,http://image3.mca.gov.cn/www2017/file/202109/1631265147970.pdf。

家事司法法院，将原属于国家法院的家事法庭、更名为青少年法庭（Youth Courts）的少年法庭（Juvenile Court）、高等法院的家事部门组合在一起，通过简化家事审判机构以实现对家事诉讼程序的简化。家事司法法院的设立被视为新加坡家事司法制度发展的重要里程碑。

2014 年英国设立了独立的家事法院，其取代了之前由高等法院家事法庭、郡法院及治安法院的家事程序法庭，成为共同审理家事一审案件的审判组织。独立家事法院的设立，实现了长期以来英国家事司法系统的发展目标，同时，独立家事法院的设置，一方面简化了家事案件的审判组织，一定程度上减少了当事人关于选择起诉法院的困惑，便利了当事人的诉讼，另一方面则提升了案件管理及审判的工作效率，解决了英国家事司法系统中最为突出的拖延问题。

（二）独立家事司法机构设立：家事司法专业化的必由之路

尽管基于具体国情及司法体系运作状况相异等因素，各国推进家事审判机构专门化的具体原因有所区别，但审判机构专门化是推进家事司法系统完善、保障司法正义的重要途径。

首先，家事案件的独特性决定了家事司法的专业性。家事纠纷不同于一般的民事纠纷，其既有财产关系，也存在身份关系因素。其中，财产关系问题可以通过一般解决方式进行处理，但身份关系则需要通过特定的原则与方式解决。一方面，家事案件较为复杂，既涉及家庭成员之间的身份纠纷，也涉及财产争议；既有成年人关于财产、身份关系的争议，更涉及对未成年人利益的维护；既包括事实上、法律上的争议，还包括当事人在伦理、情感上的纠葛。[1]家事案件的特殊性使家事审判与一般民事审判在审判方式、程序及具体运行方面有所区别。另一方面，家事诉讼程序不同于一般程序，公权力的干预相对较多，和解、调解等多元纠纷解决方式的适用更为频繁，法官审理案件的专业能力和经验在家事案件审理中也具有重要作用，这意味着家事审判具有区别于一般民事诉讼的独特因素。

---

〔1〕 参见陈爱武：《论家事审判机构之专门化——以家事法院（庭）为中心的比较分析》，载《法律科学（西北政法大学学报）》2012 年第 1 期。

其次,家事审判机构专门化是家事审判专业化的基础。家事审判专业化的改革,主要体现在家事审判机构专门化、审判程序专业化以及审判人员专业化三方面。在三者之中,审判机构专门化则具有基础性地位,审判机构既是家事司法程序专业化的主体保障,也构成审判人员专业化建设的组织依托。[1] 家事审判机构专业化在推进家事司法专业化过程中起到最关键的作用,是推进审判人员专业化水平提升与程序制度完善的重要基础,故而在家事司法专业化建设过程中,家事审判机构专门化确有必要。

再次,在家事案件数量与复杂性增加的情况下,家事审判机构专门化有利于提升家事司法系统的运行效率。例如,英国家事司法改革的直接原因在于案件拖延问题的日趋严重,为提升家事司法系统的运行效率,英国将已有的家事法庭等进行整合,设立了独立的家事法院,再配合相关制度措施,英国家事案件的审限大为缩短,案件拖延问题在很大程度上得到了解决。设立专门的家事审判机构,可以在案多人少的情况下,合理配置法院资源,推动家事司法程序的完善,提升家事司法系统的运行效率,解决家事司法中存在的拖延问题,推动家事司法系统的不断更新。

最后,家事审判机构专门化有利于推动司法正义的实现。家事司法的根本原则在于推动司法正义的实现,家事司法改革的根本目的亦在于此。在家事司法改革中推进家事审判机构的专业化,根本原因仍在于保障家事案件的公正审理,维护当事人的利益。家事审判机构专门化建设在很大程度上可以减少案件拖延对当事人及未成年人造成的实质性伤害,归根结底仍在于保障当事人及未成年人的权益,推进司法正义的实现。

三、家事司法时代性鲜明:“互联网+”时代的信息技术更新

互联网的迅速发展给法院的组织管理和审判方式的变革提供了技术支持,推动了司法现代化进程。在“互联网+”背景下,如何确定法院的适应性形态,提升法院的信息化水平,以应对数字化与信息化的浪潮,成为各国家事司法系统面临的普遍性问题。为推动家事司法文化发展,信息网络技术的适用

---

[1] 参见王明辉:《加强家事审判的专业化建设》,载《人民法院报》2016 年 12 月 29 日,第 2 版。

成为各国家事司法改革的关键内容,并处在持续推进的过程中,这在新冠肺炎疫情常态化期间更为突出。

(一)信息网络技术的适用不断推进

推动家事司法系统的数字化建设,是应对互联网迅速发展的重要改革,也是各国司法系统的改革探索。美国从 21 世纪初就开始了网络法院建设的探索,2001 年密歇根州议会通过《网络法院法》(Cyber Court Act),2002 年 10 月密歇根网络法院正式运行,试图通过信息技术对传统的审判方式进行改造,便利诉讼当事人的参与,降低诉讼成本。[1] 尽管最终该设想夭折,但美国对运用信息技术辅助司法的探索未曾停止。又如,加拿大探索电子法庭建设,推动无纸化诉讼程序构建;澳大利亚法院同样进行了电子法庭建设,并取得一定成果。[2] 2017 年 7 月,新加坡家事司法法院开通了名为家事申请综合管理系统的新系统,个人保护令等案件的当事人可通过该网上平台进行申请,无须到法庭办理申请手续,这体现了家事司法法院正逐步推进诉讼程序的无纸化。[3]

英国一方面通过修改立法和试点运行方式推动诉讼程序无纸化,另一方面探索在线法院建设。英国最高法院在 2016 年度报告中列举了离婚和遗嘱案件中数字化应用问题。该报告指出,自 2016 年 4 月以来离婚和遗嘱案件的数字化建设已经取得明显进展。该计划旨在为案件当事人提供在线应用服务,该服务是一个统一、独立并服务于所有的家事、民事以及裁判所审判的信息技术系统的一部分。[4] 2017 年 1 月 30 日,英国司法部发布了关于在线离婚试点的实践指导,支持英国第一个在线离婚系统的试点运行。该试点是法院和裁判所事务管理服务局(Her Majesty's Courts and Tribunals Services)的

〔1〕 See Lucille M. Ponte, *Michigan Cyber Court: A Bold Experiment in the Development of the First Public Virtual Courthouse*, 4 North Carolina Journal of Law & Technology 51(2002).

〔2〕 See Ros Macdonald & Anne Wallace, *Review of the Extent of Courtroom Technology in Australia*, 12 William & Mary Bill of Rights Journal 649 (2004).

〔3〕 参见黄小芳:《家事司法法庭推出网上申请系统》,载联合早报网,https://www.zaobao.com.sg/realtime/singapore/story20170714-778978。

〔4〕 参见[英]托马斯勋爵:《英国最高法院 2016 年度报告》(下),袁跃文译,载《人民法院报》2017 年 1 月 27 日,第 8 版。

在线服务系统,通过评估对部分程序在线操作的新系统和方法为更大范围内的婚姻诉讼后期程序提供在线服务。

(二)数字化建设的必然发展方向

进入 21 世纪以来,随着信息技术的迅速发展,家事司法系统面临着挑战与机遇。一方面,这种挑战体现在家事审判案件、审判方式及法院管理工作中。随着互联网等信息技术发展,经济社会的发展与思想观念发生转变,家庭关系及观念同样发生一定的变化,这也引来学者关于新技术是否威胁家庭生活或导致离婚率上升的探讨。[1]另一方面,信息技术发展也为家事司法系统带来机遇,能够便利当事人的参与,[2]并在提升法院审判工作效率、节省经费开支方面发挥作用。[3]

信息技术与家事司法两个系统之间的有效互动,是形成耦合关系的基本形式,即两个系统之间平等对话,并基于交互性相互理解。也正是这种耦合关系,决定了不会出现一方彻底支配另一方的存在模式,同时,决定了双方都应以积极的态度追寻对方的支持。因此,从信息技术与家事司法的耦合关系来看,将信息技术与家事司法相协调,通过信息化水平的提升来推动家事司法系统的更新,形成更有效的家事司法问题解决的新体系,是家事司法发展的必由之路。

四、程序机制多元化:非诉讼纠纷解决机制的扩大适用

扩大非诉讼纠纷解决机制的适用,发展多元的家事纠纷解决机制是推动家事司法系统发展的重要途径。近年来,各国在家事司法改革中不断扩大调解等非诉讼纠纷解决机制的适用,并探索和解、家庭团体会议等方式,在实践中取得了一定效果。

---

〔1〕 See Robert Kraut, Malcolm Brynin & Sara Kiesler eds., *Computers, Phones, and the Internet: Domesticating Information Technology*, Oxford University Press, 2006, p. 51.

〔2〕 See Marta Poblet ed., *Mobile Technologies for Conflict Management: Online Dispute Resolution, Governance, Participation*, Springer, 2011, p. 128.

〔3〕 See Thomas Schultz, *Information Technology and Arbitration: A Practitioner's Guide*, Kluwer Law International, 2006, p. 12-14.

(一)非诉讼纠纷解决机制普遍推广

进入 21 世纪以来,各国家事司法系统往往将扩大非诉讼纠纷解决机制的适用作为改革的重要内容。自 2006 年家事司法改革以来,澳大利亚将在诉讼前通过调解机制解决家事纠纷的“真实努力”作为当事人的义务。[1] 在挪威涉及 16 岁以下未成年人的家事案件中,家事调解具有强制性。[2] 各国或将家事调解作为起诉前的强制程序,或积极鼓励调解机制在家事纠纷解决中的适用,目的均在于推动家事调解机制的适用和发展。

2011 年英国家事司法审查对扩大调解等非诉讼纠纷解决机制的适用提出了建议,修改后的《家事诉讼规则》使用了“非诉讼纠纷解决机制”(non-court dispute resolution)一词。调解信息评估会议(mediation information and assessment meetings)在家事私法案件中的强制适用,成为英国调解制度改革的核心内容之一。根据《2014 年儿童与家庭法》(Children and Families Act 2014),家事私法案件中调解信息评估会议的适用正式在立法中得到确认。调解信息评估会议并非调解本身,而是由调解员及争议双方共同或单独参与的、40 分钟左右的旨在评估调解可行性的会议,[3] 旨在为当事人提供有关调解的相关信息。

根据英国 2014 年关于《家事诉讼规则》的修改规定,法院需要在诉讼程序的各个阶段都考虑非诉讼纠纷解决机制的适用。如果法院在诉讼进程中认为适宜适用调解信息评估会议,则法院可中止诉讼程序并推动双方参与调解信息评估会议,以使双方获得解决争议的非诉讼纠纷解决机制。

(二)非诉讼纠纷解决机制的扩大适用具有必要性

作为非诉讼纠纷解决机制的核心内容,调解在家事纠纷解决过程中发挥了重要作用。一方面,家事调解能够弥补家事审判存在的缺陷。通过司法途径解决离婚等家事纠纷存在时间耗费过长、程序过于僵硬、结果不可逆转等

---

〔1〕 See Family Law Act 1975, Sec. 60I.

〔2〕 See Marriage Act 1991, Sec. 26.

〔3〕 See Sarah Blackmore & Jacqui Thomas, *Reforming Family Justice: A Guide to the Family Court and the Children and Families Act* 2014, Jordan Publishing Limited, 2014, p. 100.

问题,相较之下,调解的灵活性、非正式性等特点则为家事纠纷解决提供便利。另一方面,调解机制具有独特优势,如推动双方更好地达成协议,防止案件拖延并可能降低时间及费用成本,[1]减少双方的敌对情绪,为争议的解决提供更为平和的氛围。[2]

尽管有诸多有利之处,调解机制的适用也存在一定争议。在部分复杂案件中,调解等非诉讼纠纷解决机制并非总是适宜。某些纠纷如果及时通过司法程序解决更为适宜,如女方处于较弱地位的案件或涉及未成年人的案件。[3] 鉴于在离婚等家事纠纷中,当事人之间存在抱怨、愤怒等对立情绪的情况下,调解可能并非简单的过程,该机制的有效适用需要家事司法文化的巨大转变。[4]

调解等非诉讼纠纷解决机制与诉讼程序都是解决家事纠纷的途径,并不存在替代或取代的问题,而是应相互结合。同时,司法是正义的最后一道防线,但这并不意味着司法是最后的纠纷解决途径,部分案件中法院应尽早介入以避免案件拖延对未成年人或当事人导致损害。从这点来说,法院鼓励而非强制适用调解机制具有合理性。

21 世纪以来,全球家事司法制度发展呈现一定共性特点,这典型体现在独立家事审判机构设立、数字化建设及非诉讼纠纷解决机制扩大适用三方面。同时,各国普遍重视对未成年人权益的保护,明确儿童最大利益的判断标准和程序保障,以更好地维护未成年人的合法权益。

---

〔1〕 See Nancy Thoennes, *What We Know Now: Findings From Dependency Mediation Research*, 47 Family Court Review 21 (2009).

〔2〕 See Alan Tidwell, *A Conflict Resolved: A Critical Assessment of Conflict Resolution*, Continuum, 1998, p. 157.

〔3〕 See Kim Holt, *Contemporary Family Justice: Policy and Practice in Complex Child Protection Decisions*, Jessica Kingsley Publishers, 2016, p. 51-52.

〔4〕 See Shefali Shah, *Key Changes to Family Justice*, CoramBAAF, 2016, p. 22.

第三节　英联邦国家的家事司法改革及其研究价值

在世界各个国家和地区家事司法制度发展中,英联邦国家进入 21 世纪以来的家事司法改革具有代表性。一方面,英国、澳大利亚、新西兰、新加坡、加拿大等具有代表性的英联邦国家纷纷在 21 世纪初进行家事司法改革或审查,并且各国改革或审查相互影响和借鉴,从而形成具有一定特色的家事司法改革实践。另一方面,英联邦国家的家事司法改革措施和背景等多方面内容具有相似性,反映了家事司法文化的发展方向和全球化的影响,其对家事司法的诸多探讨也反映了 21 世纪家事司法理念和改革路径的普遍发展方向。

一、英联邦国家普遍推进家事司法改革

进入 21 世纪以来,英国、澳大利亚、新西兰、新加坡、加拿大等英联邦国家普遍进行了家事司法改革,以推动家事司法的现代化,在更大程度上促进家事司法正义的实现。

(一)英国

英国家事司法制度的形成始于 1857 年离婚与婚姻诉讼法院的设立,后经不断改革发展,至 20 世纪末期确立了由高等法院家事法庭、郡法院和治安法院中的家事程序法庭共同管辖家事一审案件的家事审判机构,形成了较系统的家事司法制度。[1] 然而,进入 21 世纪以来,英国家事司法系统存在的诉讼迟延等问题严重影响家事司法工作的开展,阻碍了家事司法系统功能的发挥。英国自 2011 年起实行了家事司法审查,相继通过制定及修改法律规则、判例及发布实践指引等方式推行改革。英国还建立了独立的家事审判机构,通过 26 周审限制度等具体机制的引入提升家事司法的效率,并重视家事司法透明度建设、非诉讼纠纷解决机制的完善。英国的家事司法改革在一定

〔1〕 See Elaine Laken et al., *Introduction to the Family Proceedings Court*, Waterside Press, 1997, p. 8-9.

程度上实现了家事司法“更好未来”的追求,但仍须进一步持续推进深入、全面的改革。[1]

(二)澳大利亚

自《1975 年家庭法》[Family Law Act 1975 (Cth)]实施以来,尽管澳大利亚社会和家庭发展发生了诸多深刻的变化,但家庭法系统未曾进行大规模的审查或改革。2017 年,时任澳大利亚司法部部长的乔治·布兰迪斯(George Brandis)要求澳大利亚法律改革委员会对家事司法系统进行审查,并任命海伦·罗迪斯(Helen Rhoades)教授领导调查活动的开展。法律改革委员会在 2019 年发布了最终审查报告,对家庭法系统进行了全面审查,提出了家事司法改革建议,强调儿童程序参与权利的保障和综合纠纷解决途径的适用,强调通过改革提升家事司法的效率。

(三)新西兰

为促进家事纠纷以私人的、更少对抗性的方式解决,新西兰在 1981 年设立了家事法院,引入了咨询和法官主导的调解等家事纠纷解决方式。2014 年,新西兰当局指示司法部对家事法院中存在的流程复杂、忽视儿童需求等问题作出审查,并提出改革建议。改革自 2014 年开始,主要针对涉及儿童抚养问题的相关服务和程序作出变革,鼓励当事人达成协议并防止纠纷的产生或升级,促进抚养纠纷及时、高效、成比例地解决。然而,此次改革未直接涉及很多关键问题,如儿童的参与、毛利人的利益、人口日益多样化以及残疾人的利益保障等。故而在 2019 年,新西兰发布审查报告,对 2014 年改革的效果及家事司法系统的发展方向作出了探讨。

(四)新加坡

新加坡在 2014 年进行了家事司法改革,建立了独立的家事司法法院,简化了家事司法机构,强化家事法院的主导作用,以推动家事纠纷的及时解决,取得了较好的改革效果。2019 年,新加坡对家事司法系统进行了审查,该

[1] See Department for Education, Ministry of Justice, A Brighter Future for Family Justice (2014), p. 36.

审查一方面对 2014 年改革的具体措施给予了肯定,另一方面提出了进一步深化改革的建议,以推动家事司法系统的进一步更新。

(五)加拿大

2018 年 5 月 22 日,加拿大政府计划引入新法律来修改加拿大联邦家庭法中涉及离婚、分居及抚养问题的立法,即 C-78 号法案,该立法已于 2019 年通过。新立法为了使家事司法制度能够更加符合加拿大家庭的需求修改了 3 部法律,即《离婚法》(Divorce Act)、《家庭判令及协议强制执行法》(Family Orders and Agreements Enforcement Assistance Act)及《附加法案及养老金转移法案》(The Garnishment, Attachment and Pension Diversion Act),并就儿童最大利益的判断标准等作出明确规范。2021 年 3 月,修改后的《离婚法》正式实施。

二、英联邦国家家事司法改革的研究价值

英联邦国家在 21 世纪进行的家事司法改革和审查,具有较大的研究基础和借鉴意义。一方面,比较法研究可以提供改革路径、指导理念及技术中立性要素等方面的参考;另一方面,英联邦国家的家事司法改革体现了家事司法发展的共性和时代性,部分改革举措的司法理念和实施路径值得其他国家和地区关注和借鉴。

(一)制度路径之参考

尽管英联邦国家的家事司法改革与我国家事审判改革之间存在法律体系、法治环境、问题意识等多方面的区别,但这种区别不能阻碍一定程度或领域的视域融合。其一,各国家事司法改革在改革理念上能够交融沟通;其二,改革的方式或技术手段可以共享,如在案件管理、程序机制设计或起辅助作用的高科技手段等技术中立领域,各国可以进行参考或借鉴;其三,家事审判改革进路方面可进行一定借鉴,如关于改革路径的论证等。[1]

---

[1] 参见涂云新、秦前红:《司法改革的组织和程序保障——论〈欧洲司法改革报告 2011—2012〉对中国的借鉴和启示》,载《河南财经政法大学学报》2013 年第 6 期。

庞德(Roscoe Pound)曾提出过“世界法”的理念,以罗马法对后世的广泛影响为例,说明在人类可以通过经验和理性来实行文明社会的社会控制中,存在共通因素。[1] 法律全球化实现的基本前提在于各国存在普遍的、共同的或相似的法律和社会问题,并且有普遍、共通的解决方法。尽管各国家事司法改革中的侧重点或具体措施有所不同,但整体的发展规律具有相似性。对英联邦国家家事司法改革的制度发展规律的把握,可为我国相关探索提供借鉴。

(二)家庭法发展之共通性

除上述可借鉴因素外,之所以可以参考英联邦国家的家事司法改革经验,还因为在家庭法观念上,各国存在共通性。尽管英联邦国家的家庭法制度与我国相关制度差别较大,但保障儿童利益、实现家事正义等家庭法的理念具有共通性。例如,保障儿童最大利益是在国际社会上得到广泛认可的基本原则。通过司法保障未成年人等弱势群体的利益、维护社会关系的稳定与和谐始终是各国普遍的制度构建。因此,尽管英联邦国家与我国的家事审判制度存在较大差异,但这种家庭法理念的共通之处,很大程度上奠定了两者之间可以有所沟通或借鉴的基础。基于此,英联邦国家在 21 世纪以来进行的家事司法改革反映了世界范围内家事司法制度发展的动态和方向,可以为我国改革提供一定的参考经验,具有研究价值。

[1] 参见[美]庞德:《作为中国法基础的比较法和历史》,王笑红译,载王健编:《西法东渐:外国人与中国近代法的变革》,中国政法大学出版社 2001 年版,第 78-79 页。

第二章

英国 2011 年以来的家事司法改革

英国自 2011 年起实施家事司法审查,对家事司法系统中存在的问题进行了较全面的梳理,并形成了大量改革建议。通过设立独立家事法院等措施,英国在 2014 年前后推行改革,取得了较突出的效果,但还存在一定问题。在英国家事司法改革中,家事司法透明度建设和非诉讼纠纷解决机制的完善是改革的重要内容,这反映了英国对家事司法程序机制保障和多元纠纷解决机制的重视。在后改革时代,英国引入了无过错离婚制度,以进一步保障当事人婚姻自由的实现。

第一节　英国家事司法改革概述

英国自 2011 年起开始推进家事司法审查,并通过独立家事法院的设立、26 周审限制度的引入等多种措施推进家事司法系统的优化,实现了英国历史上"最具革命性"的家事司法改革。

一、家事司法改革背景

英国的家事司法体制随着社会变革不断发展,反映了民众的呼声。1857 年,离婚案件的管辖权从宗教法院分离出来,离婚案件由离婚和婚姻诉讼法院审理,开启了英国家事司法制度的开端。之后,英国家事司法体制不断改革，审判制度与程序不断完善，至 20 世纪末，英国确立起由高等法院家事法庭、郡法院和治安法院中的家事程序法院共同管辖家事案件的家事司法体制。[1] 英国家事司法系统注重专门家事法庭的设立及调解、和解等工作的开展，建立起专门的儿童权利保护机构，形成了较为系统的家事司法制度。

进入 21 世纪以来，英国家事司法制度出现了一些问题，如案件审理的周期过长，平均需要 56 周的时间完成监护案件的审理；家事案件的审判费用较高，家事审判的经费与资源消耗过多；当事人对案件的审理过程与状态缺乏足够认知；家事法庭的机构设置较复杂，当事人起诉有困难；不同机构之间的交流有限，信任度有待提升；缺乏家事司法的共同目标与追求；信息网络技术的应用水平有待提升；等等。[2]

二、独立家事法院设立与信息科技运用

在英国家事司法改革中，一方面，英国设立了独立的家事法院。英国家事司法审查报告明确指出，尽管不同类型的家事法庭看似运作良好，但案件管辖权不协调，并且司法机制僵硬；同时，虽然名义上没有统一的家事法院，但实践中已经趋向于存在统一的家事法院。因此，在立法中规定建立统一的家事法院，对增强公众对家事司法的熟悉程度、提高审判工作效率具有重要意义。[3] 新的家事法院于 2014 年 4 月 22 日设立。家事法院受理所有的家事案件，当事人无须考虑应向家事程序法院还是郡法院进行起诉，这一定程度上便利了当事人的诉讼。家事法院属于全国性的法院，一般设立在郡法院或治安法院中。根据复杂程度的不同，家事案件被分配给不同级别的家事法官，并且可以根据规定重新分派。同时，高等法院家事法庭仍然保留，家事案件可能被分派给家事法院中的高等法院法官，但仅在特定情况下移交。如果是家事法院和高等法院都有管辖权的案件，则由家事法院进行审理。高等法院家事法庭的审理范围仅限于固有管辖权案件及根据《关于国际儿童诱

〔1〕 See Elaine Laken et al., *Introduction to the Family Proceedings Court*, Waterside Press, 1997, p. 8-9.

〔2〕 See Family Justice Review Interim Report (2011), p. 46-51.

〔3〕 See Family Justice Review Final Report (2011), p. 72-73.

拐民事方面的海牙公约》(Hague Convention on the Civil Aspects of International Child Abduction 1980)或《布鲁塞尔法规Ⅱ》(Brussels Ⅱ Regulation)申请救济的具有涉外因素的案件。[1] 独立家事法院的设立,便利了当事人的诉讼及家事审判的进行,提升了家事审判工作效率,成为英国家事司法改革的一大亮点。

另一方面,英国在家事司法改革中注重对先进信息技术水平的应用。在家事司法审查中,英国家事司法的明显问题之一在于信息网络技术不足以支撑案件管理与审判程序的有效进行。因此,在英国的家事司法改革中,同样注重对信息网络技术的运用。例如,2015 年,南伦敦家事法院开展电子法庭计划,在整个诉讼过程中通过平板电脑和电子材料处理案件,实现诉讼程序的"全电子化",使案件处理更迅速,在一定程度上解决了之前存在的案件审理时间过长的问题,提升了法院的工作效率。2016 年,伦敦的中央家事法院也提升了数字化水平,探索了电子法庭解决途径。

三、更新案件管理制度,强调司法领导力

英国 2014 年的家事司法改革中,同样注重制度文化建设。在英国家事司法中,案件处理周期过长、公众对诉讼进程不甚了解是改革前存在的显著问题。因此,英国家事司法改革中强调增强案件的连续性,提高案件管理标准,并通过借鉴其他类型案件的管理制度来提高家事司法效率。例如,2014 年英国实行了透明度计划(transparency project),家事法院通过裁判文书上网等方式增强案件审理的透明度,提高公众对家事司法的信任,增强案件管理;但该计划实行以来也存在不足,如缺乏有效的公众反馈机制等问题,引起学界与实务界的探究。[2] 同时,英国注重加强家事法院与其他机构之间的合作,从而便利家事纠纷的处理。

---

[1] See Gillian Geddes & Richard Budworth, *The Single Family Court: A Practitioner's Handbook*, Wildy, Simmonds and Hill Publishing, 2016, p. 2-10.

[2] See Matthias Mueller, *New Research on Family Court Judgments Involving Children and Young People*, Family Law (Feb. 23, 2016), http://www.familylaw.co.uk/news_and_comment/new-research-on-family-court-judgments-involving-children-and-young-people#.WBQBm-h942w.

另外,英国的家事司法改革重视司法领导力文化。家事司法审查报告强调,仅仅通过组织和管理不能实现家事司法系统的提升,至关重要的问题在于改变人们的行为方式,将审判置于整个家事司法系统中的核心地位。[1] 为此,在英国家事司法改革中,作为家事审判配套机构的儿童和家事法庭咨询支持服务署(Children and Family Court Advisory and Support Service)从教育部移到了司法部,落实了审查报告的建议,即将法院的社会治理职能与诉讼程序相结合。同时,英国加强了对法官领导能力的培训,自2014年3月起,所有担任领导职务的法官必须参加司法学院主办的领导力培训项目。[2] 家事法院在整个家事司法系统中的领导力作用、法官的领导力作用都是英国家事司法改革的重要内容。

四、法院功能重归司法,始终关注儿童保护

英国的家事司法改革探讨了家事法院的功能,指出法院应当保持纠纷裁判者的中立位置。自1989年以来,英国法院不断加强对当地政府机构的抚养计划的审查,在一定程度上导致了案件审理的拖延和资源耗费。抚养计划方面的改革仍然需要一定的时间,而以法院目前的资源状态参与其中并非良策。因此,在家事司法改革中,英国将法院的功能重归司法,即法院审判的关键问题在于儿童是否应该与父母、其他家庭成员或朋友住在一起,还是移交给当地相关机构照管。法院在审查抚养令是否符合儿童的最大利益时,不需要审查所有的材料,而是根据该计划的核心内容进行审查。[3] 实际上,英国法院通过功能重塑加强了与当地机构之间的协作关系,在一定程度上为最终纠纷的处理提供了更和谐的环境。

英国家事司法制度始终将儿童权益保护作为最重要的原则和目标,儿童最大利益一直是英国家事司法的核心原则。2013年8月由高等法院家事法庭设立的司法工作小组,经不断研究向高等法院家事法庭提交了儿童安排项

---

〔1〕 See Family Justice Review Final Report (2011), p. 94-96.

〔2〕 See Department for Education, Ministry of Justice, A Brighter Future for Family Justice (2014), p. 15-16.

〔3〕 See Family Justice Review Final Report (2011), p. 30-31.

目的报告,旨在通过对审前程序的探讨和多元纠纷解决机制的运用设计更为便捷的诉讼程序系统。同时,英国家事司法改革中强调儿童应当获取与他们年龄适应的诉讼相关信息,以保障其知情权和对案件的意见表达,从而使审判最大限度上符合其最大利益。英国家事司法中对儿童最大利益原则的践行和探索,在一定程度上给我国家事审判改革提供了借鉴。

第二节　英国家事司法透明度改革

家事司法涉及当事人和儿童的家庭生活信息,一般不公开审理并注重保护当事人的隐私。然而,家事司法的透明度影响家事司法公信力和公众对家事司法系统的认识,且部分案件涉及公共利益的维护。如何保障司法公开及公平与家事司法中当事人及儿童的隐私权之间的平衡成为家事司法中需要探讨的重要问题。英国自 2011 年以来实行家事司法改革,增强家事司法的透明度是家事司法改革中的重要内容之一。鉴于家事司法透明度关系家事司法公信力和对家事司法的监督,英国一方面通过实践指引等文件加强家事司法裁判文书的公布,另一方面探讨媒体对家事司法的监督。然而,英国提升家事司法透明度的改革在实践中仍存在不少争议,有待进一步推进。

一、透明度与公信力有待提升

英国自 2011 年以来实行家事司法改革的原因之一在于家事司法缺乏透明度。一方面当事人对家事司法系统缺乏了解,影响当事人的程序参与;另一方面家事司法的公信力下降,一定程度上与公众对家事案件的"秘密司法"认识有关。提升家事司法透明度是英国家事司法系统一直强调的改革的重要方面,在此次家事司法改革中也具有可行条件。

(一)英国家事司法缺乏透明度

英国在 2011 年对家事司法系统进行审查,发现家事司法缺乏透明度是家事司法系统存在的典型问题之一。改革前英国家事司法的透明度受到限制，法院向社会公众公布的裁判文书数量较少，且媒体参与家事司法监督的情形较少。因此，有观点指出英国家事司法改革应建立独立、统一的制度，以确保家事司法系统的专业性和透明度。[1]

尽管英国 2009 年 4 月生效的《2009 年家事诉讼规则（修改）（第 2 号）》[Family Proceedings (Amendment) (No. 2) Rules 2009] 等规则对《1991 年家事诉讼规则》（Family Proceedings Rules 1991）进行了修改，允许媒体代表出席审判，但在案件审理过程中，媒体不得故意公布案件信息及可能导致儿童身份曝光的信息。倡导增加家事法院透明度活动的领导者在该规则出台后第二天表示法院的大门已开放，更多的记者可以进入法院进行报道，但这种效果并没有实现。这种私下的媒体介入司法的方式在实践中的价值有限。进入法院旁听的媒体代表仅能“收集”他们在法庭上听到的信息（不能复印证人证言或专家报告），并且他们能报道的信息有限，不能违反《1989 年儿童法》（Children's Act 1989）第 97 条第 2 款及《1960 年司法管理法》（Administration of Justice Act 1960）的规定。纵观英国家事司法实践，媒体出席家事司法的现象较少发生，这主要由于相关法院文件的缺乏、诉讼前未进行预先告知、缺乏定期让记者参与家事司法的资源等原因。因此，尽管媒体对报道家事案件很有兴趣，但媒体的介入程度有限。[2] 正如曾担任高等法院家事法庭庭长的尼古拉斯·沃尔（Nicholas Wall）法官所言，如果记者对法院文件没有访问权限，无法质疑报道内容的限制范围而只是获得案件审判结果，那么记者参与权利的价值有限。[3]

时任家事法庭庭长的詹姆斯·孟比（James Munby）法官主张改革家事司法系统，认为新的家事法院应能够区别于改革前的家事司法系统，人们普遍认为改革前的家事司法系统司法不够公开甚至不负责任。[4] 尼古拉斯·沃尔也曾指出，法院非公开地审判案件会导致判决决定的作出缺乏媒体监

[1] See Family Justice Review Final Report (2011), p. 49.

[2] See *Re K (A Child)* [2013] EWHC 2684 (Fam).

[3] See Nicholas Wall, *Privacy and Publicity in Family Law: Their Eternal Tension*, 42 Family Law 1463 (2012).

[4] See James Munby, *View from the President's Chambers*, 43 Family Law 816 (2013).

督，这意味着社会工作者、地方机构及专家证人等公职人员也不需要受媒体监督，进一步而言，意味着他们不需要对公众负责。[1]

(二)透明度低影响重大：司法公信力及审判监督

作为家事司法系统存在的典型问题之一，家事司法透明度低影响重大。一方面，家事司法透明度低影响公众对家事司法系统和家事司法程序的了解和认识，导致人们常常出现"秘密司法""关门司法"的误解。另一方面，家事司法的公信力较低且有所下降，一定程度上也是受家事司法透明度低的影响。同时，媒体和公众监督是推动法院司法公正的重要保障，家事司法中媒体及公众参与的缺失会影响对家事司法的监督，进而可能影响家事司法公正的实现。

在家事司法系统运行中，当事人对家事司法的认识非常重要。有观点认为，涉及公共利益的事项可以并且应当公开讨论。[2] 自由社会中对自己在家事司法中的经历不满的人有权公开表达意见很重要，即使该抱怨可能针对个别法官、司法制度或是地方机构等。[3] 公众有权知晓法官的行为，尤其是在家事公法案件中，法院、政府等机构会介入或者干涉家庭生活，在这些案件中审判的公开和公众的问责显得更为重要。[4] 保障公众对家事司法系统和家事案件的理解和认识，既是保障公众的言论自由及监督司法的权利，同时也涉及保障当事人对家事司法程序的了解及在家事司法活动中的参与。

同时，保障或提升家事司法的公信力同样是家事司法系统不断发展的方向。通过适当的审查方式推动司法公正以维护司法公信力，符合公众的利益。法律必须考虑到现实，而现实之一就是公众对家事司法系统某些方面的信心已经下降，基于忽视、误解或失实陈述等原因导致所谓"秘密司法"的抱怨频现。英国法学家边沁(Jeremy Bentham)曾指出，公开是公正的灵魂。英国最高法院前院长大卫·廖柏嘉(David Neuberger)指出，若审判非公开进

[1] See Nicholas Wall, *Privacy and Publicity in Family Law: Their Eternal Tension*, 42 Family Law 1463 (2012).

[2] See *Re W* [1995] 2 FLR 466, 474.

[3] See *Harris v Harris, Attorney-General v Harris* [2001] 2 FLR 895.

[4] See *Re X; London Borough of Barnet v Y and X* [2006] 2 FLR 998.

行，则法官无法对本人作出的判决负责，公众亦不会知晓法官作出裁决的证据和理由，这就损害了司法权威。英国最高法院前大法官罗杰·特尔森(Roger Toulson)表示，司法公开阐释了司法公正的核心原则，让公众审视司法程序的具体运作，保证公众可以看到司法机关在每个案件中都依据公平正义原则行事，由此司法机关就会在社会公众中产生公信力。[1]

另外，通过司法公开保障公众对司法系统的信心符合《欧洲人权公约》(European Convention on Human Rights)第6条规定的“公平审判之权利”和第10条规定的“言论自由”权利的价值观念。[2] 该原则在抚养等家事公法案件中更为突出。尽管家事案件因涉及个人隐私而须限制公开程度，但不公开也须符合相关司法原则或规定。《欧洲人权公约》第6条第1款规定，判决应当公开宣布。然而基于对民主社会中的道德、公共秩序或国家安全的利益以及民主社会中未成年人利益或者保护当事人个人隐私的考虑，或是法院认为在特定情况下的公开审判将损害公平利益，可以拒绝记者和公众参与旁听全部或部分审判。

(三)增强家事司法透明度具有可行性

增强家事司法透明度是英国家事司法系统长期以来关注的改革内容和发展方向，经过不断探索和倡导，具有改革的可行基础。2004年，时任英国高等法院家事法庭庭长的伊丽莎白·巴特勒-斯洛斯(Elizabeth Butler-Sloss)法官就曾指出需要考虑增加匿名家事判决书公布的频率。根据当时的司法管理，法官往往通过公布包含重要法律原则的判决书的方式引发法律报道人员的兴趣。鉴于当时的整体司法环境和对家事法院“秘密司法”的抱怨越来越多，实行更广泛的判决书公开的做法较可取。[3]

詹姆斯·孟比一直强调“开放”家事法院，以防止司法不公正，推动公众对家事司法系统的了解。早在*Re B (A Child)*案中，他就强调了公众讨论和媒体监督对揭露过去或防止未来的司法不公具有重要作用。2006年，他在判

---

〔1〕 参见孙军工、朱健：《英国法院怎样和媒体打交道》，载《人民法院报》2016年1月15日，第8版。

〔2〕 See *A v Ward* [2010] EWHC 16 (Fam), [2010] 1 FLR 1497.

〔3〕 See *R v Cannings* [2004] 1 FCR 193.

决书中阐述了同样的观点，认为公众对抚养诉讼中法院裁判权的行使感兴趣，通过适当的匿名化处理推动裁判文书的公开具有重要性。[1] 2010 年，他在判决中再次强调，家事司法公信力的下降与公众对“秘密司法”的抱怨相关，通过提升家事司法系统的透明度以增强家事司法公信力具有必要性。[2]

“秘密”家事法院的说法在英国已经持续了十余年，引发记者、政客及相关组织迫切要求家事法院提高透明度的各项活动。这种压力导致政府探讨提升家事法院透明度相关咨询文件的产生，如 2006 年 11 月的咨询文件《信心与保密：提升家事法院透明度和隐私权》（Confidence and Confidentiality：Improving Transparency and Privacy in Family Courts）、2007 年 10 月的咨询文件《信心与保密：家事法院的开放——新路径》（Confidence & Confidentiality：Openness in Family Courts—A New Approach）。[3] 前者主张允许媒体出席庭审活动，允许他人向法院申请旁听庭审，确保新闻报道中家庭成员的匿名化问题，针对违反报道限制令的行为引入新的刑事罪责，等等。[4] 后者对前者发布后的相关异议作出回应，指出应将儿童的利益放在首位，提升家事法院的开放程度而非增加审判参与人员的数量，为参与家事诉讼的人提供更有利的信息，向公众提供涉及公共利益案件的更高质量的信息，改变信息公布规则并减少不必要的限制，开发新的在线信息来源，等等。[5] 这些咨询文件及相关探索，也在一定程度上为家事司法透明度的提升提供了基础。

二、裁判文书上网，保障媒体报道司法

提升家事司法透明度是英国家事司法改革的重要内容之一。一方面，英国通过发布实践指引和咨询文件详细规定家事裁判文书的公布、增加家事判

---

〔1〕 See *Re B (A Child)* [2004] EWHC 411; *Re X*; *Barnet London Borough Council v X and Y* [2006] 2 FLR 998.

〔2〕 See *A v Ward* [2010] 1 FLR 1497.

〔3〕 See *Re K (A Child)* [2013] EWHC 2684 (Fam).

〔4〕 See HMCS, Confidence and Confidentiality: Improving Transparency and Privacy in Family Courts (2011), p. 7.

〔5〕 See HMCS, Confidence & Confidentiality: Openness in Family Courts—A New Approach (2010), p. 3-4.

决书公布的数量。另一方面,英国法院对媒体报道家事诉讼的相关案件作出研究,推动媒体监督司法的良好运作。整体而言,改革后英国家事裁判文书的公布力度加大,但家事司法透明度的提升仍然有待推进。

(一)实践指引与相关文件:家事裁判文书的公布

家事裁判文书的公布是英国家事司法改革的重要内容之一。英国通过渐进的方式提升家事司法透明度,发布实践指引扩大家事判决书的公布,并通过咨询文件等探讨进一步深化改革。

1. 发布实践指引:扩大家事裁判文书的公布

2014 年 1 月 16 日,詹姆斯·孟比发布了关于公布家事法院中判决书的实践指引——《家事法院透明度:判决书公布实践指引》(Transparency in the Family Courts: Publication of Judgments Practice Guidance),开启了提升家事司法透明度的改革。发布该指引旨在迅速推动家事裁判文书公布方面的重大变革。在家事法院中,提高家事司法的透明度以增强公众对家事法院和家事司法制度的信心具有重要性。尽管公众对法官以其名义作出的判决颇有兴趣,但实际公布的家事判决书数量很少。该指引试图在一定程度上增加可公布的判决书数量。[1]

该指引适用于家事法院中由巡回法官、高等法院法官及以高等法院法官身份审理案件的人作出的判决以及高等法院法官行使固有管辖权的案件。公布的裁判文书可分为两类,一类是法官必须公布的裁判文书,另一类是法官可以公布的裁判文书。当法官认为公布判决书符合公共利益,并且一方当事人或媒体提出申请时,则应当准许公布。同时,若一方当事人或者经认证合格的媒体申请公布判决书时,若法官认为应当允许公布,则可以公布。另外,法官在判断是否公布及公布的时间时,需要全面考虑案件各种情况和《欧洲人权公约》中规定的相关权利,如第 6 条的“公平审判权”、第 8 条的“隐私权”及第 10 条的“言论自由”,并且还须考虑公布判决书对正在进行或将要进行的刑事审判的影响。在判决书公布的匿名化方面,该指引规定,除另有足

[1] See James Munby, *Transparency in the Family Courts: Publication of Judgments: Practice Guidance*, 44 Family Law 222 (2014).

够理由证明外,专家证人和公共机构的名称应在判决书中指明,儿童及其家庭成员的姓名不应指明。该匿名的目的在于保护儿童及其家庭成员的隐私。同时,除非判决书已经匿名或法官另有命令,否则应由申请人的律师进行匿名化处理。应当或可以公布的判决书均公布在“英国及爱尔兰法律信息研究所”(Bailii)网站。[1]

2. 公开咨询文件:探讨裁判文书公布的推进

实践指引发布后,英国及爱尔兰法律信息研究所网站上公布的家事法院裁判文书数量大幅增加。2014 年 2 月至 7 月发布的家事裁判文书为 255 份,2013 年同期数量为 115 份。截至 2017 年 6 月,该网站公布的家事法院判决书超过 22,270 份。[2] 裁判文书公开数量的增加,一方面可以带来预期效果,另一方面也可能产生预期之外的后果。越来越多的裁判文书公开,对儿童短期及长期的影响、对地方机构及其他专业人员的影响以及家事案件报道的质量和水平是否有所改变等问题都有待探究。[3] 这也导致高等法院发布了进一步的咨询文件,探讨该指引的效果及其他相关问题。

2014 年 8 月 17 日,詹姆斯 · 孟比公布了一项关于提升家事司法透明度的咨询文件。之所以发布该咨询文件,他有四个方面的考量:其一,获得关于实践指引的评价,并就提高、扩展该指引的方式进行投票表决;其二,寻求关于是否需要加强案件审讯表内容的建议,审讯表往往只列有争议事项,有媒体建议审讯表中的内容应更加丰富;其三,获得关于进一步指引的相关建议,进一步的指引集中解决向媒体披露的特定类型文件、争议问题等的适当限制与保障措施;其四,咨询是否可能对某些家事案件进行公开审判的建议。[4]

为增加家事法院判决书标题所提供的信息,基于成本及可行性考虑,有

---

〔1〕 参见[英]詹姆斯 · 芒比:《英国家事法院公布裁判文书工作指南》,任容庆译,载《法制日报》2016 年 11 月 30 日,第 11 版。

〔2〕 该数据源于对英国及爱尔兰法律信息研究所网站中家事法院判决的搜索显示,http://www.bailii.org/, 2021 年 3 月 2 日最后访问。

〔3〕 See James Munby, *Transparency—The Next Steps*, 44 Family Law 1259 (2014).

〔4〕 See James Munby, *12th View from the President's Chamber: The Process of Reform: Next Steps*, 44 Family Law 978 (2014).

建议指出可以在标题中加入短语或几个单词，以便更详细地说明案情。同时，詹姆斯·孟比打算在部分高等法院法官中实行试点项目，增加两类文件的公布：一是律师提供的文件，包括案件摘要、立场声明、基本论据及事实调查文件等；二是一些专家报告或专家报告的摘录等文件。第一类文件可以由律师将文件制作成可由媒体公布的形式。该类文件的公布，有利于媒体迅速了解案情并发挥监督作用。该方式对律师而言不复杂，也不会导致任何重大变化，具有可行性。第二类更复杂也更有争议，但并非所有的专家报告都会公布。同时，专家报告的公布还涉及修改或匿名化问题，故而詹姆斯·孟比主张专家报告公布的内容仅限于"硬科学"。[1] 另外，该类报告应在公布前告知相关专家，并且在实践中应研究该类报告的公布是否影响到专家提供相关报告服务的意愿及报告的内容和质量。詹姆斯·孟比在咨询文件中列举了一系列有待探讨的问题，诸如哪些类型的家事案件在诉讼伊始便适合公开、何种限制或保障措施适宜、试点项目应采用何种形式等。[2]

家事司法理事会对该咨询文件作出回应，认为加强家事司法领域的公众监督具有必要性，但咨询文件对媒体的认识过于乐观，媒体报道家事案件的质量在短期内无法得到有效提升。同时，该理事会指出，媒体并非唯一或最有效的向公众提供家事司法系统相关信息的方式，该咨询文件的部分命题也缺乏足够论据支撑。[3] 一个专业性社会组织(Nagalro)认同咨询文件中提出的提升司法公信力和保障公共利益两个原则，并指出首要关心的问题在于提高透明度对儿童的负面影响，尤其是在互联网时代，网上流传的不准确信息可能一直存在。同时，如何保护社会工作者等专业人员的权益是值得注意的问题，部分专业人士已经由于个人身份被识别的问题而放弃相关工作，这有待深究。通过举办家事法院开放日等活动加强公众对家事司法的了解，也是

---

〔1〕 硬科学(hard sciences)依赖于可计量的经验数据、科学方法，注意精确及客观性，自然、物理和计算机科学领域常被称为硬科学。

〔2〕 See James Munby, *Transparency—The Next Steps*, 44 Family Law 1259 (2014).

〔3〕 See *FJC Response to the Transparency Consultation Paper*, Court and Tribunals Judiciary (Aug. 15, 2014), https://www.judiciary.gov.uk/wp-content/uploads/JCO/Documents/FJC/consultations/Further_revised_response_to_transparency.pdf.

提升司法公信力的有效途径。

(二)判例法:媒体报道家事司法的自由与限制

为保障家事司法中儿童及当事人的隐私权、规范媒体对家事案件的报道,英国关于申请报道限制令的实践指引[1]一直有效。在英国家事司法实践中,不少判例涉及报道限制令适用与否的探讨,对家事司法中隐私权与审判公开之间的关系作出探究。

1. 报道限制与匿名要求

在部分案件中,媒体报道存在不符合匿名性的问题,从而引起关于报道限制令的诉讼。*Re J (A Child)*案是涉及禁止出版或报道一起抚养案件中儿童相关信息的诉讼申请。该案中,儿童的父亲多次公布案件细节,包括将其隐秘拍摄的关于工作人员依据紧急保护令将儿童带离父母监护的视频发至"脸书"等网络上。詹姆斯·孟比首先总结了该案可能涉及的法律规范,评论了家事司法透明度和公众讨论的重要性。这一方面在于家事法官判决发布的令状往往比较严厉,另一方面在于提升审判透明度和通过公众讨论揭露司法不公正的重要性。同时,审判透明度还对维持家事司法系统的司法公信力具有重要意义。其次,他强调公开符合公共利益。最后,家事法官的作用不是对媒体有权报道的方式进行任何编辑方面的控制,如果媒体的报道违法,可通过其他方式补救。[2]

他还指出,传统的透明度原则要求家事司法系统应提升审判透明度,这基于多方面原因。其一,公众有权并且应该知悉以其名义所为的行为。该原则在抚养及收养案件中更重要,因为这些案件往往涉及法院、地方机构等介入和干涉家庭生活。这种情况下,审判公开、公开审查和公众问责的重要性更加凸显。鉴于公众并非法律专业人士或法院报告的专业读者,他们有兴趣知悉法院在抚养案件中如何行使裁量权。[3] 相较于其他案件,家事公法案件中法官作出的判决往往影响最深刻,如当一名家事法官作出与一位 20 岁母亲

---

[1] See Practice Directions 12I (Applications for Reporting Restriction Orders).

[2] See *Re J (A Child)* [2013] EWHC 2694 (Fam).

[3] See *Re X*; *London Borough of Barnet v Y and X* [2006] 2 FLR 998.

的孩子相关的安置令或抚养令时，这可能意味着该女性可能需要在未来的数十年里承受该后果，儿童的承受时间更长。因此，在该类案件中保持谨慎是必要的。需要指出的是，尽管司法系统尽力避免司法不公，但人类的司法不可能完全不出错。由此，一方面坚定的律师和当事人是补救审判不力的重要因素，[1]另一方面公众讨论和知情媒体的监督同样具有重要作用。提升家事司法透明度的迫切要求既具有原则性，又具有务实性。其二，家事司法公信力需要维护，或者在受损的情况下应尽快恢复。律师对"秘密司法"的抱怨在于质疑审判的公正性，认为"秘密司法"一定程度上混淆了公开与隐私权保障的关系。司法公信力的维护需要提升审判透明度、保障言论自由。正如有观点指出，如果有时间通过讨论来揭露谎言和谬论，通过教育来避免不幸，那么补救方法是更多的言论，而非执行的沉默。[2]

需要指出的是，尽管该案判决通过禁止公布儿童 J 的名字以保护其隐私权，但一方面他在视频中的形象未得到保护，另一方面该案中专业人员和社会工作者亦没有得到保护，这引起了地方机构和社会工作者的争议。很多评论人员指出，随着科技的进步，通过面部识别判断身份会变得比较容易。而且，该判决也会导致通过识别其他工作人员或地域的方式来确定当事人身份的潜在危险。[3]

Re P (*A Child*)案是继 *Re J* (*A Child*)案后詹姆斯·孟比作出的涉及媒体报道与审判公开的案件。该案中，儿童的母亲申请报道限制令，法院出于保护儿童利益的考虑，认为儿童及其监护人的信息不应被识别出来，故而判决发出报道限制令。[4] 同样需要注意的是，该判决并未阻止儿童的父亲或母亲的信息被识别出来，并且该案中儿童的母亲可以通过判决书中使用的姓氏

---

[1] See *Webster v Norfolk County Council and the Children* [2009] EWCA Civ 59, [2009] 1 FLR 1378.

[2] See *Whitney v California* (1927) 274 US 357.

[3] See Sarah Blackmore & Jacqui Thomas, *Reforming Family Justice: A Guide to the Family Court and the Children and Families Act* 2014, Jordan Publishing Limited, 2014, p. 261.

[4] See *Re P* (*A Child*) [2013] EWHC 4048 (Fam).

而识别出自己的信息。[1]

X v X 案是涉及富有名人的离婚案件，该案中关于财产的处理会影响到男方与新合伙人的利益关系，但媒体对该案非常关注，拍摄到当事人双方进出高等法院的画面，并报道了当事人、律师及法官的姓名。主审法官戴维·博迪（David Bodey）公布的判决书以"*X v X*"的方式匿名，并将当事人及其子女的个人信息作出修改。随后，媒体向法院咨询在知晓当事人信息的情况下，是否可以报道该案件。一家全国性报纸、英国记者协会持支持态度，当事人中男方表示反对，女方则保持中立。戴维·博迪法官指出，这涉及如何看待《欧洲人权公约》第 8 条"隐私权"和第 10 条"言论自由"两者的关系，法院需要根据案件具体情况在这两个相互竞争的权利中作出权衡。考虑到该案所包含信息的性质、之前该案信息的公开程度以及媒体介入对当事人及其子女的影响等具体情况，法官支持了男方提出的匿名申请。男方不再申请限制令的发布，并愿意依靠媒体的"善意和责任"来维护法院的判决。[2]

2. 有利报道与信息公开

在部分案件中，媒体的介入合法，并且推动了家事司法的进程，符合提升家事司法透明度的要求。*Re K (A Child)* 案是一起儿童父母希望向媒体公开的抚养案件。该判决书私下送达，法官从严格解释的角度出发公布该案件，除律师、市议会等特定人员或机构可通过名称或地点确定外，其他人尤其是儿童及其父母均匿名。该案主审法官克里福德·贝拉美（Clifford Bellamy）在判决书中讨论了家事司法透明度的立法及相关判例，并指出记者还是倾向于报道由不满法院判决的当事人所提供的案件信息，认为该案中允许父母与媒体讨论该案是有利的，而且相关的匿名性要求已经符合。[3]

Roger Williams v Rebecca Minnock and Ethan Freeman Williams 案是由布里斯托皇家法院审理的家事案件。该案之所以广受关注，不仅是因为该案中

---

[1] See Sarah Blackmore & Jacqui Thomas, *Reforming Family Justice: A Guide to the Family Court and the Children and Families Act* 2014, Jordan Publishing Limited, 2014, p. 255.

[2] See *X v X* [2016] EWHC 3512 (Fam).

[3] See *Re K (A Child)* [2013] EWHC 2684 (Fam).

儿童母亲行为怪异，还在于法官在媒体的帮助下找到了该女士及其儿子。该案中，法院判令当事人的儿子与父亲居住，而母亲私自携子离开，该案经媒体报道后母亲主动联系了《太阳报》，随后出席了相关审判活动。该案涉及 8 份判决书，史蒂芬·威尔德布拉德（Stephen Wildblood）法官及时向公众发布了判决书，并在 2015 年 6 月 15 日作出的判决书中表达了对审判公开制度和新闻媒体的肯定。他指出，记者从事着重要且艰难的工作，并且在现代电子化世界中，记者需要作出即时报道，他很荣幸能够目睹新闻报道已经如此迅速、均衡及丰富，新闻机构有助于确保儿童的归来。[1] 该案是增加家事司法透明度的支持者们的有力论据，可以用以佐证新闻媒体在家事司法中的重要作用以及增强家事司法公开力度的必要性。

（三）改革效果：家事司法透明度不足

作为英国家事司法改革的关键因素之一，英国审判公开制度方面的改革在于通过开放家事法院的工作方式推进公众监督、增强公众对家事法院及其工作方式的理解，进而保护家事隐私和家事司法系统所服务的当事人及未成年人的家庭生活。因此，在英国关于审判公开的改革中，其基本原则有双重意义：一方面，需要提高家事司法的透明度以增强公众对家事司法程序的认识和对家事司法制度的信任；另一方面，公众有兴趣知晓法官以其名义作出的判决。[2] 就改革的方式来看，英国家事司法透明度改革采用渐进方式，即詹姆斯·孟比所指出的，首先发布实践指引，然后发布更细致的指引，并在适当的时候发布更多的指引和对规则进行修改，但短期内不会对主要立法作出修改。[3]

就改革效果而言，相关调研报告显示家事司法透明度仍显不足。卡迪夫大学（Cardiff University）2017 年发布了关于英国家事司法透明度改革的评估报告《公布家事法院裁判文书的透明度建设：关于公布涉及儿童及年轻人的

---

〔1〕 See *Roger Williams v Rebecca Minnock and Ethan Freeman Williams* [2015], Bristol Crown Court, Case No. VS13P00027.

〔2〕 See James Munby, *Transparency—The Next Steps*, 44 Family Law 1259 (2014).

〔3〕 参见[英]詹姆斯·芒比：《英国家事法院公布裁判文书工作指南》，任容庆译，载《法制日报》2016 年 11 月 30 日，第 11 版。

家事法院判决书指引的回应及影响的评估》(Transparency through Publication of Family Court Judgments: An Evaluation of the Responses to, and Effects of, Judicial Guidance on Publishing Family Court Judgments Involving Children and Young People)。该调研项目以实践指引发布后两年内在英国及爱尔兰法律信息研究所网站上公布的 837 份家事判决书为研究对象进行考察,发现只有 27 名法官和 12 个法院在这段时间内在该网站公布了 10 份以上判决书,这显示出该实践指引的适用存在地域差异。该研究指出,2014 年实践指引在家事司法实践中没有得到法官的普遍遵循,导致公众对英国家事司法系统一知半解。[1] 主导该研究项目的朱莉·道提(Julie Doughty)博士指出,较改革前而言,目前公布的家事裁判文书提供了更多关于法院作用的信息,但是各地法院的具体适用存在差异,这导致整个家事司法系统在审判公开方面的进展存在不统一的混乱局面。[2] 同时,尽管詹姆斯·孟比于 2014 年发布了咨询文件,但尚未作出下一步改革的回应。鉴于在提高家事司法透明度的具体路径方面存在不少强烈反对的意见,该问题的推进实则需要谨慎考虑。无论是提升家事司法透明度对未成年人和家庭的短期影响,还是其对儿童隐私及未来发展的长期影响,都是家事司法公开改革的重要考量因素。[3]

2017 年 7 月,透明度计划项目组发布了《家事裁判文书公开:家庭及专业人员的指引》(Publication of Family Court Judgments: A Guidance Note for Families & Professionals),就家事裁判文书公开提出建议,并对相关法律规定作出解读。该指引就匿名化处理问题指出,应保障熟悉当地状况的人和当事人的家人参与到匿名化处理中,以便于筛选可能导致当事人身份被识别出来的信息。[4] 在决定是否公开家事判决书的过程中,法院应对《欧洲人权公

[1] See Julie Doughty, Alice Twaite & Paul Magrath, Transparency through Publication of Family Court Judgments: An Evaluation of the Responses to, and Effects of, Judicial Guidance on Publishing Family Court Judgments Involving Children and Young People (2017), p. 7, 27.

[2] See *Family Court Transparency Plans Fall Short: New Research from Cardiff University*, Family Law Week (Mar. 23, 2017), http://www.familylawweek.co.uk/site.aspx? i=ed176766.

[3] See Shefali Shah, *Key Changes to Family Justice*, CoramBAAF, 2016, p. 13.

[4] See The Transparency Project, Publication of Family Court Judgments: A Guidance Note for Families & Professionals (2017), p. 15.

约》第 6 条、第 8 条和第 10 条中的权利作出衡量,从而就公开的公共利益、个人隐私与家庭生活以及其他人的相关权利达成平衡。法官应严格审视各项权利在具体个案中的判断,并将对言论自由权及个人隐私和家庭生活的影响降至最低。

在 *G* (*A Child*)案中,主审法官詹姆斯·孟比拒绝了当事人要求公开一起 16 年前案件信息的请求。原案件于 2002 年由高等法院家事法庭前法官彼得·辛格(Peter Singer)审理,其将该案描述为“一个长期的消耗性诉讼”。案件涉及一名当时年仅 2 岁的女孩 G 及其父母,有大量证据等文件。辛格法官在判决书中指出,该案包含“很多非常私密的家庭历史,部分内容令人极其痛苦,其中也包括许多令 G 痛苦的事情”,他制作了他描述的“一些非常不愉快的发现”和“一些严重的调查结果”的目录,并“讨伐”儿童母亲 M 直到案件审理后期仍在一直为自己辩护。在判决过程中,辛格法官还需要考虑到本案儿童的同父异母哥哥 B 的状况(当时 17 岁),以及其另一个同父异母的哥哥 BB (当时年仅 15 岁)的状况。[1]

辛格法官最终判决儿童 G 应与其父亲居住在一起,并且只能与其母亲保持非常有限的、间接的接触。关于该案的传播问题,他作出了四项决定:其一,他得到了儿童父母的承诺,不将该案告知媒体;其二,他规定将部分有限的判决内容向儿童 B 公开;其三,他保留了向儿童 G 公开该判决的问题;其四,他在判决中解释,“在公共论坛中公开该案所有问题会导致更多不利因素的出现”。该案判决后,当事人 M 从未试图提出上诉。

2016 年,儿童 B 向法院申请披露该判决书及作为判决依据的专家报告,詹姆斯·孟比允许儿童 B 获得该案判决书和 3 份专家报告的复印件,前提是在未经法院许可情况下,儿童 B 不会向其诉讼代理人之外的任何人披露文件内容。根据普通法的规定和《欧洲人权公约》第 8 条的规定,儿童 B 有权知悉关乎其过去和父母的事实。从公共档案信息中获取一个人的童年、成长或发展历史符合第 8 条的规定。该案中儿童 B 根据第 8 条所享有的权利并不涉及法院的所有文件,因为其中很多文件只与当事人 F 或儿童 G 有关,而与

〔1〕 See *G* (*A Child*) [2018] EWHC 1301 (Fam).

儿童 B 无关。如果将当事人 F 和儿童 G 基于第 8 条所享有的隐私权和儿童 B 希望了解诉讼程序之间作出权衡，基于辛格法官的调查，完全公开是不必要且不适当的，因为儿童 B 与这些诉讼程序的关联相对较为疏远。自 2002 年起，当事人 F 就存在其隐私能够得到保护的合理预期，儿童 B 已经知悉诉讼程序的相关材料。儿童 B 探索自己历史的权利不能使他获取该案中家庭所有成员的直接或间接信息。最终根据平衡原则的考量，儿童 B 只能获取与其相关的适当信息。

同时，当事人 M 申请解除不告知媒体该案信息的禁令，希望法院允许其将该案的信息传递给子女和媒体，从而使她能够从其立场出发阐述该故事。针对当事人 M 的诉请，詹姆斯·孟比指出：其一，除时间流逝外，自当事人 M 向辛格法官承诺不传播之后案件情况未发生重大变化。其二，当事人 M 提出的匿名化措施不太可能使案件其他当事人免受暴露“一些极度痛苦的家庭史”的不利影响。其三，在何时、何种情况下、以何种方式告知儿童 G 其家庭史内容应该由儿童的父亲决定，而非当事人 M。其四，当事人 M 辩称该案存在误判。然而，她已经接受了儿童 G 跟随儿童父亲生活的判决，且法院作出儿童是否应与当事人 M 有接触的判决并不以当事人 M 质疑的专家证据为根据。并且，当事人 M 未曾以上诉方法质疑原判决结果。由此，庭长指出，在评估不允许公开对当事人 M 的影响和允许公开对当事人 F、儿童 G、儿童 B 和儿童 BB 的影响来看，必须驳回当事人 M 的请求从而保证该平衡。就英国家事司法实践来看，对裁判文书公布与否的衡量需要在具体个案中对各项竞争性权利作出平衡与判断。

三、审判透明度改革：必要但须细化

英国家事司法改革通过裁判文书公开、保障媒体报道家事案件的权利等增强家事司法透明度，但短时间内改革的强度不大，并且尚存诸多争议。关于增强家事司法透明度的改革，一直存在争议和担忧。就家事司法的透明度增强和当事人及未成年人隐私权之间的权衡来看，增强家事司法的透明度具有必要性。但在英国进一步改革推进过程中，如何保障匿名化问题的推进以实现隐私权和透明度之间的平衡,才是家事司法系统需要考虑的关键问题。

(一)增强家事司法透明度的争议与担忧

增强家事司法透明度一直广受争议,很多人主张限制家事司法的透明度以保障当事人及未成年人的隐私权。一方面,对媒体介入家事司法的担忧在于对儿童的隐私、长期健康发展和福祉的根本关切。另一方面,媒体报道家事司法的行为并非完全正确,失实或误导性报道往往会误导公众舆论,影响司法独立和公众对家事司法的正确认知。

1. 儿童及其家庭成员隐私权的保护

限制家事司法透明度的原因主要在于保护儿童及家庭成员的隐私权。主张限制家事司法透明度的传统观点体现在 *Scott v Scott* 案中。该案判决书指出,法院不仅处理司法问题,还需要为实现当事人的利益行使裁判权。[1]尽管该观点有些过时,但仍是值得考虑的因素之一。在涉及儿童的家事案件中,尽管纠纷确实只是私人纠纷,但纠纷的解决与儿童的情感与心理发展有密切联系,不公开案件具体细节以防儿童遭受不可避免的伤害符合公共利益的要求。在 *Re C* (*A Child*) 案中,大法官迈克法雷恩(Andrew McFarlane)建议提升透明度的做法不应扩展至涉及儿童的案件中,并认为公开也会对儿童父母产生影响。他指出,尽管读者可能无法从匿名版本的信息中识别出当事人,但当事人知道自己的信息公布"在外面",一定程度上会影响他们所享有的《欧洲人权公约》第 8 条规定的"隐私权"。[2]

2. 公开对未成年人未来发展的影响

强调限制家事司法的透明度,一方面基于保护当事人及未成年人的隐私权,另一方面在于对裁判文书公开或媒体报道案情影响未成年人未来发展的担忧。茱莉娅·布罗菲(Julia Brophy)博士于 2010 年进行了以"儿童和青少年对媒体介入家事法院的看法"(The Views of Children and Young People regarding Media Access to Family Courts)为题的调研,并总结认为儿童害怕"暴露",他们害怕他们私人的、痛苦的和羞辱的信息会散播出去,导致他们在

[1] See *Scott v Scott* [1913] AC 417.

[2] See *Re C* (*A Child*) [2015] EWCA Civ 500.

学校、邻里或社区中受到羞辱或被欺负。[1]

2014 年,茱莉娅·布罗菲博士等人受全国青少年支持服务处(The National Youth Advocacy Service)和儿童律师协会(Association of Lawyers for Children)委托,对 2014 年实践指引作出进一步研究,并于 2014 年 7 月作出报告。该报告指出,儿童对包括报纸、电视电台及在线网站等各种形式的媒体都很熟悉,但他们并不相信媒体,而是将媒体视为竞争激烈的商业驱动型行业。被调研的儿童倾向于反对媒体介入家事司法,认为媒体的介入会影响儿童长期利益的维护。未成年人普遍认为如果他们在媒体报道中看到与自己相关的案件信息,即使他们的名字没有出现在报道中,他们仍然会有愤怒、悲伤、忧郁、内疚、羞愧等激烈感受。对于心理健康存在问题的未成年人而言,媒体报道可能在一定程度上会增加他们自我伤害的风险。[2]

2015 年 10 月,茱莉娅·布罗菲博士等人对英国及爱尔兰法律信息研究所网站刊登的判决书作出了进一步的审查报告。调查结果显示 25%的未成年人乐于接受案件判决结果,但很少有人愿意将判决结果扩散至公开领域,50%以上的未成年人表示该网站公布判决书的具体信息会使自己的身份被周围人知晓。裁判文书上网的潜在风险和成本支出还有待研究,这很大程度上“隐藏”在儿童身上,也即未成年人质疑的问题在于法院公布信息细节的相关性和必要性。[3]

3. 媒体报道家事司法的局限和问题

对增强家事司法透明度的担忧,还体现在对媒体报道家事司法的真实性和质量的担忧上。公众获知家事司法信息的需求在一定程度上加重了记者的压力。然而,这种压力也会导致部分记者的报道存在失实或不完全正确的问题,而这一旦传播至公众领域会造成不良后果。尽管正确的信息可能随后

---

〔1〕 See Julia Brophy, The Views of Children and Young People regarding Media Access to Family Courts (2010), Paragraph 10. 7.

〔2〕 See Julia Brophy et al., Safeguarding, Privacy and Respect for Children and Young People & the Next Steps in Media Access to Family Courts (2014), p. ii, 32-33.

〔3〕 See Julia Brophy, Kate Perry & Eleanor Harrison, A Review of Anonymised Judgments on Bailii: Children, Privacy and “Jigsaw Identification” (2015), p. iii-iv.

会发布，但错误的信息一般很难撤回。同时，国家对印刷媒体或电视广播报道内容的控制力相对较强，但对网络信息的管理还有待完善。因此，如何保证家事司法报道的正确性是重要问题。[1]

*Re L (A Child)*案受到英国及爱尔兰媒体的广泛关注。记者克里斯托弗·布克(Christopher Booker)发表了两篇关于该案的新闻文章，涉及很多详细信息。然而，该记者没有依法以媒体代表身份参与任何审判程序，而是向儿童母亲获取了相关信息。该记者的文章存在重大的事实错误和遗漏，很大程度上误导了公众对该案的认识。家事司法系统中的新闻自由既包括公布的权利，也包括以何种方式报道的权利。正如在*Re Roddy (A Child)*案中，詹姆斯·孟比指出，记者有权以特定方式报道，以吸引一般读者的兴趣。[2] 例如，小报可以一定的方式讲述案情以吸引读者注意。詹姆斯·孟比在*Norfolk County Council v Webster*案中指出，法院需要注意到新闻自由包括一定程度的夸张或挑衅的可能性。[3] 然而，媒体在享有新闻自由的同时也应承担相应的责任，至少应确保报道的公平、均衡和准确。就家事司法相关报道信息而言，公众也需要确信报道的公平、均衡和准确。正如约翰·霍伯豪斯(John Hobhouse)指出，错误信息的公布或传播不会保护公共利益。[4] 因此，前述案件的主审法官克里福德·贝拉美指出，在家事诉讼中，当事人往往不够冷静或公正。该案中，记者的报道即为典型案例，说明不加判断地依赖儿童父母一方的言论可能会导致报道的不均衡、不准确或存在明显错误。[5]

实践经验表明，媒体并非总是以适当方式报道家事司法。尽管记者的报道如果超出限制范围可能会被提起诽谤诉讼或受到刑事制裁，但这种补救方式是事后的，并且在各类媒体普遍存在的互联网时代，这些补救方式不足以阻止因私人信息泄露而造成的伤害。[6]

---

〔1〕 See Shefali Shah, *Key Changes to Family Justice*, CoramBAAF, 2016, p. 12-13.

〔2〕 See *Re Roddy (A Child)* [2004] 2 FLR 949.

〔3〕 See *Norfolk County Council v Webster* [2007] 2 FLR 415.

〔4〕 See *Reynolds v Times Newspapers Ltd* [2001] 2 AC 127.

〔5〕 See *Re L (A Child)* [2011] EWHC B8 (Fam).

〔6〕 See Tom Wilson, *Greater Transparency in Children Proceedings: A Note of Caution*, Family Law Week (Jun. 9, 2015), http://www.familylawweek.co.uk/site.aspx? i=ed145745.

就主流媒体关于家事案件的报道而言,很多新闻报道存在争议,很多事实的选用具有选择性或者不准确的问题,并且只有那些具有"有报道价值的"案件才会为媒体广泛关注。因此,无论家事司法如何推进,一些不利或危险的误解仍然存在。鉴于此,透明度计划项目组于2016年推行家事法院报道监督项目(family court reporting watch),该项目旨在与新闻界进行积极互动,鼓励及帮助相关媒体纠正报道错误,并为其作出良好报道提供建议。[1] 同时,尽管关于申请报道限制令的实践指引仍然有效,但鉴于记者协会的"直接复制"服务仅适用于全国性报纸,故很难对限制地方媒体或报纸报道的申请有所帮助。然而,往往是地方媒体更乐于报道地方家事法院判决,这也就导致该实践指引的适用存在实践操作上的困难。[2]

(二)增强家事司法透明度具有必要性

尽管存在对当事人及未成年人的隐私权和未来发展的担忧或争议,但不断增强家事司法透明度仍是家事司法系统近年来的发展方向。从对家事司法透明度增强与否的价值衡量来看,增强家事司法透明度具有必要性。

对增强家事司法透明度的担忧可以通过一系列制度规则或改革措施来消除。一方面,关于家事司法透明度与当事人及未成年人隐私权的衡量,正如英国在判例中所确认,应该根据具体案情在公平审判权和隐私权之间作出权衡,这需要法官行使自由裁量权。另一方面,公布裁判文书或媒体报道家事案件对未成年人心理或未来成长的影响,也是影响相关改革措施的重要考量因素。鉴于增强家事司法透明度的重要意义,对该问题的担忧一定程度上可以通过健全相关改革措施来避免。例如,增强裁判文书公布或媒体报道案件的匿名化是解决该问题的重要途径。

另外,家事判决书的作用在一定程度上也成为推动判决书公布的原因之一。判决书记录了法官如何作出判决决定,如事实发现审理中的内容交代了

---

[1] See *The Transparency Project Today Launches Its Family Court Reporting Watch Project*, Transparency Project (Oct. 2, 2016), http://www.transparencyproject.org.uk/press/wp-content/uploads/pressreleaseLEF.pdf.

[2] See Sarah Blackmore & Jacqui Thomas, *Reforming Family Justice: A Guide to the Family Court and the Children and Families Act* 2014, Jordan Publishing Limited, 2014, p.255.

案件的背景、诉讼程序的关键时间节点、父母对指控的回应、法律适用、相关判例和指引、证人可信度及临床证据等。判决书可以表达两方面内容：一方面能展现法院已经审理和考虑了所有的证据并公正地适用了法律；另一方面能展现事实发现和决定作出的过程。因此，判决书是一份档案，也可以通过当事人上诉等方式受到监督，并为上级法院对该案件的审理提供证据。近年来，英国部分法官还将判决书作为儿童的档案，从而使他们在未来某日能看到影响其福祉和未来发展的判决决定作出的原因和过程。[1]

整体来看，增强家事司法透明度是英国家事司法系统发展的必然方向。对增强家事司法透明度与保护当事人和未成年人隐私权及未来发展的衡量，可以通过更细致的规则和判例作出明确规定。同时，为避免增强家事司法透明度的过程中出现问题，加强判决书和报道的匿名化、规范媒体报道家事案件的职业道德和法律规范，成为英国家事司法透明度改革的发展方向。

(三)权利之平衡：比例原则的衡量与健全制度的运行

透明度增强与否的争议，反映的是公众知情权和个人隐私权之间的博弈。公民具有获取与社会公共领域及与自己有关的信息的权利，但公民的个人信息、生活资料、隐私等不受侵犯。随着互联网、新媒体时代的发展，加强家事司法透明度势在必行，但个人信息的保护亟须重视，如何在保障公民知情权和个人隐私权之间取得平衡，行政法上的比例原则一定程度上可以适用于此。

比例原则包括适当性、必要性及相当性原则，强调付出的成本与取得的收益成比例，也即所要达成的利益与社会公益或公民权利所受损害之间成比例。在裁判文书上网公开等透明度改革中，对保障公众知情权的公共利益与公开可能造成的个人隐私权的损害两者之间进行利益衡量，可以发现一方面，如果公共利益超过个人利益，则公共利益优先；另一方面，将个人利益损

[1] See Julia Brophy, Kate Perry & Eleanor Harrison, A Review of Anonymised Judgments on Bailii: Children, Privacy and "Jigsaw Identification" (2015), p. vi.

害降到最低程度能够与维护公共利益之间形成均衡。[1] 在完善的匿名化处理程序及健全的裁判文书公布制度的规范下保障家事裁判文书中的个人信息受到保护或不被泄露，很大程度上能够解决关于个人隐私权受损的担忧，从而形成公共利益与个人利益之间的平衡。因此，结合家事司法实践与比例原则的分析，可以发现增强司法透明度必要且可行，但应在推进裁判文书公开的过程中消除对个人隐私的侵害。两者并非完全对立的矛盾关系，实现两者平衡的关键问题在于在增强透明度的同时完善对个人信息的保护，从而取得两者和谐共生的发展，而这需要健全的裁判文书公开制度的合理规范与有效运行。

（四）加强匿名化，规范媒体报道

随着“推特”和其他社交媒体的不断推广，英国家事法院一方面需要不断增强家事司法的透明度，另一方面又需要保护儿童最大利益及家庭成员的隐私权。由此，在英国家事司法发展过程中，确保家事司法公开或媒体报道的准确性、公正性成为急需关注的内容。[2]

自改革以来，英国家事法院以匿名的形式公布了更多的家事判决书。这无论对专业人士还是对公众了解家事司法而言都是积极的举动。然而，裁判文书公布的重大风险在于“拼图识别”（jigsaw identification），即尽管进行了匿名处理，但可能还是可以通过将涉及家属或儿童的信息汇集在一起作出识别，而这也正是年轻人最为担忧的问题。[3] 例如，家庭生活地区的细节、法院的位置、出席审判的学校、当事人及儿童的种族及宗教信息、儿童遭受的来自父母的伤害、儿童的健康问题或在学校及家庭中的问题等信息也可能导致公众识别出未成年人的身份。[4]

---

[1] 参见陶婷：《民事裁判文书上网公开的边界问题探究——基于司法知情权与个人隐私权的冲突与平衡的考量》，载《西南政法大学学报》2014 年第 6 期。

[2] See Sarah Blackmore & Jacqui Thomas, *Reforming Family Justice: A Guide to the Family Court and the Children and Families Act* 2014, Jordan Publishing Limited, 2017, p. 289.

[3] See Tom Wilson, *Greater Transparency in Children Proceedings: A Note of Caution*, Family Law Week (Jul. 9, 2015), http://www. familylawweek. co. uk/site. aspx? i=ed145745.

[4] See Julia Brophy et al., Safeguarding, Privacy and Respect for Children and Young People & the Next Steps in Media Access to Family Courts (2014), p. 29 .

在 *Z County Council v TS* 案中，马克·海德里(Mark Hedley)法官拒绝播放可以揭示儿童母亲身份的纪录片，原因在于该儿童生活在农村，这导致他的残疾问题与在城市相比显得更不寻常，更容易被识别出来。因此，法官不仅拒绝公布该儿童的基本信息，还拒绝公布可能会导致该儿童被识别出来的相关信息。[1] 在 *C (A Child)* 案中，儿童母亲申请将家事案件中的匿名判决书公布，但该上诉被驳回。迈克法雷恩大法官指出，母亲一方提交的匿名版本并非万无一失，部分内容中存在儿童的真实姓名。实践指引中所指的公布案件的范围由法官自由裁量决定，上诉法院绝对不会允许法官公布一份具体详细的判决书。同时，除非下级法院的判决确实存在原则性错误，否则上诉法院不宜干涉或指导家事司法公开改革进程。[2]

言论自由和司法公正的重要性不言而喻，故而提升家事法院透明度的改革具有必要性。然而，在以保障儿童最大利益为基本原则的家事司法系统中，较之于保障公众对家事司法程序的了解，在即时通信和社会媒体高度发展的今天如何保护处于弱势地位的儿童更为重要。[3] 因此，如何合理构建匿名化机制，保障裁判文书的公布不会侵犯到当事人或未成年人的隐私权或影响其未来发展，是英国家事司法改革进一步推进的方向。

媒体失实或误导性报道家事案件的问题，同样应是英国增强家事司法透明度改革需要考虑的问题。目前，英国法院在处理与媒体关系的过程中进行了积极应对。一方面，英国法院尊重媒体报道的权利，通过向媒体提供判决概要、向媒体记者预报庭审信息和对媒体采写报道提供非正式指导、监测与平衡舆情等途径积极地为媒体提供报道便利。另一方面，英国法院加强对法官媒介素养的培训，尽管“判决之外，法官无言”，法官在宣判后不应回应质疑或批评以维护公众对法官的尊重，但法官可以通过向司法新闻办公室提供背景材料的方式回应部分问题。[4]

---

〔1〕 See *Z County Council v TS* [2008] EWHC 1773 (Fam).

〔2〕 See *C (A Child)* [2015] EWCA Civ 500.

〔3〕 See Tom Wilson, *Greater Transparency in Children Proceedings: A Note of Caution*, Family Law Week (Jul. 9, 2015), http://www.familylawweek.co.uk/site.aspx? i=ed145745.

〔4〕 参见孙军工、朱健:《英国法院怎样和媒体打交道》,载《人民法院报》2016 年 1 月 15 日,第 8 版。

除此之外，为保障媒体报道的准确性，相关改革仍然有待进一步推进。一方面，新闻媒体行业应加强自律监管和职业道德，提高对家事案件报道的质量和准确性，遵循报道家事案件的相关法律规则。另一方面，法院应关注媒体参与及报道家事司法的相关问题并细化相关的指引规则等，从而形成明确的新闻媒体报道家事案件的权责规定，并作好相应的补救方案。同时，社会组织、公众等的监督同样是推动媒体正确报道家事案件的重要保障。

第三节 创新多元纠纷解决机制：家庭团体会议制度的引入

作为非诉讼纠纷解决机制的一种，家庭团体会议（family group conference）在英国的家事纠纷解决中发挥了一定作用。家庭团体会议起源于新西兰毛利人社区的传统争端解决方式，在诸多国家的少年司法中适用。目前，英国等国家在家事司法尤其是抚养案件中引入了该模式，在进一步探索该模式的基础上扩大其适用，充实和推进了非诉讼纠纷解决机制的多元化构建。家庭团体会议制度发挥了家庭成员作为解决家庭冲突“专家”的特殊作用，可以保障家庭自力救济的开展和推动家事纠纷的妥善解决，有待在深化家事司法改革中进一步探索。

一、英国家事司法改革重视家庭团体会议的引入

随着英国家事纠纷的非诉讼纠纷解决机制多元化发展不断深入，家庭团体会议的重要性不断凸显。自 20 世纪 90 年代引入家庭团体会议以来，该机制逐渐在英国家事案件尤其是抚养案件中发挥作用，并在英国 2011 年以来的家事司法改革中得到强调和重视。

（一）家庭团体会议：英国非诉讼纠纷解决机制之一

非诉讼纠纷解决机制是使用诉讼之外的方法解决纠纷的方式，常见方式

有仲裁、调解等。[1] 英国家事案件的非诉讼纠纷解决机制主要包括旨在解决家事纠纷以免进入司法途径的程序以及解决法院处理的案件的程序，如协商、调解、协作法及家庭团体会议等方式。调解在英国家事案件的非诉讼纠纷解决机制中占首要位置，家庭团体会议在其中的重要性也逐渐凸显。

家庭团体会议是由"家庭"成员组成的结构化决策会议。该"家庭"的含义非常广泛，包括儿童、儿童的父母、更大范围的家庭成员（通常所言的"近亲属"）以及对家庭而言非常重要的、无血缘关系的朋友或邻居。在家庭团体会议中，这些人被给予"私人"时间来达成为有需要的儿童提供安全保护的照顾计划。专业人员仅在程序开始阶段和决定作出后的计划评估阶段提供信息，在家庭团体会议的"私人"时间中专业人员并不参与。家庭团体会议为儿童福利、青少年犯罪、教育福利、家庭暴力、寄养家庭、收养等不同状况下的儿童制定计划。在儿童保护和青少年犯罪领域，该机制得到广泛适用，教育福利、收养及成年人服务等阶段的家庭团体会议制度则仍然处于探索阶段。另外，家庭团体会议不仅为儿童提供服务，也可以为成年人解决家事问题提供帮助。

英国自20世纪90年代以来形成了多种形式的家庭团体会议服务机构，如英格兰和威尔士的黎明家事团体会议（Daybreak Family Group Conferences），苏格兰的儿童第一（Children 1st）机构和巴纳多（Barnados）组织。英格兰的家庭团体会议服务机构数量在80个左右。北爱尔兰自1998年起开展家庭团体会议服务工作，5个社会关怀信托提供家庭团体会议服务并形成了家庭团体会议服务工作的一致标准，在运行中取得了良好效果。由于存在长期的用户参与服务传统，威尔士形成了青少年人组织（Young Person Group）来协助参加家庭团体会议中的未成年人。在英格兰的布里斯托，家庭团体会议在减少反社会行为方面发挥了重要作用。[2] 英国的家庭团体会议服务机构由家庭权利小组（Family Rights Group）主管，后者由家事司法理事

---

〔1〕 See Bryan Garner ed., *Black's Law Dictionary*, Thomson West, 2004, p. 244.

〔2〕 See Ute Straub, *Family Group Conference in Europe: From Margin to Mainstream*, 1 ERIS Web Journal 26 (2012).

会出资设立。

作为维护儿童最大利益的途径之一,英国通过提供家庭团体会议服务发挥家庭成员在保障儿童权益及为儿童发展制定计划中的作用,提供相关服务来保障家庭成员的私力救济,以更好地维护儿童最大利益。家庭团体会议成为解决儿童保护问题的重要途径,作为非诉讼纠纷解决机制之一在实践中发挥了重要作用。尽管家庭团体会议在儿童保护中较多出现、在家事纠纷解决中仍处于探索阶段,但相关实践和探索在不断加强。

(二)英国家事司法改革强调家庭团体会议的适用

为保障家事纠纷的有效解决,维护儿童最大利益,推动家庭团体会议等非诉讼纠纷解决机制的适用与发展是英国此次改革的重要内容。英国 2011 年的家事司法审查表达了对家庭团体会议效果的期待。家庭团体会议在英国已经适用数年,大多数地方机构都提供家庭团体会议服务,不同地方机构提供的家庭团体会议的组织方式和技术要素有所区别。整体来看,家庭团体会议的目标在于通过更广泛的家庭成员的参与来促进有利于儿童的抚养计划的达成。通常情况下家庭团体会议在诉前程序中介入,但也可以在诉讼的任何阶段中适用,并通过协商等方式推动案结事了。与其他国家通常采用家庭团体会议促进纠纷最终通过诉讼程序得出判决或其他有约束力的结果不同,在英国,家庭团体会议主要是作为非诉讼纠纷解决机制的一种方式来避免纠纷进入诉讼程序。针对英国国内主张在诉前程序中引入家庭团体会议的提议,家事司法审查小组指出,应在进一步评估家庭团体会议效果的基础上鼓励该机制的适用。[1]

在家事司法审查过程中,关于家庭团体会议的改革观点主要分为两种。大多数受访者支持家庭团体会议的强制性适用,但也有反对观点认为家庭团体会议的适用可能会导致纠纷解决更加迟延。《家事司法审查最后报告》(Family Justice Review Final Report)指出,家庭团体会议有很大价值。目前相关规定指引已经明确将家庭团体会议作为一个有效的工具,并指出在地方机

〔1〕 See Family Justice Review Interim Report (2011), p. 139

构的诉讼申请中应该列明是否已经召开或考虑召开家庭团体会议。家事司法审查小组建议对家庭团体会议的效果、质量、经费支出、最优条件及环境等问题作出调研。政府和司法机关应当鼓励该调研的开展和家庭团体会议的适用。[1]

2012年,政府报告对家事司法审查小组的改革建议作出回应。政府报告指出,地方机构已通过多种方式开展家庭团体会议。政府同意探索家庭团体会议在抚养诉讼中的独特效果,认为家庭团体会议可以作为家事司法审查更广泛研究项目的内容之一。[2] 2014年英国司法部发布的关于家事司法制度改革的总结报告——《家事司法的更好未来》(A Brighter Future for Family Justice)指出,朱迪·梅森(Judith Masson)教授作出的调研显示家庭团体会议具有诸多有益之处,并且她建议地方机构结合可行性、连续性、儿童利益及父母愿望等多方面因素考虑该机制的适用。政府已经资助家庭权利小组推动诉前程序中家庭团体会议的适用,并致力于开发值得信任的操作系统。同时,政府与家庭权利小组合作以确保在诉前程序及诉讼程序中适用家庭团体会议符合相关规定指引。部分地方家事司法委员会已经将家庭团体会议作为案件管理的一部分规定在诉前程序中。需要注意的是,该报告指出,至2014年尚缺乏关于家庭团体会议长期有效性的证据。[3]

家事司法审查之后,英国对家庭团体会议的适用作出了探讨。有观点指出,家庭团体会议是保障更广泛的家庭成员参与的有效途径,并且在诉前程序中适用家庭团体会议具有可行性,只需要依照《家事公法纲要》(Public Law Outline)的指引,无须对现有立法作出修改。英国司法部公布的《家事公法纲要》相关流程图显示,家庭团体会议出现在该流程的最初阶段,即初始评估阶段,该阶段在核心评估之前。这可以将家庭团体会议召开的成果纳入儿童保护计划之中,让家庭成员有机会在诉前共同为促进家庭发展作出努力。对地

---

〔1〕 See Family Justice Review Final Report (2011), p. 130.

〔2〕 See Ministry of Justice, Department for Education, The Government Response to the Family Justice Review: A System with Children and Families at Its Heart (2012), p. 30.

〔3〕 See Department for Education, Ministry of Justice, A Brighter Future for Family Justice (2014), p. 4-17.

方机构而言,通过该阶段的家庭团体会议,地方机构有机会了解该家庭的运作并初步了解各家庭成员可以为实现儿童最大利益作出的努力,并且可以评估该家庭是否希望获得相关资源或专业人员的帮助。在早期召开家庭团体会议还可以减少地方机构日益增加的工作量。鉴于家事纠纷的独特性,让家庭成员自己找到解决问题的方法,比专业人员作决定可能更有利。对已经任命的监护人而言,这同样存在有利之处,因为他们可以及时获得关于潜在抚养人的相关证据。

同时,家庭团体会议作为早期干预方式的优势还在于其由与地方机构无关的一名协调员主持。因此,如果家庭成员与社会服务机构人员存在争议,不会影响家庭团体会议的开展,因为家庭团体会议由具有相关资源和专业能力的独立人士主持。这种独立性对家事纠纷的解决至关重要,它能够协调家庭与地方机构之间的关系,这对家庭成员达成“家庭计划”更为有利。另外,作为早期干预形式的家庭团体会议也会为诉讼程序提供帮助,减少家庭成员之间的争议并为地方机构提供家庭成员参与事实的相关证据材料。[1]

二、家庭团体会议在英国家事纠纷解决中的适用与发展

尽管英国存在不同的家庭团体会议服务机构,但家庭团体会议的运行遵循一致的流程和规则。改革之前家庭团体会议服务不断加强,改革以来随着该机制的备受关注,家庭团体会议的效果更加凸显。英国重视该家庭服务方法的适用,一定程度上推动了家事纠纷解决的人性化、多元化发展。

(一)英国家庭团体会议的运行

在英国,家庭团体会议的流程主要包括推荐、准备、会议、计划完善与审查四个阶段。

第一阶段为推荐阶段,即向地方家庭团体会议服务机构推荐案件。不同地方服务机构的案件推荐方式有所差别,大部分地区是由儿童的社会工作者推荐,但也可能是由儿童的老师、青少年犯罪小组工作人员等其他专业人员

[1] See Julie Stather, *Enhancing the Role of Grandparents in the Current Legal Landscape*, Family Law Week (Oct. 12, 2012), http://www.familylawweek.co.uk/site.aspx? i=ed101994.

推荐,在部分地区家庭也可以自我推荐。推荐须符合以下两个条件:一是符合地方家庭团体会议服务机构规定的关于对儿童利益担忧的标准;二是父母、抚养人或足够成熟的 16 岁至 17 岁的未成年人同意推荐和分享信息。是否举行家庭团体会议的决定由家庭成员作出,任何情况下家庭都不会被强迫参加家庭团体会议。一旦提交了推荐,服务机构会为该家庭分配一名协调员。协调员帮助家庭成员制定会议方案并主持会议,但其与推荐人不同,协调员处于中立的地位,不会影响家庭成员作出决定。

第二阶段为会议的准备阶段。协调员与未成年人、未成年人的父母或临时抚养人一起组织会议,确定参加会议的人员。协调员与未成年人讨论如何帮助他们参加会议以及他们是否需要自己的支持者参加会议,如有需要的话,该支持者会与未成年人在准备阶段见面。同时,协调员与大家庭成员会见,讨论其担忧或疑虑,解释家庭团体会议的流程并鼓励他们参与。另外,协调员会联系推荐人及相关机构,确保家庭成员准确掌握关于儿童福利的信息和需要在家庭团体会议中考虑的问题。协调员协商会议的时间、地点等具体信息,发出邀请并作出必要安排。

第三阶段为实际会议阶段,由三部分程序组成。第一部分是信息提供部分,该部分由协调员主持,主要是介绍到场人员、家庭团体会议的目的及流程。服务机构为家庭成员提供一系列信息:家庭团体会议举行的原因,服务机构持有的关于该儿童及其家庭的信息,服务机构能够提供的资源和支持的信息,任何可能影响到一致性计划制定的有关儿童福利的担忧,家庭成员无法制定计划或计划未达成一致时服务机构将采取的应对措施。未成年人或家庭成员也可以提供信息、作出宣告或提出问题。第二部分是私人家庭时间。在该部分会议期间,机构工作人员及协调员均不在场。家庭成员有时间相互交谈,提出解决问题的方案。第三部分是计划和协议部分。当家庭成员制订计划时,推荐人及协调员需要与家庭成员会面并讨论该计划。推荐人有义务同意实施计划,除非该计划会使未成年人面临遭受重大伤害的风险。如果服务机构不同意家庭成员达成的计划,那么需要立即给出明确的理由,家庭成员有机会回答问题或改变计划。最重要的是,应当确保未成年人明确知悉计划的内容并了解未成年人的观点。同时,服务机构必须与家庭成员商定好应急计划、检测安排以及计划审查的相关内容。协调员应将计划分发给相关家庭成员、社会工作者及其他专业人员。如果该儿童处于社会工作者的特定关注范围之内,那么经家庭团体会议制定的计划应纳入综合儿童系统之中。

第四阶段为计划的完善和审查阶段。一旦家庭成员就计划达成一致,协调员将询问家庭成员是否需要举行审查会议,这通常发生在首次家庭团体会议举行的 3 个月后,但协调员需要与家庭成员商定具体时间。该审查会议实际上为家庭和专业人员提供了再次会见的机会,也为家庭成员提供了调整或修改计划的机会,以确保更好地发挥计划的效果。

(二)家庭团体会议的运行效果

2011 年家事司法改革之前,英国的家庭团体会议服务已经不断加强。一方面,各种形式的家庭团体会议服务显著增加。2002 年,英国仅有 38%的地区有不同形式的家庭团体会议服务。至 2009 年,英格兰 69%的地方机构有不同形式的家庭团体会议项目,威尔士 22 个地方机构中仅有 4 个不提供家庭团体会议服务。另一方面,家庭团体会议服务不断加强。2005 年英格兰开展了 30%的家庭团体会议项目,至 2009 年达 60%。[1]

自家事司法审查报告建议探索家庭团体会议机制的优势之后,该机制受到广泛关注。英国地方机构或单独采用家庭团体会议或者家庭会议(family meeting)模式,或将两者相结合。大多数参与者对家庭团体会议持肯定态度,认为该机制能够将更广泛的家庭成员作为儿童的潜在抚养人。部分地方机构出于减少迟延的考虑,采用家庭会议模式或将家庭团体会议与家庭会议相结合。然而需要注意的是,家庭团体会议是以家庭为主导的机制,家庭会议制度则以地方机构为主导,并且儿童的亲生父母无法参与其中,两者性质不同。[2] 家庭团体会议的广泛适用引发社会工作者思考大家庭在儿童保护

〔1〕 See Family Rights Group, Report on the Impact of the Public Law Outline on Family Group Conference Services in England & Wales (2009), p. 4.

〔2〕 See Department for Education, Impact of the Family Justice Reforms: Phase 3—Exploring Variation across 21 Local Authorities (2016), p. 24-26.

工作中的作用，而改变法院回应儿童及其父母的方式可能会导致抚养权撤销案件中出现不同的工作思维方式的情况。[1]

部分进入诉讼程序的家事案件在诉前经过了家庭团体会议程序。在 *Kent County Council v M and K* 案中，儿童母亲心理健康状况不佳，其他家庭成员亦无抚养能力。诉前该案儿童的家人已经在家庭团体会议中达成一致，认为将儿童继续寄养更为有利。地方机构等各方人员均认为寄养对儿童有利，最终该案法官发布了长期寄养令。[2] 在 *Re A (A Child)* 案中，儿童母亲未经儿童父亲同意擅自将儿童从拉脱维亚带至英国生活。该案儿童被地方机构安排暂时寄养，但在抚养诉讼程序中该案儿童父亲仅参加了一次家庭团体会议，之后未收到案件相关文件资料，导致案件出现了诉讼迟延、儿童父亲不知悉诉讼进展等问题。[3]

2017 年，英国教育部发布了关于家庭团体会议机构的调研报告。该报告对部分接受该机构家庭团体会议服务的对象进行了调研，并得出了调研结果和发展建议。该报告显示，家庭团体会议举行后的 3 个月至 12 个月内，与父母或亲人生活在一起的未成年人所占比例达 75%，与之相对应的未经家庭团体会议程序的未成年人家庭安置率相对较低，为 61%。在调研的时间范围内，经过家庭团体会议的案件有 29% 最终进入了诉讼程序；未举行家庭团体会议的案件有 50% 进入诉讼程序。97% 的受访者在家庭团体会议召开 3 个月后认为他们达成的计划符合儿童最大利益的需求。该报告指出，应当进行长期的后续行动以获知经家庭团体会议达成的计划是否安全有效。同时，家庭团体会议服务机构应与地方机构形成合作，建立相关机制将家庭团体会议融入现有的儿童保护计划中，从而进行持续监测和审查。[4]

同年，英国教育部公布的利兹郡调研报告显示，参与家庭团体会议的受

---

〔1〕 See PA Welbourne, *Adversarial Courts*, *Therapeutic Justice and Protecting Children in the Family Justice System*, 28 Child and Family Law Quarterly 1 (2016).

〔2〕 See *Kent County Council v M and K* (*Section* 20) [2016] EWFC 28.

〔3〕 See *Re A* (*A Child*) [2014] EWHC 604 (Fam).

〔4〕 See Emily Munro et al., Daybreak Family Group Conferencing: Children on the Edge of Care Research Report (2017), p. 8-9.

访者对该机制评价较高,受访者均有程序参与感,并感受到家庭和自己的价值受到尊重,99%的受访者认为家庭团体会议已经帮助他们解决了问题,91%的受访者认为他们得到了符合其需求的适当的协助。利兹郡自 2010 年开始提供家庭团体会议服务,工作团队逐渐壮大,到 2014 年每年已经可以处理 550 个案件,其家庭团体会议的服务领域也不断扩大,目前已包括家庭暴力问题。[1]

(三)英国家事纠纷解决中家庭团体会议的发展

英国政府重视发挥家庭团体会议在儿童保护及诉前程序中的作用。政府指引指出,更广泛的家庭成员尽早参与到儿童保护和帮助儿童家长解决问题中具有至关重要的意义。如果问题升级,儿童无法安全地与父母生活在一起,出于对儿童保护的考虑,地方机构在必要时应使儿童与大家庭成员生活在一起。[2]

无论是在诉前程序还是诉讼程序进行过程中,家庭团体会议都为当事人提供了自主决定抚养计划或表达意见的途径。在诉前程序中,家庭成员经过商议达成关于儿童抚养或家事纠纷解决的妥善方案,避免案件进入诉讼程序而由法官裁决,给予了当事人更多的自主权。而在诉讼程序进行过程中,家庭团体会议的召开能够使当事人向法院提交家庭成员的观点、反映家庭的意见,这在家事纠纷处理尤其是抚养诉讼中能够更好地维护家庭稳定。另外,不仅在涉及儿童抚养的家事案件中,英国同样探讨在心理健康服务、长期扶养计划、临终关怀等保护程序中适用该机制以保护成年人的利益。[3]

与法国等国家优先考虑家庭的需求及儿童与家庭的关系不同,英国儿童保护工作的首要目标在于保护儿童并及时捍卫儿童的权利,其在该过程中不会考虑会对儿童及其父母的关系造成何种影响,整个儿童保护系统致力于将儿童面临的风险或面临风险的可能性降到最低,社会工作者可能会在避免儿

---

〔1〕 See Paul Mason et al. , Leeds Family Valued Evaluation Report (2017), p. 11, 20.

〔2〕 See Department for Education, Statutory Guidance: Volume 1 Court Orders and Pre-proceedings (2014), p15.

〔3〕 See Social Care Institute for Excellence, Safeguarding Adults: Mediation and Family Group Conferences (2012), p. 4.

童权利遭受损害的过程中与家庭发生冲突。尽管社会工作者经常提到与家庭之间形成了“工作伙伴关系”,但该模式可能会与诉讼程序存在冲突。原生家庭被视为抚养儿童的首选,但如果父母被评估为不足以为儿童提供必要照顾,那么他们需要让位于家庭之外的抚养者。在这种情况下,诉讼程序的主要目标在于寻找亲生父母的替代者,大多数案件中法院会发布领养令。[1]

然而,家庭团体会议机制包含了大陆法系国家中家庭服务方法所共有的因素,如将儿童置于家庭中的首要位置,并尽可能保障儿童在其亲属团体中的生活。家庭团体会议重视大家庭,为儿童权利保护提供了更多的选择性和灵活性。同时,家庭团体会议是一个中间性结构,可在儿童保护案件早期召开,不需要收集那些在诉讼程序中所需要的证据。这些体现的辅助性、福利多元化和团结性等要素都是欧洲大陆法系国家家庭服务方法的核心,恰恰也是英美法系所缺乏的内容。因此,该机制鼓励当事人处于协商同意的过程中,而非冲突过程中。当该机制得到良好运行和跟进时,家庭能够尽早得出解决问题和预防策略的计划并采取行动,即使是在随后进行诉讼活动的情况下,当事人也可以召集家庭团体会议并在诉讼期间内达成决定。[2]

三、家庭团体会议解决家事纠纷的合理性分析

家庭团体会议制度起源于新西兰传统的毛利人大家庭会议(whānau hui),是新西兰独具特色的家庭服务方法,并在澳大利亚、美国、加拿大、英国等国家和地区广泛适用。该制度在家事纠纷解决中发挥着独特作用,推动了非诉讼纠纷解决机制的多元化发展。

(一)家庭团体会议的起源与发展

家庭团体会议制度起源于新西兰。在批判传统少年司法存在的弊端基础上,新西兰分析了毛利人处理社会问题的举措,吸收了土著居民在实践中

---

〔1〕 See Charles Waldegrave, *Contrasting National Jurisdictional and Welfare Responses to Violence to Children*, 27 Social Poilcy Journal of New Zealand 57 (2006).

〔2〕 See Charles Waldegrave, *Contrasting National Jurisdictional and Welfare Responses to Violence to Children*, 27 Social Poilcy Journal of New Zealand 57 (2006).

留存下来的前国家社会及古代文明社会的文化特征，形成了新西兰举世闻名的家庭团体会议制度。1989 年，新西兰通过《儿童、青少年及其家庭法》(Children, Young Persons and Their Families Act)引入了儿童家庭会议机制，将其作为儿童保护和青少年司法工作中最关键的家庭服务方法。该法案指出，儿童或青少年的家庭或家庭团体应尽可能参与到影响儿童或青少年发展的决定制定过程中，并应尽可能考虑到家庭和家庭团体的观点，同时，应尽可能保持和加强儿童或青少年与其家庭或家庭团体之间的关系。[1] 该法正式引入了家庭团体会议制度，旨在通过更多家庭成员的力量解决大多数家庭福利和司法问题。传统的毛利人大家庭会议是家庭团体会议的典范，在资源充足和管理得当的情况下该机制成效显著，新西兰白种人(Pākehā)也从该方法中受益颇多。尽管 20 世纪 90 年代政府支出的缩减限制了家庭团体会议的发展，但其最终得以保存并在北美和欧洲等地区得到广泛传播与发展。[2] 目前，家庭团体会议制度在美国、加拿大、澳大利亚及部分欧洲国家得到了广泛适用。

尽管各国家庭团体会议的服务机构或形式有所区别，但整体来看，家庭团体会议是以家庭为主导的程序机制，遵循一致的原则：儿童和家庭有权参与到影响他们的决定的作出过程中；家庭有可以利用的力量和资源；在儿童保护过程中共同承担儿童福利责任可以增强家庭成员之间的联系与支持；家庭成员可以通过合作来制定保护儿童安全的计划；家庭成员达成的计划可能比专业人员的强制性方案更加注重儿童与家庭、社区及文化的纽带；相比专业人员的方案，家庭成员自行达成的方案可能更易得到遵守；为鼓励信任和公开对话，家庭成员在会议期间的讨论是保密的，除非基于保护儿童等法律规定的情形需要公开。家庭团体会议所蕴含的平等性、伦理性、准确性、可纠正性等价值实际上与程序正义的价值具有一致性。

(二)家庭团体会议在家事纠纷解决中的作用

在诸多文献及调研中，家庭团体会议被视为符合道德要求且行之有效的

---

[1] See Children, Young Persons, and Their Families Act 1989, Sec. 6.

[2] See Charles Waldegrave, *Contrasting National Jurisdictional and Welfare Responses to Violence to Children*, 27 Social Poilcy Journal of New Zealand 57 (2006).

家庭合作方式，但该方式往往为主流实践所忽略。大多数参与人员认为在具备充足信息与资源支持的情况下，大家庭的成员可以制定出为社会工作者所接受的计划。然而，目前关于该计划如何实施及对未成年人长期发展影响的相关调研证据较少。

尽管家庭团体会议机制在运行过程中存在诸多争议，但这些争议值得商榷。其一，家庭团体会议强调家庭成员的参与，减少专业人员的干涉，如果强制规定该机制，则家庭成员的自由参与会被动化。尽管在家庭团体会议发展过程中，专业人员表达了强烈的家庭赋权观念，但在具体运行过程中专业人员仍然对决策程序保持了一定程度的控制，如制定日程安排、分配家庭私人时间、协助制订计划及会后修改计划等。然而需要明确的是，一方面，在英国具体实践中，家庭团体会议排除地方机构社会工作者的参与，协调员保持中立地位且不参与家庭私人时间的讨论，从而限制了公权力的参与。另一方面，根据家庭团体会议的运行机制，家庭的自治权处于首要地位，家庭成员有权决定是否采用该机制、达成最终计划或修改计划，对儿童利益等家庭问题作出决定。

其二，鉴于家庭团体会议的自主性，处于弱势地位的未成年人、妇女等家庭成员的意见可能会受到较强势的家庭成员的影响，自由表达权利受到压制。然而，该问题可以通过完善机制程序、提供充分资源等途径得到解决。相关实践表明，在决策作出的过程中，男性与其他家庭成员的参与可能会遭到忽视，儿童母亲的观点得到的关注较多。在 20 世纪 90 年代，有调查数据显示男性的参与比例仅在 16% 左右，但随着家庭团体会议机制的发展，男性家庭成员的参与不断增加。[1]

其三，有观点认为由于社会工作者等专业人员在家庭团体会议中的参与有限，该机制存在的风险可能无法得到有效控制。[2] 然而，一方面，家庭团体会议允许家庭与公权力机构进行交流，公权力机构与家庭之间的权力分配可

〔1〕 See Sally Holland et al., *Democratising the Family and the State? The Case of Family Group Conferences in Child Welfare*, 34 Journal of Social Policy 59 (2004).

〔2〕 See Lee Barnsdale & Moira Walker, Examining the Use and Impact of Family Group Conferencing (2007), p. 3.

以在机制运行过程中得到平衡。另一方面，经家庭团体会议达成的计划需要经过审查，适用家庭团体会议机制的案件也可以进入司法程序，故而家庭团体会议机制的运行会受到监督，家庭自主权的行使不能阻碍儿童最大利益原则的实现，否则仍会受到公权力或司法程序的制约。

家庭团体会议的干预使很多家庭逐渐向民主化程度发展，而家庭民主化和民事机构民主化之间又存在潜在关联。在家庭团体会议中，无论是家庭成员观点的讨论还是未成年人意见的表达，均在一定程度上促进了家庭内部民主化程度和家庭自主权的加强。这也反映了当前家事司法实践原则的新发展，即保障家庭自决的实现。在家事纠纷解决程序中应强调家庭成员的自决，这不仅应存在于调解等特定的争议解决程序中，还应体现在家庭成员对程序的选择中，并且应当保障家庭成员个人作出决定，而非对他们作出指导。[1] 尽管儿童意见的传达可能尚存影响力不足等问题，但保障儿童在家庭团体会议中的参与符合儿童最大利益原则的要求。

通过家庭团体会议这一替代性纠纷解决方式解决儿童抚养等家事纠纷，能密切家庭成员之间的关系并加强社区对家庭的支持力度，其重视文化和家庭背景的重要性、关注每个家庭的独特性，是以裁判为基本功能的司法工作力所不能及之处。伦纳德·爱德华兹(Leonard Edwards)法官曾长期支持非诉讼纠纷解决机制的适用，他指出，通过家庭的力量，当事人可以找到解决家庭问题的方法。[2] 当事人通过家庭团体会议的方式达成明确一致的计划以满足各方需求是法院乐于见到的情形，这既可以让儿童父母及家庭成员获得主流实践中不常见的参与机会，也使儿童父母有权参与到决策过程中而减少其未来可能产生的法律纠纷，对于家事纠纷解决而言更为适宜。随着越来越多的法院和机构认可非诉讼纠纷解决机制的作用并开始为家庭、儿童父母提供一系列替代性纠纷解决方式，整个家事纠纷解决系统会发生变化。通过这些非诉讼纠纷解决机制，家庭更具有自主性，并更多地借助于大家庭和

---

〔1〕 See Peter Salem & Annette Burns, *Guiding Principles for Family Justice Programs*, 57 Family Court Review 434 (2019).

〔2〕 See Leonard Edwards, *Child Protection Mediation: A 25-year Perspective*, 47 Family Court Review 69 (2009).

社区的力量。在这种情况下，卷入儿童福利系统中的家庭并非孤立无助，而是通过团结在一起对家庭危机作出适当回应。无论是儿童福利系统还是法院或相关机构，应当充分关注家庭的需求，提供更多适宜的纠纷解决机制。[1]

因此，深化多元纠纷解决机制改革是各国家事司法工作的重要内容，也是解决家事纠纷的有效途径。英国在家事司法改革过程中探索家庭团体会议制度的适用，整体而言效果较为明显。家庭团体会议制度强调家庭成员在儿童抚养问题等家事纠纷解决中的作用，体现了家庭的自主性和民主性，在诸多国家得到探索和适用。

第四节　后改革时代之发展：无过错离婚制度的引入

英国自 2011 年以来实行家事司法改革，推动家事司法系统在新时代的更新，以更好地解决诉讼迟延、保障当事人权益和儿童最大利益等问题。这一改革在取得显著效果的同时，仍然存在一定问题，典型体现之一即离婚理由制度存在的诸多争议。英国现行离婚制度并非彻底的破裂主义，而是在离婚法定事由的判定中尚存过错要件。英国包含过错要件的离婚理由制度在实践中引发诸多争议，无过错离婚制度的引入成为英国各界的普遍呼吁和主张，并在立法中得到规范。

一、"指责游戏"加剧英国家庭冲突

英国司法部在 2018 年 9 月发布了《减少离婚矛盾：离婚法律要求之改革》（Reducing Family Conflict: Reform of the Legal Requirements for Divorce）的咨询文件，指出目前英国 50 年来尚未改变的法律可能引发或加剧了当事人的矛盾，或者说该法律在鼓励人们关注过去的问题而非他们未来的发展，现行法律的弊端也在英国最高法院的判例中凸显。人们将现有离婚程序视为

〔1〕 See Kelly Olson, *Family Group Conferencing and Child Protection Mediation: Essential Tools for Prioritizing Family Engagement in Child Welfare Cases*, 47 Family Court Review 53 (2009).

“指责游戏”,普遍呼吁取消过错要件以减少家庭冲突,这也引发了英国议会对引入无过错离婚制度的关注。

(一)现行法律:部分离婚法定事由以过错为要件

自《1857年婚姻诉讼法》(Matrimonial Causes Act 1857)将离婚案件的管辖权归于世俗法院以来,英国关于离婚的现代立法逐渐确立和发展。19世纪中叶以来,离婚的诉讼程序发生了较大变化,《1969年离婚改革法》(Divorce Reform Act 1969)于1971年生效,并通过《1973年婚姻诉讼法》(Matrimonial Causes Act 1973)重新修订。《1973年婚姻诉讼法》关于离婚要件的规定至今仍发挥效力。1996年7月,《1996年家庭法》(Family Law Act 1996)获得了英王的认可,其部分内容取代了《1973年婚姻诉讼法》的多项规定,但涉及离婚制度的第二部分并未实施。因此,英国目前的离婚法律制度仍以《1973年婚姻诉讼法》为依据。

英国《1973年婚姻诉讼法》第1条第1款明确规定,婚姻无可挽回的破裂是离婚的唯一法定理由。该条第2款规定了5种法定事由,只有离婚申请人向法院证明了至少存在5种法定事由之一,审理离婚案件的法院才能以此认定双方的婚姻已经达到无可挽回的破裂的程度。这5种法定事由包括:(1)通奸且无法忍受;(2)被告的行为使原告有合理理由认为无法继续共同生活;(3)遗弃,时间在2年以上;(4)分居已满2年并且被告同意离婚;(5)分居已满5年。[1]

具体来看,前3种法定事由都要求原告证明对方存在一定的过错。第1种法定事由即被告的通奸行为,原告必须证明存在通奸行为,并且证明无法与被告继续生活。所谓通奸,根据《1973年婚姻诉讼法》的规定,即“在已婚者与非配偶的异性(不论其是否已婚)之间的一种自愿的性关系”。第2种法定事由即被告的不合理行为,对于该事由当事人不仅需要证明被告存在不合理行为,还须证明该不合理行为会导致原告无法与被告继续共同生活。不合理行为所包含的内容较为广泛,既可以是单一的严重行为,也可以是多次不合

[1] See Matrimonial Causes Act 1973, Art. 1.

理行为的叠加。通常能够构成离婚事由的不合理行为包括:家庭暴力、诸多琐碎小事累积以致无法与对方继续共同生活、经济上不负责任、患有疾病等。关键问题不在于不合理行为的严重性,而在于不合理行为的危害性,即对原告造成的影响。但是,该不合理行为必须构成充分理由,从而使法院可以认定婚姻确已无可挽回地破裂,双方无法继续共同生活。[1]遗弃作为法定事由之一要求至离婚申请提起之时被告已经连续地遗弃原告至少2年,其构成要件包括:分居的事实、被告存在遗弃的主观故意、未经原告同意及分居无正当原因。因此,该法定事由较难证明。总体来看,相较于第4种事由分居2年且双方同意离婚与第5种事由分居2年,前3种法定事由均要求证明对方存在过错。

(二)适用普遍:以过错为事由的离婚诉讼频发

英国关于证明离婚理由的法定事由的适用经历了一个不断发展变化的过程。从英国离婚诉讼实践发展来看,在20世纪50年代最常采用的法定事由为遗弃,但近年来主张遗弃问题的离婚案件较少。在20世纪60年代,通奸是最普遍的事由。至20世纪70年代,分居5年成为最常见的事由,分居2年且双方同意离婚次之。进入21世纪以来,不合理行为成为最普遍适用的证明离婚理由的法定事由。以2017年为例,通奸(10.4%)、不合理行为(46.6%)、遗弃(0.5%)以及既有通奸又有不合理行为(0.5%)的事由占所有离婚事由的58%,而这些都以指出对方的过错为要件。相反,分居2年且双方同意离婚(26.6%)和分居5年(15.4%)的事由仅占42%。目前,英国每年有超过10万人离婚,不合理行为是最常见的离婚事由。[2] 相关调查显示,60%想要离婚的人都曾指控过对方的行为。无论是较长的分居时间还是指责对方的过错,这两种路径最终都会加剧离婚双方的压力和苦恼,损害夫妻双方及未成年人的利益。指责对方过错以致冲突加剧的问题,在目前英国离婚实践中尤为突出。

---

〔1〕 参见石雷:《英国现代离婚制度研究》,群众出版社2015年版,第68-69页。

〔2〕 See Office of National Statistics, *Divorces in England and Wales*: 2017, Office of National Statistics (Sep. 26, 2018), https://www.ons.gov.uk/peoplepopulationandcommunity/birthsdeathsandmarriages/divorce/bulletins/divorcesinenglandandwales/2017.

(三)不利影响:加剧家庭冲突

婚姻是项庄严的承诺,离婚的过程也应能够反映出结束婚姻的严肃性。离婚是个人和家庭生活重大变化,对当事人及其子女的身心发展具有深远影响。同时,离婚也意味着包括个人权利和义务在内的法律地位的变化。法律规定仅在婚姻破裂且不可修复时才可离婚,这旨在发挥法律对婚姻的保护功能,然而目前英国法律中规定的过错要件反倒加剧了矛盾和冲突。证明对方存在过错,让当事人为自己的离婚决定进行辩护不符合当事人、未成年人、家庭发展及社会的利益。法律不应该加剧处于困难时期的人们所承受的冲突和压力。

过错要件是近年来英国家庭法受到诟病的内容之一。英国司法大臣大卫·高克(David Gauke)指出,"指责游戏"对任何人都没有帮助,其在夫妻之间尤其是有子女的夫妻之间制造了更多没有必要的对抗和焦虑。[1] 英国司法部部长露西·弗雷泽(Lucy Frazer)指出,要求配偶通过指责对方实现离婚的制度只会加剧冲突和不必要的对抗。

同时,过错要件与婚姻无可挽回的破裂之间可能不存在必然关联。相关调研显示,部分受访者认为对过错的指控会加重离婚双方的敌意和痛苦,而这种过错不一定与婚姻关系破裂存在必然关联。根据英国现行法律,法院判定离婚与否的法定理由在于婚姻是否已破裂至无可挽回的状态,而一方是否存在导致婚姻破裂的过错与法院判决离婚的法定理由并无联系,因为法律并没有区分婚姻中"有罪的一方"或"无辜的一方"。2015 年,英格兰和威尔士有 60%的离婚基于通奸和行为问题,与之法律不同的苏格兰仅有 7%。根据全国民意调查,仅有 29%的受访者表示主张过错离婚时所依据的事实与他们真正的离婚原因接近。[2]

以不合理行为为例,不合理行为的含义具有不确定性,这破坏了"简单明

---

〔1〕 See Ministry of Justice, Reducing Family Conflict: Reform of the Legal Requirements for Divorce (2018), p. 3.

〔2〕 See Liz Trinder et al., Finding Fault? Divorce Law and Practice in England and Wales (2017), p. 12.

确、可预测”(intelligible, clear and predictable)的法治原则。在20世纪80年代的不合理行为的事由中,有64%是基于身体暴力的指控,但目前已降低至15%左右,这意味着关于不合理行为的认定标准已经有所降低。然而,公众和律师并不明确知晓该认定标准的阈值,故而出现了部分案件中律师准备的证明不合理行为的材料超出必要性,部分无律师代理诉讼的当事人担心认定标准过高而选择通过分居一定年限的方式实现离婚。[1]

(四)改革导火线:欧文斯夫人离婚案之影响

欧文斯夫人离婚案是推动政府、议会及家事司法从业人员主张改革离婚法的重要判例,目前在英国引起广泛关注,并引发了政府、议会对修改离婚事由相关法律规定的探讨。该案由英国最高法院审理,是涉及离婚事由的典型判例。

在该案中,欧文斯夫妇于1978年结婚,自2015年起,65岁的欧文斯夫人离开两人的住所并起诉离婚,但一审法院、上诉法院及最高法院均未判决离婚。上诉人欧文斯夫人主张其婚姻已经破裂,并主张丈夫存在不合理行为,但被上诉人欧文斯先生不同意离婚,并否认妻子的指控,认为如果他们的婚姻确实进入无可挽回的状态,是因为欧文斯夫人有婚外情或太“无聊”。

2016年,该案一审由中央家事法院的罗宾·托尔森(Robin Tolson)法官审理。尽管托尔森法官发现该案中双方当事人婚姻确已破裂,但因为原告欧文斯夫人无法提出充足证据证明被告存在不合理行为,故而判决原告败诉。2017年,欧文斯夫人向上诉法院提起上诉。3名上诉法官在伦敦的上诉法院听证会上对其上诉作出裁决。上诉审法官认为,欧文斯夫人未能证实她的婚姻在法律上属于无法挽回的破裂状态。詹姆斯·孟比指出,该案存在的问题在于法官必须遵守的法律和必须适用的法律程序属于缺乏理性的诚实,目前关于“行为”的诉讼往往只是一个“游戏”。希瑟·哈利特(Heather Hallett)法官同意詹姆斯·孟比的主张,认为该案上诉人的请求应被驳回。她指出,上诉法院不应推翻一审法官正确适用法律、认定事实和证据清楚并充分说明理

[1] See Liz Trinder et al., Finding Fault? Divorce Law and Practice in England and Wales (2017), p. 13.

由的判决,尽管该判决结果上诉法官并不喜欢。这可能使欧文斯夫人处于“不幸福的处境”,但法官应“不带任何热情”地裁判该案。同时,她指出应当由议会而非法官来修改离婚法的相关规定:法官有责任适用议会通过的法律,尽管不能接受适用某些法规的后果,但法官无法忽视法律中的明确规定。因此,议会应当决定是否修改相关规定或引入无过错离婚,这是议会而非法官的职能。〔1〕

随后,欧文斯夫人又上诉至最高法院。2018 年 5 月,最高法院听证会在伦敦举行。最高法院法官分析了听证会上关于不合理行为和错误概念的法律论证,于 7 月 25 日作出裁决,驳回了欧文斯夫人的诉请。

尼古拉斯·威尔逊(Nicholas Wilson)法官指出,该案中对行为事实的判断应从三个方面入手:一是确认被上诉人是否作过所指控的行为;二是评估被指控的行为对上诉人的影响;三是基于前两方面作出评估,判断让双方继续生活在一起是否合理。具体到该案中,被上诉人主张的责备、贬低行为不一定构成不合理行为,且该行为不是导致婚姻进入无可挽回境地的行为,至于所谓“累积效应”,法官在审理中亦有考虑,但该案中所指控的诸多较小的行为或事件不一定能够累积形成足以证明婚姻破裂的不合理行为。同时,他同样强调该上诉引发了“不安情绪”,应由议会考虑是否修改法律来解决现有法律无法为欧文斯夫人提供保障的问题。布伦达·黑尔(Brenda Hale)法官同样指出,该案令人不安,但应该由议会来修改其制定的法律,法官的职责仅在于解释和适用议会制定的法律。〔2〕 上诉人的律师曾向最高法院提议,对立法的解释可以适当进行调整,希望法院可以作出具有前瞻性的、符合当前社会现状的判决,但该提议并未被采纳。

因此,欧文斯夫人只能等到 2020 年以分居 5 年事由证明婚姻破裂,这对欧文斯夫人而言影响极大。该案凸显了英国离婚法中过错要件规定的不利影响,引发了家事司法从业人员及政府和议会的关注,成为推动无过错离婚改革运动的重要因素。正如有观点指出,该案判决错失了改变英国离婚格局

〔1〕 See *Owens v Owens* [2017] EWCA Civ 182.
〔2〕 See *Owens v Owens* [2018] UKSC 41.

的良机,受过时的思维和法院不能改变议会制定的法律所限,该案判决结果并未展现出前瞻性,英国的离婚法已经远远落后于其他国家,无过错离婚的改革势在必行。[1]

二、混合破裂主义:英国离婚事由制度之曲折探索

英国将婚姻无可挽回的破裂作为离婚的法定理由,但又规定必须证明存在5种法定事由之一。该离婚法定理由的规定既反映了破裂主义原则的适用,又有对过错主义的妥协。5种法定事由自《1973年婚姻诉讼法》施行以来一直是英国离婚案件的判决标准,但立法也存在试图修改的规定和讨论。《1996年家庭法》第二部分的规定取消了过错要件,然而该规定并未得以实施,其中又存在诸多影响因素和原因。因此,对当前改革过错要件的探讨,需要厘清该要件确立与一直存在的原因,而这需对《1996年家庭法》的相关立法背景和未实施问题作出探讨。

(一)混合破裂主义:英国现行离婚理由立法之原则

作为离婚法的核心内容之一,离婚理由的规定反映了一个国家关于离婚制度的立法宗旨和原则。离婚理由是立法者所认可的能够引起婚姻解除后果的法律事实,是当事人提起离婚申请的法律依据,也是法官裁判当事人婚姻关系的法律标准和依据。离婚理由的立法会受到本国传统文化和社会观念的影响,也能够反映出一个国家的婚姻家庭文化和价值取向。近代以来,离婚理由立法经历了从过错离婚主义(有责主义)向破裂离婚主义(无责主义)的发展过程。[2]

过错主义旨在制裁有过错一方的过错行为,对法定离婚理由采列举方式,凡符合其中之一的,无过错方可向法院起诉并获准离婚。较之于禁止离婚和专权离婚主义,将过错主义引入离婚制度是家庭法的进步,它使当事人

---

〔1〕 See Richard Spillett, "*Unhappily Married*" *Woman Loses Supreme Court Fight for Divorce*, Mail Online (Jul. 25, 2018), https://www.dailymail.co.uk/news/article-5990015/Unhappily-married-woman-loses-Supreme-Court-fight-divorce.html.

〔2〕 参见马忆南、罗玲:《裁判离婚理由立法研究》,载《法学论坛》2014年第4期。

能够从婚姻中解脱出来,故而在 18—19 世纪,过错主义原则的确立体现了离婚制度的进步,《拿破仑民法典》等都有相关规定。然而,过错主义使无过错方在离婚诉讼中必须证明对方存在符合过错要件的法定事由,从而使证据而非婚姻状态本身成为法庭审判的核心,并且使无过错方再次面对痛苦,不可避免地导致双方的互相指责和抱怨,甚至对子女的抚养和未来发展产生不利影响,“有污染婚姻诉讼之嫌”。[1] 故而,随着离婚制度的不断发展,破裂主义逐渐形成并取代过错主义。

破裂主义从婚姻生活目的出发,不要求当事人存在过错,只要婚姻处于无可挽回的破裂状态,即可依夫妻双方或一方请求准予离婚。在破裂主义发展初期,主要通过列举的方式对各种可以离婚的客观情况作出界定,之后逐渐发展为将无可挽回的破裂作为离婚唯一理由的原则。[2] 自 20 世纪 60 年代以来,破裂主义逐渐为大多数国家所接受。现代各国基本上采取破裂主义原则,但程度有所不同:部分国家在立法模式上采取彻底破裂主义,仅以破裂作为唯一的离婚理由;部分国家兼采破裂主义和过错主义原则,形成相对破裂主义。正如有观点指出,破裂主义的采用不仅超越了法系,也超越了社会体制。[3] 相较于过错主义,破裂主义更加关注婚姻本身,法律在当事人之间处于中立角色,不带有过多道德评价。相较于过错标准而言,如何判断婚姻关系无可挽回的破裂没有可以衡量的具体标准,在赋予了法官更多的自由裁量权的同时为离婚制度增加了一定的自由度。

从英国现有离婚制度来看,英国一方面将婚姻无可挽回的破裂作为离婚的法定理由,这自《1969 年离婚改革法》中就已规定,但另一方面又要求必须符合 5 种法定事由之一,其中 3 种事由与对方的过错有关。[4] 英国并未采取彻底的破裂主义,而是在破裂主义的基础上兼采过错主义,形成混合破裂主义的离婚理由制度。需要指出的是,该不彻底的破裂主义制度在当时而言已

---

〔1〕 参见林秀雄:《婚姻家庭法之研究》,中国政法大学出版社 2001 年版,第 66 页。

〔2〕 参见夏吟兰:《离婚自由与限制论》,中国政法大学出版社 2007 年版,第 26 页。

〔3〕 参见林秀雄:《婚姻家庭法之研究》,中国政法大学出版社 2001 年版,第 66 页。

〔4〕 See Jonathan Herring, Rebecca Probert & Stephen Gilmorem, *Great Debates in Family Law*, Palgrave Macmillan, 2012, p. 187.

属进步。在《1969 年离婚改革法》施行之前，英国的过错主义原则一直在家庭法中占重要地位，只有一方罪大恶极时，离婚才会作为一种惩罚措施，将过错方赶出婚姻。这样的过错主义原则实则是基于工具主义的理念，也即维系已然破裂的婚姻是为了更广泛的社会利益，而非出于对当事人权益的考虑。[1]

《1969 年离婚改革法》将以过错为基础的离婚理由修改为以婚姻无可挽回的破裂为基础的制度，但同时规定当事人需要满足法定的离婚事由，形成具有一定妥协性的混合破裂主义制度，这实则与当时的社会背景相关。在《1969 年离婚改革法》制定时，法律委员会和大主教团体都出具了关于离婚法改革的报告。两者都主张用婚姻无可挽回的破裂作为离婚法定理由，认为离婚法应支持而非破坏婚姻的稳定性，以在离婚中实现最大的公平和最小的损害。然而，两者对构成婚姻破裂的事由存在不同的认知。大主教团体否认双方一致同意离婚构成婚姻破裂的事由，认为这会导致法院等对维护家庭稳定失去兴趣，故而其建议在每个离婚案件中都作出全面调查。法律委员会认为该提议不具可行性，并首次提出证明婚姻破裂的事由可细分为经过一定分居期间和没有相反的证据。由此，最终形成的方案既确立了破裂主义原则，又将 5 种事由规定其中，其中 3 种包括过错要件。[2]

在英国确立了混合破裂主义原则之后，并非未对其中仍然包含的过错要件进行反思或改革，只是限于特定历史状况并未得以顺利开展，这需要谈及《1996 年家庭法》制定前后的曲折探索。

（二）彻底破裂主义之探索：1990 年法律委员会报告及推进

针对英国现行离婚理由规定的反思和改革探讨早已有之。1990 年，英国法律委员会发布了一份名为《家庭法：离婚理由》（Family Law：The Ground for Divorce）的报告，指出了《1973 年婚姻诉讼法》规定的离婚理由存在的诸多问题。其一，该制度的适用存在混乱性和误导性，法律规定和实践存在巨

---

〔1〕 参见［英］约翰·伊克拉：《家庭法和私生活》，石雷译，法律出版社 2015 年版，第 20 页。

〔2〕 See Masha Antokolskaia, *Convergence of Divorce Laws in Europe*, 18 Child and Family Law Quarterly 307 (2006).

大差异,过错事实与婚姻破裂之间不存在必然关系,特别是行为事由的规定最为混乱,真正关键的问题不在于行为的不合理性,而在于导致原告认为无法继续共同生活。其二,该规定具有歧视性和不公平性。分居 2 年可能对于部分配偶尤其是共同抚养儿童的配偶而言并不容易,这使他们必须依靠过错要件离婚,在适用法律方面感受到了不公平待遇。同时,部分以过错为要件的事由的证明较为困难。其三,该离婚理由的规定会影响当事人之间的关系,尤其是在关于离婚及相关问题处理上意见不一的配偶,两者之间的平等地位可能也会受离婚制度的影响发生变化。其四,该规定导致配偶之间产生不必要的冲突或矛盾,加重人们在离婚时的痛苦。其五,该规定虽然加大了离婚的难度,但不会达到挽救婚姻的效果,也不会调和试图离婚的夫妻之间的矛盾。其六,尽管儿童希望父母生活在一起,但该规定不会阻止儿童父母的分离,并且可能使他们在彻底离婚之前的冲突期间变长,影响儿童的健康成长。[1]

因此,该报告提出了改革离婚理由的建议,即将婚姻无可挽回的破裂作为唯一的离婚标准,并主张在当事人提出离婚破裂的声明后,设立 1 年最短期限的离婚反思考虑期,在该期限内当事人考虑离婚的后果和关系的破裂是否属于不可挽回的状态。同时,在反思考虑期间内,鼓励当事人通过调解等方式解决子女抚养、财产分配等问题,这样就避免了当事人在离婚过程中讨论对方的过错问题,并为当事人判断是否坚持离婚决定留出了较为充分的时间。[2] 法律委员会提出的建议旨在删除离婚法定事由中的过错要件从而避免当事人矛盾加深,影响未来在子女抚养方面的合作和各自发展。该建议实则主张彻底破裂主义。

然而,尽管大法官事务部(Lord Chancellor's Department,2007 年更名为司法部)接受了法律委员会提出的诸多建议,但在关于离婚制度改革方面提出了较多要求。出于维护婚姻制度的考量,大法官事务部强调发挥调解在离婚制度中的作用,并于 1993 年和 1995 年分别出台了两份名为《面向未来:调解

〔1〕 See The Law Commission, Family Law: The Ground for Divorce (1990), p. 5-8.

〔2〕 See The Law Commission, Family Law: The Ground for Divorce (1990), p. 20.

和离婚理由》(Looking to the Future：Mediation and the Ground for Divorce)的报告,对离婚与离婚理由作出探讨。在 1995 年的报告中,大法官事务部建议离婚双方在离婚前须参加离婚信息说明会议,知晓离婚的可能后果、考虑婚姻是否无可挽回的破裂,并向他们宣传调解制度的优势;设立 1 年的离婚反思考虑期;在离婚程序中引入综合性的家庭调解机制;等等。[1] 1995 年的改革方案与 1990 年的提议相比,在确立破裂主义的同时维护婚姻稳定的目的比较明显。正如有学者所指出的,改革的目的从法律委员会的简化离婚程序扩展为既要挽救危机婚姻,又要结束死亡婚姻,两个目的“本来就具有一定的矛盾”。[2] 故而在议会辩论过程中,政府承担的压力也不断增加,这也就导致最终制定的版本与最初的方案之间差异较大。

(三)《1996 年家庭法》的出台与弃用

1996 年 7 月,在政府的主导下,《1996 年家庭法》获得了英王的认可。根据《1996 年家庭法》,“婚姻已破裂至无可挽回之程度”是唯一的离婚理由。并且只有在以下情形下,婚姻才被视为彻底破裂:婚姻当事人一方或双方作出声明,称该婚姻已经破裂;婚姻当事人一方或双方作出声明的反思考虑期已届满,而且提出离婚申请的申请人同时宣布,对婚姻破裂已经过反省且考虑了当事人对今后安排的要求,仍然认为婚姻已经无法维持。同时,该法规定在离婚程序中增加离婚前的信息说明会议和反思考虑期间,在该期间内当事人可以接受调解服务。该规定在取消过错要件、确立彻底破裂主义的同时,注重挽救可以挽救的婚姻。

该离婚制度改革内容在出台后遭到了质疑:很多人主张应继续维系婚姻制度,而非过度鼓励离婚自由。针对原始草案,出现了诸多修订的提议,该法案未被议会通过实施。究其原因,一方面在于该法案由政府主导而非民众主张,民众对改革离婚制度缺乏热情,并且不认同其中部分内容。另一方面,为了防止法案失败,政府不得不接受对法案的修订,如部分修订反映了对维护

[1] See Lord Chancellor's Department, Looking to the Future: Mediation and the Ground for Divorce (1995), p. 44-50.

[2] 参见石雷:《英国现代离婚制度研究》,群众出版社 2015 年版,第 179 页。

婚姻制度的关切,部分修订在于增加对婚姻的支持和咨询服务,部分修订旨在保障未成年人的利益,这些修订内容的提出使起初简明的离婚理由制度最终变得异常复杂。[1]

1997 年 6 月,英国推出了一系列信息会议试点项目,其中 6 项试点项目在 1999 年完成。1999 年 6 月,当时的大法官德里 · 欧文(Derry Irvine)确认,试点项目的初步结果让人失望。2000 年 9 月,纽卡斯尔家庭研究中心出具了最终评估报告。报告结果显示,参加了信息说明会议的当事人只有 7% 选择了调解,而且很多离婚当事人未共同参加信息说明会议,该制度根本没有实现政府最初设定的目的,即鼓励离婚当事人参与调解,挽救可以挽救的婚姻。[2] 2001 年 1 月,德里 · 欧文宣布政府会在适宜时机请议会修改法案第二部分的相关内容。

《1996 年家庭法》第二部分中的大部分条款并未施行,直到进入 21 世纪以来,英国推进家事司法改革,诸多条款被《2014 年儿童与家庭法》第 18 节取代。在为该节内容制定进行委员会讨论的过程中,时任司法部部长的汤姆 · 麦克纳利(Tom McNally)指出,他一直坚持无过错离婚的原则,但在 2001 年,政府得出的结论是这些条款"不可行"。他指出,他完全理解《1996 年家庭法》第二部分的规定在于挽救可挽救的婚姻,减少婚姻必然结束时的冲突,并且把无可挽回的破裂作为唯一的离婚理由。然而需要注意的是,第二部分其实涉及两个问题。在规定无可挽回的破裂这一离婚理由之外,第二部分还规定了信息说明会议这一不可分割的内容。2001 年政府得出结论认为这些条款不可行,不能够实现挽救婚姻和减少冲突的目标,故而应当取消,这其实是第二个问题。同时,政府作出这些条款不可行的论断是基于对试点项目的评估,然而该试点项目中的信息说明会议存在不灵活、介入时间过晚、提供的信息缺乏针对性等问题。[3] 因此,政府关于彻底破裂主义不可行的判断缺乏有力依据。

---

[1] See Judith Masson et al., *Principles of Family Law*, Sweet & Maxwell, 2008, p. 308.

[2] See Stephen Gilmore & Lisa Glennon, *Hayes and Williams' Family Law: Principles, Policy, and Practice*, Oxford University Press, 2012, p. 82.

[3] See HL Deb 23 October 2013 cc365-6GC.

尼古拉斯·沃尔是当年托马斯·博伊德-卡本特(Thomas Boyd-Carpenter)所任命的大法官咨询委员会中的一员,他就为规定了无过错离婚的《1996 年家庭法》的完善提供建议。他指出,一份法律委员会制定的好法案,通过了上议院的审查,但最终政府却决定不实施该法案。除此之外,家庭法之中有不少法规从未得以施行,如《2010 年儿童、学校和家庭法》(Children, Schools and Families Act 2010)第二部分的规定。[1]

《1996 年家庭法》第二部分的内容未予施行,也与当时保守化改革有关。在二十世纪八九十年代,英国推行了大量保守化改革,执政党在政策议程方面相较其他国家而言更容易妥协。同时,议会受政府的影响比较大,故而在立法上体现了政府的主观愿望。在《1996 年家庭法》出台之前,英国政府仍以保守派思想为主,这从制定离婚理由制度的宗旨和目的中可见一斑。进入 21 世纪以来,英国的家庭组织和观念不断发生变化,离婚自由的主张也不断加强,政府的保守态度也不断转变。因此,在家庭观念转变、家事纠纷增多且日益复杂的情况下,随着社会观念整体的发展与变迁,对现行混合破裂主义的离婚理由制度的批判越来越多。

三、改革探讨:政府推动与社会各界积极响应

鉴于离婚理由制度存在诸多弊端,英国司法部发布了咨询文件,旨在引入无过错离婚制度,该咨询文件也引发了社会各界响应,并推动了议会对该问题的关注。早在此次探讨之前,英国诸多家事司法从业人员、权威人士已经多次呼吁,并进行了一定取消过错要件的探索。这均为无过错离婚制度的引入、彻底破裂主义原则的确立奠定了基础。

(一)政府方案咨询:取消认定婚姻破裂的过错要件

英国司法部在 2018 年 9 月发布了《减少离婚矛盾:离婚法律要求之改革》的咨询文件,该咨询于同年 12 月 10 日结束。政府建议改革离婚程序的法

---

[1] See Nicholas Wilson, *Annual Resolution Conference*, President of the Family Division (Mar. 24, 2012), https://www.judiciary.uk/wp-content/uploads/JCO/Documents/Speeches/pfd-speech-resolution-annual-conference-240312.pdf.

律要件，从而使其与家庭法其他领域的改革相一致，并将关注点从当事人的责备和指责转移到当事人及其子女的未来发展方面。改革后的法律应当关注两个目标：一是确保离婚决定是一个可以持续考虑的问题，也即为当事人双方保留改变决定的可能性；二是确保离婚双方不会采取损害当事人或社会利益、可能导致冲突或对未成年人造成不利影响的法律措施。

为实现这两个目标，该咨询文件建议调整关于婚姻破裂至无可挽回之状态的要件。该调整的内容之一即取消过错要件。因此，政府建议用向法院提供婚姻破裂至无可挽回之状态的说明来取代向法院提供破裂原因的要件。同时，政府建议取消一方当事人针对离婚进行抗辩的权利，也即如果一方向法院提出结束婚姻的决定，那么司法程序应尊重而非妨碍该决定。重要的是，这种变革也可以用来防止家庭暴力事件中加害方在诉讼过程中对受害者的控制。

由此，政府发布咨询文件征询修改法律以减少家庭纠纷、增强家庭责任的意见。政府肯定了人们思考自己婚姻结束的问题及责任的做法，其建议并非否定这一点，只是将其从要件中删除。政府报告指出，婚姻破裂的原因并非法院需要考虑的法律问题，而是当事人的私人问题。政府的建议并非旨在使离婚更容易或是更迅速，而是使离婚诉讼程序与家庭法的发展以及婚姻破裂的现实状况相适应。[1]

（二）社会各界呼吁：引入“无过错离婚”之积极响应

英国国内关于取消过错要件的探讨颇多，人们普遍持赞同观点。相关调查显示，71%的受访者认为应适用无过错离婚，79%的受访者认为离婚或分居中的冲突会对儿童的心理健康产生不利影响，并影响儿童的学习成绩，对他们的社交行为形成和建立健康的恋爱关系的能力亦不利。[2] 尽管反对观点主张无过错婚姻会破坏婚姻的价值并导致离婚率的上升，但苏格兰的相关数

---

〔1〕 See Ministry of Justice, Reducing Family Conflict: Reform of The Legal Requirements for Divorce (2018), p. 6.

〔2〕 See *Good Divorce Week* 2018: *Minimising the Impact of Conflict on Children* (Nov. 27, 2018), https://hatchbrenner.co.uk/news/good-divorce-week-2018-minimising-the-impact-of-conflict-on-children.

据表明，自2006年改革以来，苏格兰的离婚率从长期来看并未增长。[1]

家事司法从业人员也督促该改革的推进。一个代表了6500多名家庭法从业人员的组织指出，应尽快修改以过错为基础的离婚诉讼程序，以减少对儿童利益的损害。该机构的前任主席奈杰尔·谢波德（Nigel Shepherd）长期从事推进无过错离婚活动，认为英国法律让离婚充满不必要的冲突，指出"我们努力了30多年，希望可以建立更适用于现代的法律体系，离婚双方可以被视为负责任的成年人，尽可能友好地解决分歧"。该组织在2015年发布的关于家庭法的宣言中就曾呼吁消除离婚诉讼中的过错要件，主张简化离婚中的冲突和压力来保障人们获得有尊严的生活和享受更文明的离婚过程。[2]

诸多家庭法律师等呼吁改革离婚法。英国著名的离婚律师阿耶莎·瓦尔德格（Ayesha Vardag）指出"限制离婚权的法律都是对个人和家庭生活权利的根本性侵犯"。律师卡洛琳·埃利奥特（Caroline Elliott）强烈建议法律引入无理由离婚的概念，"目前夫妻需要根据不合理行为的相关法规指责对方，这会给个人及其家人带来巨大的压力"，"引入无理由离婚可以大大缓解这种冲突"。[3] 另外，《泰晤士报》正在开展名为"家事"（family matters）的活动，主张推动家庭法的现代化，其中也包括引入无过错离婚。[4] 社会各界对无过错离婚的引入大多持积极支持的态度。

（三）家事司法高层人士之呼吁

近年来，诸多英国司法界的高层人士都呼吁过引入无过错离婚，如已故的尼古拉斯·沃尔、家事法庭前庭长詹姆斯·孟比、最高法院前院长布伦达·黑尔、最高法院前法官尼古拉斯·威尔逊等。

早在2012年，尼古拉斯·沃尔担任高等法院家事法庭庭长时已经指

[1] See Scottish Government, Civil Justice Statistics in Scotland 2016-17(2018), p. 25-26.

[2] See Resolution, Manifesto for Family Law (2015), p. 20.

[3] See Richard Spillett, "*Unhappily Married" Woman Loses Supreme Court Fight for Divorce*, Mail Online (Jul. 25, 2018), https://www.dailymail.co.uk/news/article-5990015/Unhappily-married-woman-loses-Supreme-Court-fight-divorce.html.

[4] See Frances Gibb, *Urgent Call for New Divorce Laws*, The Times (Nov. 17, 2017), https://www.thetimes.co.uk/article/urgent-call-for-new-divorce-laws-as-judges-demand-overhaul-of-corrosive-system-8k0ncg7gt.

出,尽管他是婚姻的忠实信徒,但他看不到反对无过错离婚的有力证据。相反,他认为英国当下的离婚制度带有行政性质或者说是伪装成司法的内容。在 19 世纪和 20 世纪大部分时间里,离婚是一个关乎社会地位的问题,无论一个人是否离婚,或者说一个人确实离婚,证明自己属于“无辜的”一方非常重要,而这在当今社会已经基本消失。因此,他指出,属于无过错离婚的时代将要来临。〔1〕

2014 年,詹姆斯·孟比担任高等法院家事法庭庭长时同样谈到了无过错离婚的问题。他提出了一系列问题,如是否需要删除过错概念、将无可挽回的破裂作为离婚的唯一理由,是否需要将离婚程序与离婚后的经济索赔等程序分离,是否需要将离婚诉讼程序与离婚后的儿童抚养诉讼程序相分离等。由此,他还提出为解决这些问题而应思考的另一个重要问题,即离婚程序是否还需要受到司法的监督。〔2〕

布伦达·黑尔是无过错离婚的支持者。2014 年,时任最高法院副院长的布伦达·黑尔呼吁在法律改革中引入无过错离婚以降低婚姻破裂过程中的成本和争议。她指出,夫妻可以通过声明婚姻关系失败径直结束婚姻关系,现有立法要求证明对方过错的规定应当被废除。如果离婚能够在一年之内结束,那么这会便于当事人解决离婚事项,使其免于陷入痛苦和昂贵的诉讼费用支出等问题中。〔3〕欧文斯夫人离婚案中布伦达·黑尔的论证也说明了这一点。尼古拉斯·威尔逊在 2017 年表示对引入无过错离婚的不顺利进程失望,他还指出,已故的尼古拉斯·沃尔亦对此表示失望。〔4〕

---

〔1〕 See Nicholas Wilson, *Annual Resolution Conference*, President of the Family Division (Mar. 24, 2012), https://www.judiciary.uk/wp-content/uploads/JCO/Documents/Speeches/pfd-speech-resolution-annual-conference-240312.pdf.

〔2〕 See James Munby, *In the President's Court*: *29 April* 2014, 44 Family Law 820 (2014).

〔3〕 See Martin Bentham, *Top Judge Calls for Rules Which Force Women to Take off Veils When Giving Evidence in Court*, Evening Standard (Dec. 12, 2014), https://www.standard.co.uk/news/uk/top-judge-calls-for-rules-which-force-women-to-take-off-veils-when-giving-evidence-in-court-9920224.html.

〔4〕 See Stowe Family Law, Supreme Court Justice "Disappointed" at Lack of No Fault Divorce, Stone Family Law Blog (Feb. 27, 2017), https://www.stowefamilylaw.co.uk/blog/2017/02/27/supreme-court-justice-no-fault-divorce/.

（四）调研报告之支持

2014 年，由戴维·诺格罗夫（David Norgrove）主导的英国家庭调解工作组（Family Mediation Task Force）发布相关报告，督促政府考虑改革离婚程序及相关材料中的对抗性语言，并主张修改以过错为要件的离婚理由制度，以减少现有法律规定对人们造成的损害。[1]

英国社会政策慈善机构纳菲尔德基金会（Nuffield Foundation）于 2017 年发布了名为《寻找过错：英国离婚法及其实践》（Finding Fault? Divorce Law and Practice in England and Wales）的调查报告，旨在探讨是否应该修改离婚法及如何作出修改。该报告指出，离婚申请通常不能够准确描述婚姻破裂的原因，法院对相关指控是否属实无法判断。43%被配偶主张存在过错的受访者不同意作为证明婚姻破裂的事由，37%的受访者在裁判文件中明确表示否认或反驳。然而，在被调查分析的 592 个离婚案件裁判文件中，尽管部分案件中被告作出了否认，但法院未对任何申请的真实性提出问题，除非在极少数案件中被告作出了有力反驳。[2] 过错要件的适用加剧了当事人的矛盾，对儿童抚养安排产生了不利影响。

相关调查显示，62%的离婚申请人与 78%的被申请人认为适用过错要件后，离婚诉讼程序变得更加痛苦，一部分寻求适用过错要件的当事人认为这增加了处理儿童抚养安排和财产分配问题的难度。同时，该报告指出英国的离婚制度落后于苏格兰、欧洲大部分国家和北美地区。由此，该报告得出的结论是，改革离婚法律制度、解决法律与实践脱节的问题具有紧迫性，现行法律制度没有产生保护婚姻的良好效果，相反，其以合法的方式错误地掩盖了它破坏性、为当事人带来痛苦的弊端。在新时代离婚程序数字化改革的背景下，推动早已落后的离婚法的修改具有可行性。[3]

在政府咨询文件发布和各界呼吁的基础上，英国议会也发布了相关文

---

〔1〕 See Ministry of Justice, Report of the Family Mediation Task Force (2014), p. 14-15.

〔2〕 See Liz Trinder et al., Finding Fault? Divorce Law and Practice in England and Wales (2017), p. 13.

〔3〕 See Liz Trinder et al., Finding Fault? Divorce Law and Practice in England and Wales (2017), p. 8.

件。英国议会在 2018 年 10 月发布了讨论无过错离婚问题的简要文件,对英国现行离婚制度、欧文斯夫人离婚案、《1996 年家庭法》第二部分、无过错离婚引入的呼吁、无过错离婚引入之反对意见、政府咨询文件及苏格兰的离婚法作出了梳理和总结。[1] 该报告没有表达明确的观点和态度,但对无过错离婚相关问题作出了比较清晰的梳理和研究,也为英国之后关于离婚法改革的探索提供了资料支撑和理论研究。

四、无过错离婚引入的必然发展与合理构建

取消过错要件,引入无过错婚姻制度是世界各国离婚制度的普遍发展趋势,这在英国当前关于离婚制度改革的探讨中也有体现。无过错离婚制度的引入在英国具有必然性,数字化离婚系统的运行和调解信息评估会议的适用为无过错离婚制度的引入提供了有利条件,苏格兰的离婚制度改革为英国改革探索提供了参考。在取消过错要件的同时以婚姻无可挽回的破裂作为离婚的唯一理由,通过通知制度的具体运行保障离婚制度的有效适用,探索符合离婚制度改革的数字化离婚系统之完善,是英国离婚法改革的发展方向。

(一)无过错离婚引入的必然性

从过错主义到破裂主义是各国离婚理由制度的普遍发展方向,也是保障个人权利的重要内容。然而,无论是在 20 世纪 90 年代探索彻底破裂主义的确立,还是现今无过错离婚引入的改革呼吁过程中,英国始终存在一定的反对无过错离婚引入的观点。通过具体分析可知,这些反对观点失之偏颇。

反对无过错离婚引入的论点主要在于英国现行离婚理由制度可以支持婚姻制度、引入无过错离婚会导致离婚率上升、家庭破裂会带来负面影响等。下议院议员爱德华·李(Edward Leigh)指出,引入无过错离婚会使离婚变得更加容易,以致增加离婚事件的数量。在 1968 年之前的一个世纪,加拿大的离婚率一直保持稳定,但在 1968 年引入无过错离婚后,两年之内离婚率增长了 6 倍。美国一项研究显示,75%低收入的离异并有子女的妇女在结婚时不

[1] See Catherine Fairbairn, No-fault Divorce (2018), p. 3-5.

贫穷。英国 2009 年的一项调查显示，生活在单亲家庭中的未成年人遇到的问题相对而言会更多，离婚会带来一系列的不利后果。

英国一个名为婚姻联盟（Coalition for Marriage）的组织列举了无过错离婚会成为灾难的 5 个原因：导致每年有 1 万个婚姻解体；使婚姻的状态与租赁合同相似，即可由一方通知解除，无法产生对婚姻的长久期待；让忠实于自己婚姻的当事人不经辩护就遭受婚姻破裂、家庭分裂、财产分离等痛苦；让家庭中处于弱势地位的残疾人等处于离婚的危险之中；让当事人经两年冷静期间即可离婚，但该期间对促进两者冷静和调和矛盾而言是否充分尚存争议。[1]

然而，需要指出的是，一方面，无过错离婚的引入并不必然带来离婚率的上升，苏格兰的改革即为例证。具体离婚率增长与否有待在实践中考察，正如近年来英国离婚率并未表现出增长趋势。针对美国无过错离婚制度确立后的离婚率上升问题，相关调查显示，虽然无过错婚姻制度会引发短期内的离婚率上升，但从长期来看无过错离婚制度的影响不在于离婚率的上升，而在于对家庭和社会观念的影响。另一方面，离婚对未成年人的不利影响是显而易见的，但生活在已经处于死亡婚姻中的家庭中并不会让未成年人有更好的发展，英国在 2011 年以来的家事司法改革中引入 26 周审限，在于防止久拖不判问题、减少对处于等待判决结果中的未成年人的不利影响。因此，在无过错离婚制度的引入不必然导致离婚率上升的前提下，离婚对未成年人造成的危害不必然增加，并且考虑到处于婚姻实际破裂家庭中的未成年人的生活状态可能不如在单亲家庭中的生活状态，故而对无过错离婚引入的担忧实则值得商榷。

在过错主义向破裂主义转变的探讨中，英国部分学者对过错要件的作用作出过探讨。1980 年，有学者指出当时日益明显的离婚法改革的趋势在于废止只有证明存在过错才能离婚的法定理由要件，而转向婚姻无可挽回的破裂之判断的婚姻状况评估测试。然而，对有过错的婚姻当事人进行惩罚能够向

---

〔1〕 See Coalition for Marriage, *Five Reasons Why "No-fault Divorce" Would Be a Disaster for Marriage*, Coalition for Marriage (Nov. 22, 2017), https://www.c4m.org.uk/five-reasons-no-fault-divorce-disaster-marriage/.

社会传达出一定的信息,如家庭责任是一个人最基本的责任。当然,久拖不决的离婚并非补偿非过错方的最佳方法。[1] 需要指出的是,一方面,将过错作为离婚理由的要件在向社会传达婚姻重要性的作用方面并无有力证明。从过错主义到破裂主义的转变过程中,尽管对过错的要求减少甚至消失,但并不意味着人们不再重视婚姻。另一方面,惩罚过错方以在实践中防止当事人“犯错”的效果有限,并不能实现维系婚姻的功能。此外,在英国离婚纠纷中,过错要件与财产分割等并无关联,不会给当事人带来财产损失或其他消极后果,故而在英国家事司法实践中,部分案件中当事人为尽快离婚而编造过错事实。[2] 在这种情况下,保留过错要件的目的和意义并未实现。

正如前文所探讨的,保留过错要件不具有必要性,相反,彻底破裂主义的确立更有意义。无过错离婚具有诸多优势,其典型体现之一即在于可以促进双方以平等的身份对话,增大离婚案件通过调解等非诉纠纷解决方式解决的可能性,由此减少家事法院的工作压力,提升家事司法的效率。[3] 同时,无过错离婚的引入与离婚制度的指导思想相适应,能够将离婚对当事人的影响降低到最低程度,减少当事人之间不必要的冲突和矛盾,从而更好地促进当事人和未成年人的未来发展。从各国婚姻法发展来看,与社会变迁和家庭法观念的现代化相伴随,彻底破裂主义的确立是普遍的立法动态或发展方向。

(二)数字化离婚改革为无过错离婚提供便利

自 2011 年以来的家事司法改革推进以来,推进家事司法程序的数字化建设也是在“互联网+”时代英国家事司法发展的重要内容。就离婚制度而言,英国不断探索数字化离婚改革,以便利离婚案件的处理和当事人纠纷的解决。

2017 年 1 月 30 日,英国司法部发布了关于在线离婚试点的实践指引,支持英国第一个在线离婚系统的试点运行。[4] 自 2018 年 5 月 1 日起,英国开

---

〔1〕 参见[英]约翰·伊克拉:《家庭法和私生活》,石雷译,法律出版社 2015 年版,第 116 页。

〔2〕 参见石雷:《英国现代离婚制度研究》,群众出版社 2015 年版,第 186-187 页。

〔3〕 See Resolution, Manifesto for Family Law (2015), p. 21.

〔4〕 See Practice Direction 36D—Pilot Scheme: Procedure for Using an Online System to Generate Applications in Certain Proceedings for a Matrimonial Order.

通网上离婚服务，申请人只需通过网络填写信息、上传材料、缴费就能办理离婚手续。该系统是英国法庭现代化举措之一，至该月 8 日已处理了 1000 多起离婚申请，且用户满意度颇高。[1] 全数字化离婚系统的适用修复和更新了试点时的技术手段，简化了流程，并使文书填写阶段的出错率比试运营阶段大大降低。为推进数字化离婚系统作用的发挥，在申请完成后当事人会收到调查问卷，问卷调查结果显示用户满意度高达 90%。网上申请也缓解了法院的压力，节约了法院的工作成本。法院工作人员审议离婚材料的时间缩短，申请提交之后 6 周左右，婚姻即可合法结束。

就英国数字化离婚系统的操作程序来看，当事人注册后在相关网站系统填写基本信息，后续的电子材料由法院以电子邮箱的形式向申请人发送，并且会对申请人完成全部流程提供配套指导。同时，该系统还提供在线支付功能，在线申请离婚费用为 550 英镑。从数字化离婚系统的适用来看，该离婚申请程序简便，便利当事人的离婚申请的处理，也为无过错离婚的引入提供了条件。不过，目前该系统在使用过程中还存在一定操作上的不便利问题，例如，在涉及过错事由的离婚案件中，当事人会面临是否将第三人列为共同被告的问题，而其律师往往建议不勾选该选项，担心这会为原告带来不必要的麻烦。[2] 取消对过错要件的要求，才能保障数字化离婚系统中当事人申请的有效操作，真正实现数字化离婚系统在便利当事人离婚申请、减轻法院案多人少压力的作用，推动离婚制度在程序和制度上的进步。英国司法部部长弗雷泽近日指出，在下一阶段的数字化法律改革进程中，法院可能更多地采用电子邮件方式处理案件、更多使用网络作为抗辩方式、更多借助人工智能的帮助等，英国司法部亦将投入 12 亿英镑来推进该数字化计划。在数字化离婚系统进一步推进的过程中，无过错离婚制度的引入具有必要性和可行条件。

（三）苏格兰经验的有效参考

苏格兰的离婚法改革经验是英国修改离婚法过程中一直强调和参考的

〔1〕 参见《英国推行“网上离婚”系统 满意度高达 91%》，载人民网，http://ip.people.com.cn/n1/2018/0508/c179663-29971008.html。

〔2〕 参见涂钒：《英国：数字化离婚》，载《检察风云》2018 年第 13 期。

重要内容。就离婚理由而言,苏格兰主要规定了两种离婚理由:一是婚姻无可挽回的破裂,二是任何一方获得临时性别认证证书。导致婚姻无可挽回的破裂包括如下事实因素:被告的通奸行为;自结婚之日起被告表现出来的、无论基于何种原因导致的离婚申请人对继续生活在一起不存在合理预期的行为;分居 1 年且对方同意离婚;对方不同意离婚的情况下分居 2 年。

苏格兰《1976 年苏格兰离婚法》[Divorce (Scotland) Act 1976]中关于离婚的规定与英国《1973 年婚姻诉讼法》相似。其规定婚姻无可避免的破裂必须符合五种事实要件之一,其中包括分居 2 年且同意及分居达 5 年以上。然而,苏格兰在 2006 年施行了《2006 年苏格兰家庭法》[Family Law (Scotland) Act 2006],对离婚法律制度作出了修改。该法案将分居 2 年并同意的时间降低为 1 年,对方不同意离婚的分居从 5 年减为 2 年;"遗弃"这一事实要素被删除;简易离婚(do-it-yourself)程序可以适用无过错事实因素,但也需要符合相关条件。相关调查显示,分居期间的缩短在苏格兰离婚实践中具有重要意义,目前在苏格兰仅有 5%的离婚基于过错要件。[1]

苏格兰政府相关司法统计数据显示,尽管苏格兰规定的分居期间降低,但苏格兰的离婚率呈缓慢下降趋势,在 2016 年度至 2017 年度,苏格兰的离婚率比上一年度降低了 11%,61%的离婚采取简易程序。[2] 苏格兰改革之后离婚率并未增长,且呈现缓慢下降的趋势,该事实也是英国呼吁无过错离婚引入的有力例证。英格兰和威尔士在家事司法改革中即对苏格兰在家事司法领域的诸多先进改革措施作出了借鉴,无过错离婚制度的引入也成为英格兰和威尔士在探索离婚理由制度改革方面借鉴与参考的重要内容。

(四)无过错离婚引入的制度构建

目前英国国内在呼吁引入无过错离婚制度,无论是政府咨询文件的发布、议会的探讨还是社会各界、各党派的积极响应,无过错离婚制度的引入成为英国家庭法领域进一步发展的重要内容。尽管取消现有法律规定中的过

---

[1] See Catherine Fairbairn, No-fault Divorce (2018), p. 3-5.

[2] See Scottish Government, Civil Justice Statistics in Scotland 2016-17 (2018), p. 25.

错要件、引入无过错离婚制度是目前英国离婚法改革的基本主张，但如何进一步改革离婚理由制度、完善相关制度构建是英国需要进一步探索的内容。

政府改革咨询文件否定了取消过错要件之外的其他改革方法或途径，如重新引入《1996 年家庭法》第二部分、缩短分居期间、不经司法程序的离婚等。政府认为关于修改离婚法律规定的提案可以实现《1996 年家庭法》的主要目标之一，即减少冲突，因此不需要大规模地改革现行法律和诉讼程序。针对保留行为的事实规定但减少分居期间的提议，政府认为这不会解决家庭冲突的问题，因为这仍会使行为与分居事实之间存在时间问题。将分居期间作为唯一事实要素的主张也没有得到政府的认可，因为这将使离婚必须等另一方的同意或对分居日期进行操作。将通知事实作为附加路径的做法同样不会明显地减少家庭冲突，并且可能进一步混淆目前已经很复杂的法律。同时，针对有观点主张的非经法院的离婚，政府认为离婚仍应是法院负责的一项事务，只有法院有权发布离婚令。[1] 由此，无过错离婚制度的引入成为最可行的改革方式。

就具体改革方式来看，英国各项关于离婚理由制度改革的呼吁普遍是取消涉及过错要件的相关要求，以婚姻无可挽回的破裂作为唯一的离婚法定理由，并用通知制度等保证离婚程序的开展。例如，2017 年纳菲尔德基金会的调查报告提出取消过错要件、代之以通知制度的提议，即一方或双方登记认定婚姻处于无可挽回的破裂状态，然后在 6 个月的最低时限内一方或双方确认其离婚意图。通知系统具有清晰、操作简单、费用较低等优点，但该方式有赖于立法的修改。[2]

至于《1996 年家庭法》第二部分中规定的信息说明会议制度，在英国 2011 年家事司法审查之后的家事司法改革中已经在家事私法案件中得到了适用。根据 2014 年 4 月 22 日生效的《2014 年儿童与家庭法》，家事私法案件中调解信息评估会议的适用正式在立法中得到确认。调解信息评估会议并

---

〔1〕 See Ministry of Justice, Reducing Family Conflict: Reform of the Legal Requirements for Divorce (2018), p. 27-28.

〔2〕 See Liz Trinder et al., Finding Fault? Divorce Law and Practice in England and Wales (2017), p. 17.

非调解本身,而是由调解员及争议双方共同或单独参与的、时常在 40 分钟左右的、旨在评估调解可行性的会议。[1] 调解信息评估会议并非事实意义上的调解,而是在于传达关于调解的信息及评估具体案件适用调解机制的可行性。调解信息评估会议为当事人提供了非诉讼纠纷解决机制适用的评估和考量,这在离婚案件中同样适用。调解信息评估会议的适用同样为英国无过错离婚制度的引入提供了制度保障,为当事人在反思与确认其离婚意图的期间内提供了有效解决纠纷的途径和对离婚决定的考量,从而便于无过错离婚制度的适用。

五、无过错离婚制度的立法发展

2019 年 6 月,经公众咨询后,《离婚,解除和分居法案》(Dissolution and Separation Bill)首次被提出,并经下议院通过。2020 年 6 月,该法案正式通过,并将于 2021 年 4 月实施。该法案被视为代表了英国半个世纪以来最大的离婚法改革,旨在减少指责对当事人尤其是未成年人的影响。

该法案取消了过错要件的规定,允许当事人一方或双方作出婚姻关系不可挽回的破裂的声明。该法案通过提供无可挽回的婚姻破裂声明来代替原有立法中要求的证明行为或分居事实。新法案消除了对离婚决定提出异议的可能性,因为声明是证明婚姻已经无可挽回地破裂的确凿证据。同时,从离婚诉讼伊始至法院认定可以作出离婚的命令的过程中,法案规定了 20 周的新期限,这为当事人提供了和解或无法和解时协商离婚后具体安排的机会。[2] 通过建设性和友好的方式解决离婚问题,最大限度减少对未成年人的影响,是无过错离婚制度引入的重要宗旨,故而新法案出台后得到了广泛关注和支持。[3]

---

〔1〕 See Sarah Blackmore & Jacqui Thomas, *Reforming Family Justice: A Guide to the Family Court and the Children and Families Act* 2014, Jordan Publishing Limited, 2014, p. 100.

〔2〕 See *Divorce "Blame Game" to End*, GOV. UK (Jan. 7, 2020), https://www.gov.uk/government/news/divorce-blame-game-to-end.

〔3〕 See Monidipa Fouzder, *No-fault Divorce to Start in Autumn* 2021, Gazette (Jun. 18, 2020), https://www.lawgazette.co.uk/law/no-fault-divorce-to-start-in-autumn-2021/5104682.article.

整体来看,一方面,英国在改革中将家事司法透明度作为重要内容,探索多样化非诉讼纠纷解决机制的适用;另一方面,在后改革时代,英国及时对家事司法改革的效果进行审查,并对离婚制度作出修改,以更好地保障当事人的合法权益。

第三章

澳大利亚家事司法审查及改革动向

受英国等国家家事司法改革影响，澳大利亚在21世纪开始不断探讨家事司法改革的可行性，积极推进家事司法审查。在澳大利亚的家事司法审查报告中，儿童程序参与成为改革的核心内容，这体现了对儿童最大利益原则的维护。与此同时，澳大利亚不断通过判例法的发展促进对家庭中弱势一方的保护，以在更大程度上促进家事正义的实现。结合澳大利亚家事司法现状和审查建议来看，真正改革的推行尚有待探讨。

第一节 澳大利亚家事司法审查概述

自《1975年家庭法》实施以来，尽管澳大利亚社会发展产生了诸多深刻的变化，但家庭法未曾进行大规模的审查或改革。2017年，时任澳大利亚司法部部长的乔治·布兰迪斯要求澳大利亚法律改革委员会对家事司法系统进行审查，并任命海伦·罗迪斯教授领导审查活动的开展。法律改革委员会于2018年10月发布了关于家事司法制度审查的咨询报告，邀请社会各界反馈意见，并于2019年4月10日发布了最终审查报告。澳大利亚对家事司法系统进行了全面审查，提出了家事司法改革建议。

一、家事司法审查之背景

无论是在澳大利亚还是在其他国家和地区，对家事司法系统进行审查及改革是法律审查的共同主题。加拿大、新西兰、英国、美国等国家都在探索如何以更好的方式满足离异家庭的需求,如司法程序的可替代形式、多学科方法协助家事争议解决、改善对家庭暴力的回应和符合土著居民的特定方式。[1] 在澳大利亚此次关于改革家事法律制度的探讨中,普遍观点认为此次改革应强调整体性的变化而非部分修补。当然,澳大利亚家事法律制度中的重要内容和有效制度应得到保留并继续强化。

(一)家庭和儿童发展之需求

澳大利亚家事司法系统处理的家事案件往往比较复杂,儿童安全是家事司法工作的重要考量,部分案件中还涉及对家庭暴力、精神疾病或滥用物品等家庭特殊需求的支持。这些特征使家事司法系统承担了保障儿童权益的重要职责,也意味着家事司法系统必须与其他机构或司法系统合作,以更好地保障当事人获得他们需要的支持。相关数据显示,通过法院解决家事纠纷的费用较昂贵,市区之外的地区法院分散且法律服务资源有限,这也使澳大利亚需要考虑为家庭提供便利、成本低的机制以解决其家庭法需求。[2]

(二)协作与非对抗方式之需求

家事司法系统工作量的加重,一定程度上为其服务质量带来了挑战。随着家事案件的增多且日趋复杂,需要通过家庭法解决家庭暴力及其他影响儿童身心健康或家庭稳定问题的家庭越来越多,澳大利亚家事司法系统面临的压力越来越大。重塑家事司法系统,将之从内部性转向为强调与其他社会组织合作,加强家事司法系统与其他服务机构或法院的协作,成为应对当前问题的重要对策。家庭冲突的背后涉及复杂的情感、文化、社会、经济基础等因素,单纯地将家庭冲突定性为法律问题对冲突的解决无益,并且可能会加剧冲突。离婚后各项安排,尤其是涉及子女抚养问题,当事人往往无法自己解决,需要专业人员如心理学家、社会工作者、财务顾问等的参与和协调。同时,部分家庭冲突还涉及家庭暴力、儿童保护和移民、心理健康、吸毒等问

---

〔1〕 See Quintet Meeting of Attorneys-General, Official Communique (2018), p. 4.

〔2〕 See Rae Kaspiew et al., Experiences of Separated Parents Study (2015) p. 11-12.

题,甚至与刑事司法系统有交叉,这种复杂性导致了家事司法系统需要与其他服务系统或部门进行协作,从而以更为灵活和以人为本的方式回应家庭的需求。

更加关注问题的终极解决与冲突的平和消除是目前澳大利亚家事司法系统面临的另一个重要问题,也即,目前关于通过非对抗性方法解决家庭争议的呼声越来越高。相较而言,对抗性方式不利于解决争端,加大了中低收入家庭的经济负担和精神压力;非对抗性方法则能一定程度上消减离异夫妇的矛盾,减少对儿童未来健康发展的不利影响。在其他类型案件中,区分输赢不一定是坏事,这意味着问题有了最终的解决方案,但在家事案件中,各方的关系往往是持续且重要的,如儿童的共同抚养、儿童和配偶的支持扶助等问题都是长期性的,区分输赢往往会造成关系的持续冲突,从长远来看不利于家庭成员关系的稳定和发展。〔1〕

(三)儿童参与权利和司法公信力有待维护

未成年人是家事司法系统中关键的利益相关者,以未成年人为中心的理念在家事司法系统中具有重要性。有建议指出应通过提供专门的信息资源和特定服务来改善未成年人参与家事司法系统的活动,协助未成年人参与家事司法系统的专业人员也至关重要,他们可以帮助未成年人表达自己的观点以及确保他们的想法被听取、受到尊重和重视。相关调研显示,部分家事案件中未成年人对与独立儿童律师(independent children's lawyer)的接触和沟通持消极评价,认为自己的意见没有被听取,利益没有得到很好地维护,部分案件中未成年人与独立儿童律师的联系及沟通较少,也不关注案件结果是否会将他们的想法或意见考虑进去。〔2〕

增强公众对家事司法系统的信任度也是家事司法系统改革需要考虑的问题之一,该公信力也包括建立对家事司法系统能够保护儿童及其家庭的能

〔1〕 See Manitoba Family Law Reform Committee, Modernizing Our Family Law System (2018), p. 2.

〔2〕 See Rae Kaspiew et al., Independent Children's Lawyers Study Final Report (2013), p. 154, 156.

力的信任。提升家事司法的透明度、对家事司法系统的流程和实践进行审查、通过社区教育提高公众对家事司法系统及其运作方式的了解等改革建议频现。同时,很多人认为改变家事司法系统形象问题的解决方案在于对家事司法系统现存的问题进行有效改革,如加强家事司法系统与外部服务机构或法院的合作来确保当事人利益的维护,提升家事司法系统的可利用性。一部分人认为有必要重新考虑接近正义的特征,因为"司法/正义好像本质上是遥远或无法接近的",并且应当考虑如何真正实现司法的功能,以保障正义的实现。

(四)家事司法正义尚待实现

澳大利亚家事司法系统还须解决的一个核心问题在于保障所有家庭都有诉诸家事司法的权利。故其在重新设计家庭法律制度的过程中应当注重适应家庭的多样性和尽量解决未成年人抚养问题,并考虑到所有可能受当事人利益影响的关系群体,其中也包括代际关系。同时,现行制度过于正式和程序化,以至于部分当事人可能不知晓如何正确保障他们参与到家事司法系统中以保护其合法权益。现代化的家庭法律制度应为农村或偏远地区的家庭、土著居民家庭及文化和语言多样化的家庭等对家事法律保障有复杂需求的家庭提供服务。[1]

二、家事司法审查之进程

澳大利亚家事司法审查经历了前期部署、中期发布和后期最终报告出台的过程,并在审查过程中就家事司法系统存在的问题和可行的改革路径作出了分析。

(一)前期:审查部署与调查

2017 年 8 月 17 日,时任澳大利亚司法部部长乔治·布兰迪斯要求澳大利亚法律改革委员会对家事司法系统进行审查,并任命海伦·罗迪斯教授领

[1] See Family Law Council, Improving the Family Law System for Aboriginal and Torres Strait Islander Clients(2012), p. 9-11; Family Law Council, Improving the Family Law System for Clients from Culturally and Linguistically Diverse Backgrounds (2012), p. 88-90.

导审查活动的开展。调查的内容主要在于要求法律改革委员会考虑涉及改革必要性的一系列问题：能否更及时高效地解决家事纠纷，保障儿童安全及其最大利益；能否更好地满足存在诸如家庭暴力、严重精神疾病等复杂问题的家庭的需求；对抗性的司法制度是否是维护家庭安全和儿童最大利益的最佳方式；是否存在减少对抗性的机会，尊重儿童在家事纠纷中的观点及向决策者提供符合儿童最大利益的最佳方式；家事司法系统与其他联邦和州系统如家庭支持服务机构、家庭暴力和儿童保护系统等的协作与整合程度能否进一步提高；能否继续提升法律的明确性和可获得性；等等。[1]

在考虑这些问题时，法律改革委员会还需要注意以下重点：保障离异家庭中儿童需求的至关重要性；确保《1975 年家庭法》符合寻求家事司法系统帮助的当代家庭和个人需求的重要性；具有适当技能的专业人员参与家事司法系统的优势；公众对家事法律制度的理解和信任的重要性；等等。简言之，法律改革委员会需要考虑家事司法系统在当今澳大利亚的作用，确保以最佳方式响应寻求家事司法系统帮助的离异家庭及其子女的需求。[2]

2018 年 3 月，法律改革委员会发布了一份包含 47 个问题的文件，邀请社会各界以多种方式参与调查。之后，法律改革委员会收到了 480 份回复意见书和近 800 份经历反馈，并听取了几个儿童和青少年群体的看法。法律改革委员会利用这些资料，通过磋商和讨论制定了改革提案，提出了需要解决的问题。

（二）中期：咨询报告发布与探讨

2018 年 10 月，法律改革委员会发布了关于改革家事司法系统的咨询报告：《家庭法律制度审查》（Review of the Family Law System），并邀请各界提供建议或意见。法律改革委员会指出，在相关反馈和磋商的基础上，关于家事法律制度改革的最终建议由司法部部长于 2019 年 3 月 31 日提出。

该咨询报告提出了诸多改革建议，并提出部分问题以期获得反馈意见。

〔1〕 See Australian Law Reform Commission, Family Law for the Future—An Inquiry into the Family Law System (2019), p. 29.

〔2〕 See Australian Law Reform Commission, Review of the Family Law System (2018), p. 1-2.

在改革提议方面，咨询报告提出：应通过全国性的法治教育活动来提升公民对家庭法系统的了解；重新修订《1975 年家庭法》及其附属立法，尽可能简化及明确相关规定；政府应与相关机构合作建立以社区为基础的家庭中心，为离异夫妻及其子女提供法律支持服务；改革家事纠纷解决程序相关立法规定，促进多元纠纷解决机制的适用；保障未成年人的意见表达权和程序参与，发挥家庭顾问、独立儿童律师、"儿童代言人"（children's advocate）在儿童程序参与中的作用；修改家庭暴力相关立法，减少家庭成员所受伤害；提升家事司法效率，推动信息共享机制之完善；等等。在提出改革意见的同时，法律改革委员会在咨询报告中附有相关问题列举，以更好地探讨改革如何推进。

在中期咨询中，法律改革委员会在对家事司法系统进行反思和广纳建议的基础上，认识到了重建家庭法律制度的必要性。法律改革委员会承认家庭问题的日益复杂和家事司法系统工作核心的变化，认为家事司法系统工作需要在程序设计过程中优先考虑未成年人的利益，将非对抗性纠纷解决方式主流化，确保未成年人在纠纷解决参与过程中得到足够支持和帮助。更根本的是，这些变化需要一个范式转变，即从独立的孤立定性转向开放定性，更好地关注如何为家庭伸张正义和保障儿童利益。为实现转变和满足客户家庭及其子女的需求，法律改革委员会提出了公共健康方法（public health approach）来制定改革计划。

公共健康方法旨在通过风险指标和发展机制等预防或减少诸如儿童伤害等特定的社会问题，这是一种首先旨在防止问题产生，如果发生了问题则迅速回应并减少长期影响或防止其再次发生的方法。在澳大利亚，所有政府机构都将公共健康方法作为最适宜的保障儿童安全与福祉的工作方式。公共健康方法主要包括三个层级的干预：初级、二级和三级。[1]

公众意识和教育活动等初级干预措施主要针对整个社区，以便在问题产生之前为儿童提供支持。例如，在学校等社区环境中，提供者和媒介通过积极的育儿实践或法律教育等改变文化惯习或社会态度。该干预针对所有相关人群，旨在产生积极的影响以改变风险状况。在儿童保护领域，这意味着

〔1〕 See Australian Law Reform Commission, Review of the Family Law System (2018), p. 16-17.

旨在减少需要二级或三级干预的儿童数量。[1]

二级干预针对的是具有较高伤害风险的人群,其通过风险指标的相关调查来确定适当的策略。在儿童保护领域,儿童伤害的风险指标可能包括贫困、父母的心理健康问题、父母冲突、家庭暴力、父母的药物或酒精滥用等因素。由此,二级干预可能提供包括扶持生活在贫困地区的父母等计划。

三级干预措施旨在减少伤害的长期影响并防止伤害的再次发生。在儿童保护方面,这两个层级主要针对虐待或忽视儿童的状况已经发生或被认为已经发生的家庭,主要为确保无法与父母继续生活在一起的儿童的安全而提供照管服务及从创伤中康复的治疗服务等。

自 1975 年以来,离婚已经成为一件日益普遍的生活事件,澳大利亚每年有 5 万名儿童面临父母离婚的问题。无论父母是否离异,影响儿童福祉的因素总是相同的:经济上的劣势、对父母冲突的接触、不良的教养方式等。相关数据显示,离异家庭更多地受到这些因素的影响,如因离婚导致的经济上的劣势以及对父母冲突的接触或受不良的养育行为的影响。尽管经济压力是影响诸多离异夫妻的重要因素,但需要指出的是,离婚后的子女养育方式或财产安排很少或根本不依赖于家庭法律制度。因此,从公共健康方法这个角度来看,很多离异家庭只需要获得初级干预,如知晓明确的法律规定或获得建议的途径。部分家庭的问题较为复杂,可能需要家事司法系统提供更多的帮助。鉴于家庭暴力、精神疾病、药物滥用等问题是影响儿童发展的主要风险因素,家事司法系统在为该类家庭提供服务方面尚存漏洞,因此,对该类家庭而言,与家事司法系统的互动是进行家庭干预的重要机会。[2]

运用公共健康方法指导家事司法系统的干预,从更广泛层面上而言应当通过改革措施来达到减轻风险因素的如下目的:不加剧经济劣势;减少儿童遭受父母冲突或虐待影响的风险;提升父母抚养子女行为的能力;符合儿童的积极利益;解决父母抚养行为中可能产生负面影响的行为。

---

〔1〕 See Daryl Higgins, *A Public Health Approach to Enhancing Safe and Supportive Family Environments for Children*, 96 Family Matters 39 (2015).

〔2〕 See Australian Law Reform Commission, Review of the Family Law System (2018), p. 14-15.

家事司法系统的重建应当集中于初级和二级干预层面，从而确保相关信息或建议得到广泛采用，使之对家庭的帮助和支持更为普遍。同时，应通过扩大非对抗性纠纷解决方式的适用性和灵活性、加强高效联合裁决程序适用的方式来重塑家事司法系统的三级干预方法。

在初级干预阶段，法律改革委员会提议制定一个加强国家教育和社会认识的活动，旨在强化公众对法律规定、离异家庭和儿童服务等信息的认识。该部分措施包括简化家庭法从而使其便于理解和适用、提供可访问的授权信息一揽子计划等，从而确保离异家庭的当事人及其子女知悉如何获得他们需要的帮助。

在二级干预中，法律改革委员会建议建立以社区为基础的家庭中心来为利益家庭提供咨询建议服务。该计划将汇集包括法律援助服务、家庭关系服务、专业的家庭暴力咨询服务、财务咨询和住房援助服务以及针对未成年人的专门服务等。该中心将通过家庭倡导与支持服务机构（Family Advocacy and Support Service）的扩大化来建立新的案例管理模型。家庭中心和家庭倡导与支持服务机构的扩大化与协作，旨在降低人们获取不同服务之间的差距以更好地满足他们的各项需求。

法律改革委员会提出的高级干预措施包括扩大灵活性争议解决方式以达成关于儿童抚养或财产处分的协议，如为了家庭安全而提出的法律协助纠纷解决（legally assisted dispute resolution）机制。同时，委员会建议开发以团队为基础的分类流程，从而确保提交至法院的案件能够通过适当的替代性纠纷解决方式处理或提交适宜的专家名单；将家庭法登记处设置在各地的州和地区法院，既包括市区和农村地区；任命儿童辅助人来协助儿童在家事司法系统中的参与，通过前置的支持服务来帮助存在较大冲突的当事人执行法院的命令并减少强制执行的适用。

为实现这些变化，同样还需要在其他方面进行改革，如加强立法保障以避免程序滥用和保障隐私档案；设置诉讼代表的新角色来实现对身体残疾的当事人的协助；加强工作能力计划来帮助家事司法系统的专业人员保持与家庭及儿童合作的关键能力，设置儿童事务相关报告撰写人的认证计划；制定国内信息共享框架来指导家庭法、家庭暴力和儿童保护系统的交流；指导改革实施的文化安全框架和以社区为基础的文化安全方法；设立监督家事司法系统运作的新的监督机构。

(三)后期：最终报告发布

针对咨询报告，法律改革委员会收到了 263 份反馈意见，并对新西兰等国家的家事司法改革作出了借鉴。在相关反馈和磋商的基础上，关于家事法律制度改革的最后建议最终于 2019 年 4 月 10 日发布。这份名为《家庭法的未来：关于家庭法律制度的调查》(Family Law for the Future—An Inquiry into the Family Law System)的最终报告提出了 60 条建议，旨在彻底改革家庭法系统。改革建议主要包括如下方面：缩小管辖权差距，建立以州为基础的家庭法系统；改革儿童相关事项，明确儿童最大利益的考量因素；简化财产分割方法，鼓励友好解决方案和仲裁的适用；提高案件管理效率，加强法院支持服务；建立问责制与提升透明度，修改《1975 年家庭法》及附属立法；等等。

法律改革委员会希望通过相关改革建议的实施推动法院对家庭法纠纷、儿童保护综合事项、涉家庭暴力等案件作出及时反应，为当事人及其子女提供更好的诉讼服务；协助各方了解家庭法立法并通过合法途径解决纠纷，提高协商结果的一致性和公平性；协助各方和法院达成符合儿童最大利益的抚养令；协助各方理解和遵守抚养令，减少矛盾以保障儿童福祉；促进离异夫妻通过公平、非对抗性的诉讼之外的方式解决儿童抚养、财产分配等争议；减少家事纠纷解决中的诉讼迟延、费用高昂和对抗冲突；确保通过司法途径解决纠纷的当事人能够以协调有效的方式解决争议。[1]

三、家事司法改革的原则

澳大利亚关于家事司法审查的最终报告提出了进行改革的 60 条建议，体现和强调了澳大利亚家事司法改革的原则——重视家事纠纷解决的效率与公正的维护。

---

[1] See Australian Law Reform Commission, Family Law for the Future—An Inquiry into the Family Law System (2019), p. 25.

(一)综合纠纷解决途径

最终报告强调,家庭法在制定时承载着处理婚姻关系中各主体的争议之职责,即家事私法争议之处理。然而,随着家庭法系统的发展,保障儿童及所有家庭成员的安全和福祉,减少家庭暴力及其他影响儿童或家庭健康发展的风险因素成为家庭法的新功能。在这种情况下,人们更加关注联邦的家庭法和州儿童保护及家庭暴力系统以及涉及儿童安全问题的风险。因此,统一家事司法机构,推进精简、连贯、综合性的家事纠纷解决方式的发展成为澳大利亚国内关于家庭法系统发展关注的焦点。[1]

由此,法律改革委员会第 1 条建议即为,澳大利亚政府应当考虑在所有州和领地建立州和领地法院来行使《1975 年家庭法》赋予的管辖权和州和领地儿童保护和家庭暴力管辖权。同时,第 2 条建议针对信息共享,指出澳大利亚政府应与州和领地政府制定和共同实施全国范围内的信息共享机制,从而将家庭法、家庭暴力和儿童保护系统中涉及家庭及儿童安全、福祉等相关信息实现共享。该机制共享的信息包括:相关联邦、州和领地法院文件;儿童保护记录;警方记录;专家报告及其他相关信息。

(二)纠纷解决公正、及时、合比例

最终报告指出,改革建议的第二个原则为通过明确、连贯、可执行的法律解决方案实现公正、及时与成本效益合比例的纠纷解决。现行家事司法程序一定程度上存在诉讼迟延、时间与经济成本过高等问题,过多家庭法主体的参与影响了案件的审判效率。部分当事人在理解法院发布的抚养令方面需要协助,部分冲突较严重的家庭需要得到更持久的庭外支持。[2]

鉴于此,法律改革委员会建议简化《1975 年家庭法》第 60 条中关于儿童抚养安排的儿童最大利益原则的考量因素为:(1)何种安排能够保障儿童及其抚养人的安全,这包括免受家庭暴力、虐待或其他伤害的危险;(2)儿童表达的任何相关观点;(3)儿童的发展、心理和情感需求;(4)儿童能够与父母或

---

〔1〕 See Australian Law Reform Commission, Review of the Family Law System (2018), p. 36-37.

〔2〕 See Australian Law Reform Commission, Review of the Family Law System (2018), p. 38-39.

任何对其有意义的人保持关系的有利之处及保障;(5)每个潜在抚养人符合儿童发展、心理和情感需求的能力,并考虑潜在抚养人的能力和给予其抚养儿童帮助的意愿;(6)与儿童特定状况相关的其他任何事项。同时,法律改革委员会建议扩大仲裁程序的适用,在《1975 年家庭法》中增加关于家事司法程序首要目的的一般规定,即促进家事纠纷的依法、公正、迅速、有效解决,尽可能减少冲突及对儿童及其家人的伤害。

鉴于财产分割等财产争议在家事纠纷解决中并不比抚养争议的复杂程度低,故而在家事司法中应注重对财产问题处理的公正性,针对养老金等财产的合理划分作出指导具有必要性。故而最终报告在第 11 条至第 18 条建议中针对财产争议问题的处理作出了改革建议。

(三)实现纠纷解决最佳效果

相关调研显示,对抗性的诉讼模式加剧了当事人之间的冲突和创伤,不利于儿童最大利益的实现。家事法院有权采用较少对抗性的方式来解决家事纠纷,通过准司法、跨学科、非正式等多种方式保护家事案件及虐待、家庭暴力事件中的儿童。独立儿童律师、程序辅助人等在家事纠纷解决中发挥着重要作用,在儿童利益维护和残疾人的权益保障中拥有不可忽视的地位,但相关制度尚存一定问题,如独立儿童律师和家庭顾问的职责有待明确且人数减少、资金不足等。[1]

为此,最终报告建议减少家事司法程序中的对抗性,加强对儿童及家庭的支持。法律改革委员会建议将《1975 年家庭法》中的"家庭顾问"修改为"法院顾问",并将"法院顾问"的职责明确列举。同时提出了以下建议:修改《1975 年家庭法》中关于独立儿童律师的规定,要求独立儿童律师遵守《独立儿童律师指引》(Guidelines for Independent Children's Lawyers);扩大家庭法委员会的职责,如监督和定期报告家庭法执行状况;对家庭法系统相关问题进行调查;就家庭法系统提升提出建议或改革提案等。另外,法律改革委员会建议设立儿童和青少年咨询委员会(Children and Young People's Advisory

[1] See Australian Law Reform Commission, Review of the Family Law System (2018), p. 50-51.

Board)，为家庭法系统中的政策制定及司法实践提供基于未成年人自身经历的建议或信息。

四、家事司法改革的最终建议

在2019年最终报告中，澳大利亚法律改革委员会提出了家事司法改革的60条建议[1]，并对相关建议进行了分类和详细阐述。这60条建议涵盖家事司法管理制度、程序保障、机构设置等多方面内容，并对澳大利亚家事司法系统的发展提出了明确建议。

（一）缩小管辖范围

建议1：澳大利亚政府应考虑在所有的州和地区设立州和地区家事法院，以行使同时受联邦《1975年家庭法》规定的管辖权及州和地方儿童保护和家庭暴力管辖权，同时还须考虑最终废除联邦家事法院的最有效方式。

建议2：澳大利亚政府应与州和地方政府制定和实施国家信息共享机制，以对家庭法、家庭暴力、儿童保护系统中信息共享的安全、福利和家庭福祉、儿童等方面提供指导。该机制应包括如下内容：(1)信息共享的法律机制；(2)相关联邦、州和领地法院文件；(3)儿童保护记录；(4)警察记录；(5)专家报告；(6)其他相关信息。

建议3：澳大利亚政府、州和地方政府应考虑将信息共享平台扩大为全国家庭暴力命令计划(national domestic violence order scheme)的一部分，从而使之包含家事法院命令和根据州和地方儿童保护法规发布的命令。

（二）儿童事务

建议4：联邦《1975年家庭法》第60B条应当被废除。

建议5：《1975年家庭法》第60CC条应修改，以便确定育儿安排时需要考虑的维护儿童最大利益的因素：(1)何种安排能够保障儿童及其抚养人的安全，这包括免受家庭暴力、虐待或其他伤害的危险；(2)儿童表达的任何相关

[1] Australian Law Reform Commission, Family Law for the Future—An Inquiry into the Family Law System (2019), p. 15-23.

观点;(3)儿童的发展、心理和情感需求;(4)儿童能够与父母或任何对其有意义的人维持联系的有利之处及其保障;(5)每个潜在抚养人满足儿童发展、心理和情感需求的能力,并考虑潜在抚养人的能力和其为抚养儿童给予帮助的意愿;(6)与儿童特定状况相关的其他任何事项。

建议6:应修改《1975年家庭法》,以规定何种安排有利于托雷斯海峡岛或原住民儿童的最大利益,法院必须考虑儿童的联系机会,并促进儿童与家庭、社区、国家、文化之间的联系。

建议7:《1975年家庭法》第61DA条应进行修改,将"父母共同承担责任"替换为"关于主要长期问题的联合决策"。

建议8:《1975年家庭法》第65DAA条规定法院在某些情况下考虑儿童与父母相处同等时间或大量时间的可能。该条应予废除。

建议9:应当修改《1975年家庭法》第4(1AB)条,以提供包括特定情况下相关原住民或托雷斯海峡岛家庭观念在内的关于家庭成员的定义。

建议10:澳大利亚家事法院(Family Court of Australia)和澳大利亚联邦巡回法院(Federal Circuit Court of Australia)的法官应共同根据《1975年家庭法》第Ⅶ节第12A条相关规定制定有关程序规则。两个法院应当有充足资源来执行《1975年家庭法》第69ZN(1)条中规定的法定职责。

(三)简化财产分割方法

建议11:《1975年家庭法》应修改为:(1)指定法院在考虑是否发布命令以改变争议双方在任何财产中的利益时将采取的步骤;(2)简化法院在考虑是否发布命令改变争议双方任何财产利益时的考虑事项清单。

建议12:《1975年家庭法》应修改为包括婚姻关系持续期间的贡献平等的推定。

建议13:《1975年家庭法》应修改为规定确定当事人关于财产的权利、利益和责任的有关日期均为离婚之日,除非基于司法公正有其他要求。

建议14:家事法院和澳大利亚金融投诉局(Australian Financial Complaints Authority)应制定一项协议,以解决家事诉讼中关于各方债务存在的司法管辖权重叠问题。该协议应规定:(1)关于根据《2009年国家消费者信用保护法》

(National Consumer Credit Protection Act 2009)相关条款对一方或双方债务可执行性的争议由澳大利亚金融投诉局处理;(2)关于家事诉讼各方之间债务重新分配的争议由家事法院处理。

建议15:应修改《1988年隐私法》[The Privacy Act 1988 (Cth)]和《2009年国家消费者信贷保护法》[National Consumer Credit Protection Act 2009 (Cth)],规定若法院判令一方(甲方)承担某共同债务或为另一方(乙方)的任何债务赔偿时,信贷提供者不能因一方(甲方)的后续诉讼向任何信用报告业务作出不利于另一方(乙方)的信用报告。

建议16:《1975年家庭法》应修改为规定双方夫妻关系存续期间产生的退休金应当平均分配。

建议17:《1975年家庭法》应简化退休金分割的程序,包括修改为:(1)开发常用的退休金分割判令的模板;(2)如果申请人存在经济困难,需要退休金受托人限制其根据第八部分对提供服务的实际费用进行财产清算而向会员或其前配偶收取的服务费用。

建议18:应当修订《1975年家庭法》,以便:(1)配偶赡养费规定和财产分割规定能够根据立法单独处理;(2)通过登记人员进行紧急申请,可更方便地获取临时配偶赡养费。

建议19:应修订《1975年家庭法》,使其包括家庭暴力的法定侵权行为,从而提供与现有普通法救济相一致的救济措施。

建议20:应修订《1975年家庭法》,在财产和解程序中增加第69ZX条。

(四)鼓励和解

建议21:《1975年家庭法》应修改为:(1)要求当事人在诉讼前就财产争议事项的解决进行了真正努力;(2)明确指出除非当事人已提交真正努力说明,否则不予受理相关申请。若不为解决问题付出真正努力,则须承担有关费用后果。

建议22:《2008年家庭法(家事纠纷解决从业人员)条例》[Family Law (Family Dispute Resolution Practitioners) Regulations 2008 (Cth)]第25条中的"双方意见权利平等"应修改为"双方议价地位平等,包括有关财产安排知识的不平衡”。

建议 23：应修改《1975 年家庭法》，规定家事纠纷解决机制（Family Dispute Resolution）提供者应提供当事人部分或全部争议尚未解决的证明。

建议 24：《1975 年家庭法》第 10H 条和第 10J 条规定的家事纠纷解决机制中关于抚养安排的讨论和材料的保密性和不可接触性应扩大至财产争议事项。立法应确立一项规定，即在家事纠纷解决程序开始前签订的关于收入、资产和退休金余额和责任的宣誓声明可采信。

建议 25：应修订《1975 年家庭法》，通过明确规定列出当事人的披露义务，以及违背义务应承担的后果。

（五）仲裁

建议 26：修改《1975 年家庭法》和《1989 年儿童抚养（评估）法案》[Child Support (Assessment) Act 1989 (Cth)]，扩大仲裁适用范围为无论是否经法院转介均可进行仲裁。可仲裁事项涵盖包括儿童抚养费和扶养费在内的所有财产问题，但有一定限制。仲裁不适合如下争议：（1）与执行相关的争议；（2）适用《1975 年家庭法》第 79A 条或第 90SN 条的争议（限制适用）；（3）已任命诉讼监护人的争议。

建议 27：应将《1975 年家庭法》修改为取消一方当事人拒绝注册仲裁的机会，从而通过适当的保障措施来确保注册仲裁的完整性。

建议 28：应将《1975 年家庭法》修改为允许对某些涉及儿童的事务进行仲裁。该合适仲裁的儿童事务不包括以下纠纷：（1）与跨国搬迁有关；（2）与需要法院批准的医疗程序性质有关；（3）已任命独立儿童律师；（4）涉及家庭暴力，符合《1975 年家庭法》第 102NA（1）（b）条和（1）（c）条。

建议 29：应修订《1975 年家庭法》，以规定经仲裁员或仲裁当事人一方提出申请，法院有权随时就进一步的仲裁作出指示，包括作出指示终止仲裁的权力（无论仲裁是否经法院转介）。

（六）案件管理：效率促进和问责

建议 30：《1975 年家庭法》应当规定家庭法实践和程序的目的在于促进家事纠纷及时、高效、花费少地依法解决，并且对儿童及其家庭的伤害最小。

建议31:《1975年家庭法》应明文规定当事人双方、律师和第三方之间相互合作及他们与法院合作的义务,从而促进总体目标的实现。违反该义务的一方需要承担相应费用后果。

建议32:应修订《1975年家庭法》,以规定在考虑到家庭法实践和程序的总体目标基础上,法院有权发布命令要求一方当事人在进一步诉讼申请前获得法院许可,如果该命令能够保护另一方当事人或与诉讼相关的儿童。

建议33:《1975年家庭法》第45(A)条应修改为法院的简易程序解决权的行使应基于法院认定的合理性,该合理性的判断应以家庭法实践与程序的总体目标为基础。

建议34:家事法院应考虑颁布一项案件管理联合实践记录文件,详述法院对家庭法实践和相关程序的处理方式。

建议35:应将《1975年家庭法》关于仲裁员的任命和保护的相关条款修改以与《1975年澳大利亚联邦法院法》[Federal Court of Australia Act 1976 (Cth)]第54A条和第54B条相一致。

建议36:《1975年家庭法》应:(1)删除该法中参加程序的当事人各自承担费用的一般规定;(2)阐明法院裁决费用问题的权力范围。

建议37:应修订《1975年家庭法》,以规定法院有明确法定权力排除“受保护确信”的证据。在确定是否排除受保护确信的证据时,法院必须:(1)公开针对受保护者将要或可能造成的直接或间接的损害超过该证据的可取性;(2)确保在抚养程序中,儿童的最大利益是决定是否排除受保护确信证据时最重要的考虑因素。

(七)儿童命令的遵守

建议38:应将《1975年家庭法》修改为要求当事人与家庭顾问会见以帮助他们了解法院在争议听证会之后作出的最终抚养令。

建议39:《1975年家庭法》应修改规定为:(1)在所有关于最终抚养令的程序中,法院必须考虑是否作出命令并要求双方为接收命令后的案件管理与家庭顾问会面;(2)被任命的家庭顾问有权要求法院将违规清单中的事项列出或建议法院作出补充命令以指令一方参加分居后的抚养项目。

建议 40：应修改《1984 年家庭法条例》[Family Law Regulations 1984 (Cth)]，规定可以许可临时抚养令的上诉。仅可在如下情形中许可：(1)对该决定有足够怀疑以重新考虑该决定；(2)假设该决定错误，如果拒绝许可将会造成重大不公。

建议 41：修改《1975 年家庭法》，明确指出当已经有生效的最终抚养令，又寻求新的抚养命令时，法院必须考虑：(1)法院认定的相关情形是否已经发生了变化；(2)该命令是否符合儿童的最大利益。

建议 42：《1975 年家庭法》第Ⅶ部分第 13A 条应当重新起草以简化，并规定法院：(1)有权命令儿童与某人相处更长的时间；(2)有权命令当事人参加相关程序任何阶段的有关程序项目；(3)有权对违反相关命令的人发布费用命令。

（八）法院的支持服务

建议 43：《1975 年家庭法》应：(1)将“家庭顾问”修改为“法院顾问”；(2)重新起草第 11A 条，其中包括法院顾问能够提供给儿童、家庭和法院的全面职能清单。

建议 44：应修订《1975 年家庭法》第 68LA(5)条，规定独立儿童律师必须遵守的特定义务，以符合不定期发布的、获得家事法院认可的独立儿童律师准则。

建议 45：澳大利亚政府应确保提供法院立案庭需要的土著联络官。

建议 46：《1975 年家庭法》应修改为包括为残疾人设立的协助决策作出机制，该机制应与澳大利亚法律改革委员会第 124 号报告《英联邦法律中的平等、能力和残疾》(Equality, Capacity and Disability in Commonwealth Laws)的建议相一致。

建议 47：《1975 年家庭法》应包括残疾人无法参加诉讼时应任命诉讼代表。这些规定与澳大利亚法律改革委员会第 124 号报告《英联邦法律中的平等、能力和残疾》的建议相一致。

建议 48：澳大利亚政府应与州和地方政府协助任命法定机构担任家事司法中的诉讼代表。

（九）问责制的建立和透明度的保持

建议 49：《1975 年家庭法》第 115 条应进行修改，以扩大家事法律委员会（Family Law Council）的职责，职责包括：（1）对家庭法制度的执行情况进行监督并定期报告；（2）进行与家事法制度执行情况相关问题的调查，无论是其本身动议还是应政府要求；（3）为家事法制度的发展提出建议，包括研究和法律改革建议。

建议 50：家事法律委员会应建立一个儿童和青少年咨询委员会，为家事法系统中的儿童经历问题提供相关政策和实践的建议和信息。

建议 51：应修改有关法规，以要求所有将要行使家庭法管辖权的联邦司法官员的任命应考虑该人审理包括家庭暴力案件在内的家事案件的知识、经验、技能和相关能力。

建议 52：澳大利亚法律委员会应与州和地方法律职业人员相关监管机构制定一致规范，以要求家事司法工作人员在每年须完成至少一个单元的与家庭暴力相关的持续性专业发展培训。

建议 53：澳大利亚政府总检察署应该为私人家庭报告撰写者制定强制性的国家认可计划。

建议 54：《1975 年家庭法》应修改为：（1）要求提供儿童联络服务的任何组织都必须获得认证；（2）未经认证提供的儿童联络服务是违法的。

（十）立法清晰

建议 55：《1975 年家庭法》及其下位法均应全面重新起草。

建议 56：《1975 年家庭法》第 121 条规定的家庭法程序向公众限制公开的隐私条款应重新起草。

（十一）二次干预

建议 57：家庭宣传和支持服务机构的社会支持服务应扩展服务范围，以便为参与家事司法的客户提供案件管理服务。

建议 58：澳大利亚政府应与各州或地区的法律援助委员会合作，为有明显需求的法院所在地提供家庭宣传和支持服务机构的服务，并确保提供准确、适当的服务。

建议 59:应扩大家庭关系中心(Family Relationship Centres),为参与家事司法的有复杂需求的客户提供案件管理服务。

建议 60:澳大利亚政府应当与家庭关系中心合作开展如下服务:(1)财产咨询服务;(2)关于财产争议的调解服务;(3)法律咨询和法律协助纠纷解决;(4)儿童联络服务。

第二节　儿童程序参与:家事司法审查的核心内容

在 2019 年澳大利亚法律改革委员会最终审查报告提出的 60 条改革建议中,儿童最大利益原则在审查及改革提案中彰显。保障儿童在家庭法中的安全参与,是维护儿童最大利益的重要体现,构成了澳大利亚此次家事司法审查的核心内容之一。

一、澳大利亚家事司法审查强调儿童利益之维护

澳大利亚自 2017 年开始推进对家庭法系统的全面审查,法律改革委员会于 2018 年 10 月发布了咨询报告,2019 年 4 月发布了最终报告。在澳大利亚家事司法审查与改革探讨中,如何保障儿童观点的表达和程序参与以维护儿童最大利益是引起各方关注的重要内容。

(一)维护儿童最大利益的核心关注点

在关于改革的咨询和探讨过程中,法律改革委员会以利益相关人为中心,重在使家庭法能够符合家庭和儿童的需求。以家事司法服务用户为中心的改革路径也是各国家事司法改革普遍采用的方式。相关机构、群体对家庭法系统改革存在一定共识,即促进儿童和家庭的安全和福祉应当是家庭法系统的基本目标和首要功能。

在 20 世纪 70 年代澳大利亚关于家庭法的辩论中,人们争论的内容集中于离婚的过程,如离婚的途径、如何从父母的角色中剥离等,基本不会涉及对

儿童的想法、恐惧、问题或兴趣的探讨。探讨儿童的想法目前在澳大利亚还属于比较新的内容,这也从侧面反映出澳大利亚此次家事司法审查试图为保护儿童利益进行实质性变革。人们已经不再认为儿童是“消极的、具有依赖性的未成年人”,而是将他们视为“他们自己生活中积极的社会角色”。[1] 对儿童认识的改变也一定程度上影响了儿童在家事司法中的参与。有学者指出,儿童可以对影响他们的决策作出自己的贡献,因为他们对自己的生活有独特的看法。一方面,应当赋予儿童参与家庭法的能力和权利;另一方面,应保障儿童在社会中的地位,即处于当前和未来公民之间的公民身份。[2]

(二)儿童参与有待加强

部分儿童希望在与他们相关的照护计划的决定过程中有一定的发言权。澳大利亚相关调研显示,儿童对他们在家事司法实践中的参与程度和方式有所不满,希望能够有更多的机会参与其中。2018 年,澳大利亚家庭研究所(Australian Institute of Family Studies)关于单亲家庭中未成年人体验的研究显示,无论是在澳大利亚还是在世界范围内,保障未成年人在影响他们的决策中有表达观点的机会非常重要,因为他们的想法不仅与增进亲子关系的亲密程度有关,也有利于制定更好的决策。在安排未成年人照护计划相关事项或考虑当事人利益的广泛影响过程中,倾听儿童的声音至关重要。然而,相关调研显示,儿童参与的愿望在实践中并没有实现,专业人员在与儿童接触的过程中往往限制或边缘化儿童对最终决策的实际影响。儿童没有参与决策的选择权,他们的意见在实践中往往未被听取。[3] 澳大利亚人权委员会收到了诸多来自未成年人的反馈,指出家庭法系统在决策过程中没有听取他们的意见或想法,也没有提供给他们有关程序或结果的信息。[4]

---

[1] See E. Kay M. Tisdall, *Subjects with Agency? Children's Participation in Family Law Proceedings*, 38 Journal of Social Welfare and Family Law 362 (2016).

[2] See Felicity Bell, Facilitating the Participation of Children in Family Law Processes (2015), p. 6.

[3] See Rachel Carson et al., Children and Young People in Separated Families: Family Law System Experiences and Needs (2018), p. 30, 50-51, 63.

[4] See Australian Law Reform Commission, Review of the Family Law System (2018), p. 157.

相关司法实践也说明了这一点。例如，在 2017 年备受关注的 *Bondelmonte v Bondelmonte* 案中，未成年人的意见未被法官采纳。该案中，高等法院驳回了一项针对家事法院判决的上诉，原案件争议焦点在于儿童父亲将十几岁儿童带离澳大利亚的行为是否违反养育令。在 2010 年该案当事人离婚之后，家事法院发布了双方平等的共同养育令，儿童的生活安排由当事人和儿童决定。2016 年，儿童的父亲将两名儿童带至美国并居住了 2 周以上，这违反了养育令。家事法院判决认为，尽管儿童表示拒绝与母亲居住在一起，但儿童必须返回澳大利亚，如果儿童父亲不返回澳大利亚，那么儿童需在儿童父亲的朋友家中生活。〔1〕

儿童父亲上诉认为，初审法官错误地考虑了儿童在初步调查时表述的意见，未能维护儿童最大利益，尤其是对儿童愿意留在美国的观点没有适当考虑。初审法官不赞同儿童父亲的行为，也没有允许儿童发表关于可替代性生活安排的观点。高等法院认为，初审法官根据《1975 年家庭法》第 60 条的规定，在考虑了相关因素后权衡了对儿童意见的采信程度，即因儿童意见受其父亲影响，法院对儿童意见的采信程度降低。同时，高等法院指出，尽管第 60 条规定了听取儿童观点的机制，这并不意味着法院有义务在每个案件中都征求儿童的观点。该案中，受儿童父亲未告知法院是否会返回澳大利亚或支付相关住宿费用、判决的作出具有急迫性、独立儿童律师提出了第三种安排等因素的影响，初审法官在判决时的可选择余地缩小且更加困难。考虑到这些因素，高等法院认为初审法官已经采取了足够的措施来确定儿童的观点。

有观点认为，该案打破了一个"神话"，即家事诉讼不能要求年龄较大的未成年人做任何他们不想做的事情。儿童的想法只是法院判断儿童最大利益的众多考虑因素之一。在法院裁判过程中，儿童想法的权重在很大程度上取决于案件的具体事实状况。〔2〕 尽管家庭法没有规定某个具体年龄段的未成年人的观点具有决定性，但通常情况下，当儿童进入青少年时期，法院会重

〔1〕 See *Bondelmonte v Bondelmonte & Anor* [2017] HCA 8.

〔2〕 See *Bondelmonte v Bondelmonte*: *The Case of the Two Brothers*, Szabo & Associates (May 16, 2017), https://www.szabosolicitors.com.au/Blogs-Articles/Bondelmonte-v-bondelmonte-the-case-of-the-two-brothers.html.

视他们的观点,因为此时他们能够更好地了解在不同家庭中生活的情况。然而,该判决显示法院对儿童的观点不够重视甚至可以说是忽视,原因在于这些观点可能会受到与其生活在一起的父母一方的影响。[1]

在当前澳大利亚家事司法实践中,尽管儿童最大利益原则是家庭法的核心原则,但在实践中未成年人的参与较少,部分未成年人的意见或观点无法得到听取。这影响到具体案件中儿童最大利益的维护,引发未成年人的不满,也成为此次审查关注的重点。

二、倾听儿童声音

在澳大利亚此次家事司法审查及最终报告中,倾听儿童声音是改革计划的重要内容。一方面,法律改革委员会建议告知未成年人相关程序信息以保障他们的知情权;另一方面,要保障儿童具有意见或想法被倾听的权利。

(一)告知未成年人家事司法相关信息

法律改革委员会提议,有关家事司法程序、相关法律及支持服务等信息应当以符合儿童年龄的适当方式告知儿童。信息获取是阻碍家庭法系统中儿童参与的重要因素。法律改革委员会认为儿童应当能够获取家事司法程序、相关法律及其他支持服务等信息,这既包括一些静态形式的信息,也包括通过诸如电话、网络聊天等形式传达给未成年人的信息,并且应根据儿童年龄和发育阶段提供相适应的信息。最终报告在"初级干预"部分探讨了保障儿童知晓程序信息的相关措施,如以适合儿童年龄和文化背景的方式提供相关信息等。[2]

目前澳大利亚有一些针对儿童的网络资源,如澳大利亚家事法院和联邦巡回法院的网站中包含一些专门为儿童设计的信息,新南威尔士州法律援助

---

〔1〕 See Stephen Potts, *High Court Upholds Decision to Override Teenage Children's Views and Compel Their Return to Australia*, Neumann & Turnour (Apr. 7, 2017), https://www.ntlawyers.com.au/high-court-upholds-decision-to-override-teenage-childrens-views-and-compel-their-return-to-australia/.

〔2〕 See Australian Law Reform Commission, Family Law for the Future—An Inquiry into the Family Law System (2019), p. 452.

组织开发了“儿童最佳”网站，为未成年人提供家事司法程序的信息。国家法律援助署关于独立儿童律师的网站上有一部分专门为儿童设计的信息。2018年重新启动的“在线家庭关系”信息服务机构也提供相关服务的信息，但没有专门设置针对未成年人的信息。值得借鉴的是，英国儿童和家事法庭咨询支持服务署的网站上有专门为未成年人提供的信息。因此，开发针对未成年人的信息、推动家庭法服务信息告知程序的合理构建，是改革的重要内容之一。[1]

（二）为儿童提供综合支持服务

在此次家事司法审查中，法律改革委员会建议设立家庭中心。就拟设立的家庭中心而言，法律改革委员会认为该中心应当包括来自儿童和青少年专业服务机构的外派人员，如咨询服务或朋辈支持项目（peer support programs）的工作者。

儿童支持服务应当是家庭中心的服务内容之一。通过家庭中心为未成年人提供专门服务与重建一个全方位以儿童为核心的家庭法系统具有一致性。在家庭法系统中，未成年人需要的支持和帮助既有法律层面的，也有非法律层面的。很多未成年人在父母离婚过程中无法与他人谈论自己的情绪困扰等问题，也找不到合适的人去倾诉或寻求建议。他们往往羞于谈论自己的感受，试图以勇敢的形象出现在父母或兄弟姐妹面前，害怕提及家庭问题而让父母失望或使家庭陷入其他困境。咨询服务和朋辈支持项目是解决这类问题较为有效的方法，也是处理夫妻离异案件中儿童利益保护问题的有力途径。[2]

（三）保障儿童被倾听的权利

法律改革委员会建议修改《1975年家庭法》的相关内容，以保障儿童被倾听的权利能够得到立法上的明确规定。法律改革委员会认为家事司法程序应当具有包容性，也即，家事司法程序的设计应当旨在促进儿童参与。《1975

〔1〕 See Australian Law Reform Commission, Review of the Family Law System (2018), p. 157-158.

〔2〕 See Australian Law Reform Commission, Family Law for the Future—An Inquiry into the Family Law System (2019), p. 468-469.

年家庭法》应当规定在涉及儿童安排的家事纠纷解决程序(非诉讼家事纠纷解决程序)中,受影响的儿童必须有机会(在切实可行的范围内)表达对这些安排的看法。总检察长办公室应当与家庭关系服务部门合作以制定涉及儿童的家庭争议解决的最佳实践指引,对相关纠纷解决方式不合适时如何支持儿童参与等问题作出规定。

该建议旨在通过设定决策者的积极义务来加强家庭法中对倾听儿童声音的规制。尽管目前家庭法要求法院在作出决定或考虑儿童最大利益时需要考虑儿童表达的任何观点,但决策者没有义务确保儿童具有表达意见的机会。同时,该提案促进了澳大利亚家庭法对《儿童权利公约》(Convention on the Rights of the Child)第 12 条关于保障儿童意见表达规定的吸纳。

法律改革委员会建议,在家事纠纷解决程序中儿童的意见也应有被听取的机会。在离异后儿童抚养问题上,家事纠纷解决程序受理的案件比家事司法程序多,因此,将诉讼案件转由家事纠纷解决程序处理不会减少儿童参与的可能性。马克·海纳根(Mark Henaghan)教授指出,新西兰家事司法改革中出现了儿童参与减少的问题,也即新西兰在改革中要求当事人在将案件提交家事法院之前必须经过家事纠纷解决程序受理,但并未规定在家事纠纷解决程序中必须听取儿童的意见,这就导致了儿童意见表达权受到限制。[1] 为此,澳大利亚改革提案不仅将保障儿童意见被倾听的权利规定在家事司法程序中,也规定在了家事纠纷解决程序中。

在家事纠纷解决程序中,倾听儿童声音往往通过"儿童包容"模式来实施,如由专业的儿童顾问引导儿童表述自己的观点。儿童顾问在与儿童的交谈过程中了解儿童的经历和观点,并将这些信息反馈给当事人以更好地协助他们在协商过程中充分考虑儿童的最大利益。然而,目前关于该方式的研究较少。[2] 同时,部分观点建议应实现具有儿童包容性的调解机制构建,在调解机制中重视儿童声音的倾听,为儿童提供发表意见的机会。相关研究显

---

〔1〕 See Mark Henaghan, *Article 12 of the UN Convention on the Rights of Children*, *International Journal of Children's Rights*, 25 The International Journal of Children's Rights 61 (2017).

〔2〕 See The Allen Consulting Group, Research on Family Support Program Family Law Services (2013), p. 47.

示,在调解过程中考虑了儿童观点的决定从长远来看更有利于保障儿童的利益。[1] 需要指出的是,包容儿童的调解机制属于资源密集型纠纷解决方式,不是所有的家事纠纷解决程序的提供者都有提供该服务的能力。儿童顾问需要在处理父母和儿童问题方面有较高的专业知识水平和经验,这也需要适当的专业标准和持续的制约监督。因此,在家事纠纷解决程序中需要加强关于儿童包容的专业培训。

三、保障儿童参与

在赋权的基础上,澳大利亚试图通过构建儿童参与新模式来保障儿童参与的安全性,促进儿童在家庭法实践中的参与,以保障决策的作出符合儿童最大利益。

(一)儿童参与的安全性

法律改革委员会指出,应当对参与家事司法或家事纠纷解决程序的未成年人进行初步和持续的风险评估。同时,在家事司法或家事纠纷解决程序中,不应强制要求儿童表达意见。

鉴于儿童参与可能存在损害儿童利益的风险,如儿童可能会被争端一方操纵或施加压力、遭受家庭暴力或报复的风险增加等,法律改革委员会规定在儿童包容程序中应进行初步和持续的风险评估,评估结果是儿童包容程序推进与否和如何推进的依据,同时,可以采取一定方式来管理和控制风险。例如,在家事纠纷解决程序中可以采用以儿童为中心的连续性模式,通过多途径的儿童参与来保障儿童的父母能够倾听儿童声音。同时,尽管家庭法需要保障未成年人表达意见的机会,但当未成年人不愿表达时,他们不应被要求参与,未成年人应得到应有的尊重。[2]

---

[1] See Brittany Rudd et al., *Child-informed Mediation Study Follow-up: Comparing the Frequency of Relitigation Following Different Types of Family Mediation*, 21 Psychology, Public Policy, and Law 452 (2015).

[2] See Australian Law Reform Commission, Review of the Family Law System (2018), p. 102.

(二)构建支持儿童参与的新模式

在关于支持儿童参与的改革探讨中,澳大利亚法律委员会一方面强化了法院顾问和独立儿童律师的职责,另一方面对是否设立“儿童代言人”作出了探讨,并在最终报告中放弃了引入“儿童代言人”的建议。

1. 家庭顾问与独立儿童律师

在澳大利亚诉讼程序中,家庭法要求法院在作出任何影响儿童的抚养决定时必须考虑儿童的观点,这主要体现在:考虑家庭顾问向法院提交的报告中涉及的相关内容,规定儿童的利益由律师独立代理或采用任何适当的、符合法院相关规则的方式代理。家庭顾问可以提供涉及儿童抚养、福祉和发展等相关问题的家庭报告,在报告中他们必须提供儿童的观点。家事法院也可命令专家证人准备报告,其中可以涉及儿童的意见。法律改革委员会在最终报告中建议将《1975 年家庭法》中的“家庭顾问”改为“法院顾问”,并明确列举其为儿童、家庭和法院提供服务的职责。〔1〕

独立儿童律师在诉讼程序中是代表儿童利益的独立代理人。根据法律规定,独立儿童律师并非儿童的法定代理人,没有义务按照儿童的指示行事;相反,独立儿童律师需要根据有效证据提出符合儿童最大利益的独立观点。独立儿童律师由各地法律援助委员会委任。独立儿童律师的职责体现在三方面:一是促进儿童的参与;二是收集与儿童最大利益相关的证据,如安排传唤证人、收集个人保护令和家庭报告的相关信息;三是进行诉讼管理,在诉讼中充当“诚实经纪人”角色,包括确保诉讼以儿童为中心、推动争议问题的适当解决并保障诉讼程序的正常开展。

然而,相关调研显示,独立儿童律师在保障儿童参与方面发挥的作用不如在证据收集和诉讼管理方面的作用突出。尽管澳大利亚出台了关于独立儿童律师的工作指引,规定了独立儿童律师承担的保障儿童有机会表达意见

---

〔1〕 See Australian Law Reform Commission, Family Law for the Future—An Inquiry into the Family Law System (2019), p. 365.

的义务,但在实践中各地理念和做法不一。[1] 很多独立儿童律师没有直接会见儿童,会见与否基本上取决于他们关于会见目的的判断,但该判断往往缺乏明确标准。[2] 大部分独立儿童律师倾向于谨慎行事,通过家庭顾问或单一家庭证人编写的报告获取儿童的观点,而非直接与儿童会见。在最终报告中,第 44 条建议为修改《1975 年家庭法》中关于独立儿童律师的规定,增加一项特定义务即遵守《独立儿童律师指引》。[3]

2. "儿童代言人"设立与否之探讨

在 2018 年的咨询报告中,法律改革委员会建议,参与家事司法的儿童应由"儿童代言人"协助,该儿童代言人应在儿童发展及儿童工作方面经过专业培训并掌握专业知识。儿童代言人的职责包括:向儿童解释他们有意见被听取的选择权;帮助儿童了解自己的选择权并表达他们的观点;确保儿童的观点能够传达给决策者;使儿童了解程序进展并以适合他们发展的方式告知其最终结果。儿童代言人应当尽最大可能支持儿童的参与,评估保障儿童安全和满足其发展需求的最佳方式以维护儿童最大利益。

有学者呼吁以创新方法支持儿童参与家事诉讼,主张为保障儿童的参与及自主权,人们应当关注儿童参与所需要的信息,为儿童发展和表达观点提供支持,家事司法中儿童的参与应当成为常态而非例外。[4] 目前澳大利亚主要通过任命独立儿童律师、出具家庭报告或专家报告等机制来反映儿童的观点,并将这些观点作为儿童最大利益评估的一部分。这些机制可能存在的问题之一在于儿童观点可能被"过滤"或歪曲,"儿童代言人"的设置可在一定程度上减少该问题的发生。"儿童代言人"的职责与负责证据收集和诉讼管理的独立儿童律师、出具家庭报告或专家报告的家庭顾问不同,其更易于保障

---

[1] See Rae Kaspiew et al., Independent Children's Lawyers Study (Final Report) (2013), p. 5, 53, 58.

[2] See Felicity Bell, *Meetings between Children's Lawyers and Children Involved in Private Family Law Disputes*, 28 Child and Family Law Quarterly 5 (2016).

[3] See Australian Law Reform Commission, Family Law for the Future—An Inquiry into the Family Law System (2019), p. 371.

[4] See E. Kay M. Tisdall, *Challenging Competency and Capacity? Due Weight to Children's Views in Family Law Proceedings*, 26 The International Journal of Children's Rights 159 (2018).

儿童的意见表达。部分观点主张通过多学科参与或组合模式来代表儿童,如建立由律师、社会工作者、心理学家、儿童保护工作者等多学科团队组成的新机构负责与未成年人接触并承担支持未成年人参与家事司法的职责。

然而,设立"儿童代言人"的提议在咨询过程中遭到反对。一方面,"儿童代言人"的职责不清晰,可能会与家庭顾问、独立儿童律师之间的职责出现重合,导致职责冲突或混淆问题,影响儿童参与工作的开展;另一方面,设置过多的责任主体会影响纠纷解决的效率,并造成额外的费用支出问题。相较于设立"儿童代言人",明确家庭顾问和独立儿童律师的职责更为适宜。因此,法律改革委员会最终接受了该主张,即在已经较为复杂的家庭法系统中引入额外的专业人士的建议弊大于利,并主张在任命独立儿童律师时确认其义务范围,强调对儿童最大利益的维护应得到足够的资金支持和专业律师服务。[1]

(三)儿童观点之表达

法律改革委员会指出,儿童应当能够在家事司法或家事纠纷解决程序中表达自己的意见,并可通过如下方式实现:相关报告呈现、与决策者会见或在相关人员支持下直接出庭。澳大利亚应当制定指引以规范协助儿童与司法人员会见或直接参与程序的方法。法律改革委员会不建议采用单一方法,相反,儿童的参与方式因其情况、需求、能力和参与意愿不同而异。在诉讼程序中儿童参与的方式应当是多样性的,需要根据案件的具体情况和儿童的需求作出灵活处理。[2]

其他国家和地区的有效模式也可提供一定借鉴或参考。2018 年加拿大安大略省引入了"儿童之声报告",该类报告是简短的非评估性报告,由儿童律师办公室的临床医生撰写。该类报告的内容包含儿童关于监护及探视纠纷等有关问题的观点及倾向。试点评估显示,这类报告是快速、经济、有效的

[1] See Australian Law Reform Commission, Family Law for the Future—An Inquiry into the Family Law System (2019), p. 376-377.

[2] See Patrick Parkinson & Judy Cashmore, *The Voice of a Child in Family Law Disputes*, Oxford University Press, 2008, p. 40.

参与方式。[1] 在英国,法院可以要求社会工作者编写与儿童福利相关的报告,该报告通常会将儿童的观点包括其中。例如,苏格兰适用特别表格的方式向法院提供儿童的意见。[2]

在澳大利亚,司法官员会见儿童的做法并不常见。尽管《2004 年家庭法规则》(Family Law Rules 2004)规定了对儿童的司法会见,但在 2010 年该法案修改时被删除,修正案规定法官保留是否会见儿童的自由裁量权。人们呼吁决策者应尽可能增多与儿童直接会见的次数,如有学者指出,法官会见儿童能够为儿童提供直接表达观点的机会,无须借助于第三方,这有利于保障儿童知晓决策者已倾听了自己的观点。[3]

反对法官会见儿童的观点主要在于司法官员没有接受过与儿童沟通的适当培训,并且会见可能会传达当事人不知晓的信息、引发关于正当程序的争议。[4] 法律改革委员会认为法官可以会见儿童,哪怕这不是一个促进儿童参与的常规方式。如果一个儿童表达了与决策者会见的意愿并有机会充分了解程序,这种情况下应当尽可能促成会见。同时,也应当及时制定关于会见的指引,通过相关人员的协助减少对司法官员与儿童沟通的专业能力不足的担忧。对正当程序的担忧也可以通过一些方法解决,如告知儿童谈话内容不保密,规定相关人员在庭审中对谈论内容作出汇报等。[5]

在澳大利亚家事司法中,直接听取儿童声音的做法并不常见。《1975 年家庭法》规定,除有特别规定,儿童无须发誓,也不应作证或留在法庭之中。家事司法中一方申请儿童作证必须提交宣誓书,而儿童可以不用宣誓,并可通过视频会议、封闭性法庭电视或其他电子通信方式作证。反对儿童直接参

---

〔1〕 See Rachel Birnbaum & Nicholas Bala, Views of the Child Reports: The Ontario Pilot Project—Research Findings and Recommendations (2017), p. 37.

〔2〕 See Scottish Government, Review of Part 1 of the Children (Scotland) Act 1995 and Creation of a Family Justice Modernisation Strategy: A Consultation (2018), p. 15.

〔3〕 See Australian Law Reform Commission, Review of the Family Law System (2018), p. 176.

〔4〕 See Patrick Parkinson & Judy Cashmore, *The Voice of a Child in Family Law Disputes*, Oxford University Press, 2008, p. 171.

〔5〕 See Michelle Fernando, *Proposed Guidelines for Judges Meeting with Children in Family Law Proceedings*, 2 Family Law Review 213 (2012).

与家事司法程序的观点在于担心直接参与会对儿童有害或存在风险。然而，一方面，法律改革委员会同意1997年相关报告的结论，即直接参与家事司法程序不是儿童参与的主要方法；[1]另一方面，相关研究显示有些儿童希望直接参与诉讼，在条件适当的情况下不应阻止。[2]

（四）设立儿童和青少年咨询委员会

法律改革委员会建议应当在家庭法制度中规定设立儿童和青少年咨询委员会。该咨询委员会应当提供关于儿童在家事司法中参与的相关建议，告知相关制度政策并推进实践发展。法律改革委员会建议将儿童和青少年咨询委员会作为拟设立的家庭法委员会的一部分，促进家庭法中儿童的参与及家庭法系统的整体发展。该委员会通过正式的机制获取儿童参与家事司法的反馈意见，同时，该委员会还可与其他机构合作以保障家事司法中儿童的参与，提供在政策考量中纳入儿童观点的长效机制。[3]

英国的家事司法青少年委员会（Family Justice Young People's Board）也发挥着类似的作用。该委员会由50余名7岁至25岁的儿童和年轻人组成，他们或者有直接参与的经验，或者对儿童权利和家事法院有较大兴趣。该委员会成员参与家事司法委员会的会议并与家庭法系统中的其他机构进行合作，如政府部门或调解服务机构。家事司法委员会采用跨系统的方式设立，由司法部和教育部的部长共同主持，其成员均来自家事司法系统。

目前，澳大利亚已设有一定保障未成年人意见表达或程序参与的机构，如南澳大利亚州设有青少年家庭法咨询小组（Young People's Family Law Advisory Group），维多利亚州法律援助委员会开设了青少年咨询论坛（Young Person's Advisory Forum）等。在其他部门，青少年的声音也被倾听，如国家青少年心理健康基金会有一个与之合作的青少年国家参考小组，以确保将青少

[1] See Australian Law Reform Commission, Seen and Heard: Priority for Children in the Legal Process (1997), p. 151.

[2] See Rachel Carson et al., Children and Young People in Separated Families: Family Law System Experiences and Needs (2018), p. 65.

[3] See Australian Law Reform Commission, Family Law for the Future—An Inquiry into the Family Law System (2019), p. 392, 395.

年的声音和意见保持在前沿和中心位置。[1] 整体来看,通过儿童和青少年咨询委员会的设立确保未成年人的参与,既有本土实践基础,又具有可参考和借鉴的英国模式,对儿童观点的表达具有一定保障作用。

四、保障儿童参与之发展趋向

澳大利亚家事司法审查及改革建议中关于保障儿童最大利益的探讨集中于儿童参与方面,反映了保护主义与强调参与两种观点之间的争辩。就现有改革建议来看,无论是赋权还是儿童安全参与的相关制度保障,都有待在借鉴他国经验和结合澳大利亚国内实践状况的基础上作出更为明确的规范和指引。

(一)保护主义与强调参与之争

目前,澳大利亚国内主流观点认为将儿童和青少年的观点和意见纳入家事司法程序中能够提供更为全面的关于家庭纠纷或夫妻离异对未成年人影响的认识。同时,有证据证明未成年人的参与能够增强他们对自己生活的控制感,这在一定程度上有利于他们的身心健康发展。诸多建议指出,家庭法系统的许多要素都指向了成年人,儿童的意见在目前的家庭法系统中无法听取。家庭法系统需要转变之前的文化,以真正支持儿童声音被听取的权利。

尽管普遍观点支持保障儿童参与,但还存在部分观点担忧儿童的参与可能会存在弊端。其一,如果儿童在参与家事司法程序过程中可能受到不利影响或损害,那这与保护儿童最大利益的原则不一致。家事司法程序以家庭纠纷为基础,参与冲突处理过程不利于儿童的发展。其二,人们担心儿童被置于父母冲突之中或受到父母一方的操纵或影响。[2] 其三,夫妻离异后儿童照护安排如何作出不是儿童的义务,不应使儿童感觉他们必须在父母之间作出选择。其四,儿童的参与可能会增加儿童安全方面的风险,家庭暴力案件中

---

〔1〕 See Australian Law Reform Commission, Review of the Family Law System (2018), p. 178.

〔2〕 See Felicity Bell, *Barriers to Empowering Children in Private Family Law Proceedings*, 30 International Journal of Law, Policy and the Family 225 (2016).

该问题可能更加突出。

保护儿童利益和强调儿童参与两者之间的紧张关系有时被视为是两种相互竞争的原则或权利之间的较量。保护主义重在保护儿童的福利或最大利益，认为儿童易受伤害、需要保护。并且，该观点担心由于儿童的依赖性、与成人不平等、缺乏经验等特征，询问他们的观点或过于成人化的问题可能会使儿童感受到压力，不利于儿童利益的保护。〔1〕过于强调保护和参与之间的区别在一定程度上略显夸张。在家庭法问题上，将保护儿童利益和促进儿童参与置于相对立的位置上是没有意义的，放弃“防止儿童参与才能实现儿童最大利益”的观念、寻求保障儿童在参与过程中实现最大利益的合理方法才更加实际，〔2〕尤其是在儿童与父母观点或利益不一致时，必须听取儿童的声音以保障儿童最大利益的实现。〔3〕

（二）保障参与符合儿童最大利益

儿童最大利益是确定儿童照护计划的首要考虑因素，无论是《1975 年家庭法》还是《儿童权利公约》，都规定将儿童最大利益作为首要原则。

儿童最大利益原则在 20 世纪中期之后形成并不断发展。20 世纪中期以来，随着“尊重儿童的权利和自由”、“国家干涉主义”及“儿童权利保护”等思想的兴起，保障儿童的权利逐渐成为共识。人们逐渐认识到，想要追求社会的最大利益，应当注意对儿童权利的保护，将儿童作为独立的个体并给予特殊的法律保护。该思维模式将重点放在对儿童权利的保护上，将对父母权利的重视改为对父母责任的强调。在家庭法领域，受福利国家的介入主义影响出现了“私法公法化”趋势，国家通过立法、司法等活动介入家庭关系领域，维护居于弱势地位的儿童的利益，而儿童最大利益原则为国家介入家庭关系领

---

〔1〕 See Gillian Macdonald, *Hearing Children's Voices? Including Children's Perspectives on Their Experiences of Domestic Violence in Welfare Reports Prepared for the English Courts in Private Family Law Proceedings*, 65 Child Abuse & Neglect 1 (2017).

〔2〕 See Patrick Parkinson & Judy Cashmore, *The Voice of a Child in Family Law Disputes*, Oxford University Press, 2008, p. 219.

〔3〕 See Linda Elrod, "*Please Let Me Stay*": *Hearing the Voice of the Child in Hague Abduction Cases*, 63 Oklahoma Law Review 663 (2011).

域提供了首要指导原则及具体衡量标准。[1] 各国普遍将儿童最大利益原则作为家事司法或立法中的首要原则，贯彻对弱势家庭成员的保护，强化家庭在儿童初步社会化过程中发挥的作用。[2]

儿童最大利益原则是国际公约明文规定的一项基本原则。1959年，《儿童权利宣言》（Declaration of the Rights of the Child）将儿童最大利益列为保护儿童权利的一项国际性原则，此后在多个国际公约或区域性条约中重申。1989年联合国关于儿童权利的国际公约《儿童权利公约》具有里程碑意义，该公约明确规定，有关儿童的一些行动都应以儿童最大利益为首要考虑，以公约的形式确认了儿童最大利益原则，具有重要意义。一方面，该公约赋予该原则以条约法的效力，为保护儿童权利发挥更大的作用，并为解决儿童权利保护和相关矛盾冲突提供一定合理的解说；另一方面，该规定确立了所有涉及儿童的行为均应以儿童最大利益为首要考虑的重要理念，并且将这种首要考虑作为儿童的一项权利宣布，也即，该公约强调将儿童作为个体来保护其权利，而非作为家庭或群体的成员进行保护。因此，该公约被称为"儿童大宪章"（Magna Carta for Children）。[3]

同时，该公约第12条规定了保障儿童程序参与的权利。儿童有权自由发表意见并使该意见在任何影响到本人的事项或程序中得到考虑。该条特别指出，"儿童特别应有机会在影响到儿童的任何司法程序中，以符合国家法律的诉讼规则的方式，直接或通过代表或适当机构陈述意见"。联合国儿童权利委员会指出，保障儿童参与和儿童最大利益之间不存在紧张关系，相反，两者可以实现互补：如果不遵守第12条的规定，则无法正确适用第3条，第3条加强了第12条的功能，保障了儿童在影响他们生活的所有决定中发挥重要作用。[4]

澳大利亚在1990年批准加入了《儿童权利公约》，尽管这不意味着该条

---

[1] 参见王洪：《论子女最佳利益原则》，载《现代法学》2003年第6期。

[2] 参见王德新：《家事审判改革的理念革新与路径调适》，载《当代法学》2018年第1期。

[3] 参见王雪梅：《儿童权利保护的"最大利益原则"研究》（上），载《环球法律评论》2002年第4期。

[4] See UN Committee on the Rights of the Child, General comment No. 12 (2009): The Right of the Child to be Heard (2009), p. 18.

约在澳大利亚正式生效,而是需要澳大利亚扩大立法范围来使各州实施该条约。但是,如果澳大利亚国内相关立法模糊,则对立法的解释应当符合该公约的规定。同时,国际公约的原则可以在法官行使自由裁量权时适用,从而在具体判例中成为发展普通法的指引。《1975 年家庭法》将儿童最大利益原则作为家庭法的基本原则,并制定了保障儿童参与的相关规定,因此,在澳大利亚家庭法中,儿童最大利益原则既是家庭法的基本原则,也符合《儿童权利公约》的要求。

在最终报告中,法律改革委员会建议对《1975 年家庭法》第 60 条中关于儿童最大利益原则的考量因素进行明确规定。其中,关于儿童观点的内容被排在了第二位,即儿童安全之后,这是因为应把儿童的安全作为首要考虑因素,并且防止过度关注儿童的观点以致产生影响儿童安全的问题。

(三)赋权与儿童参与制度有待进一步细化

澳大利亚现行改革计划旨在将《1975 年家庭法》中规定的保障儿童参与进一步明确规定为家事司法及家事纠纷解决程序中的决策者需要承担的责任。一方面,通过修改家庭法的方式保障未成年人表达意见的权利能够得到法律上的明确规定;另一方面,通过相关机构的设立和参与模式的创新,保障儿童参与的安全性和可操作性。相较于现行家庭法制度,改革提案将保障儿童最大利益的突破口集中于听取儿童声音和保障儿童参与方面,但具体改革措施仍有待探讨。例如,法律改革委员会提出了保障法官直接会见儿童的提案,但该直接会见可能会产生不利影响,如产生证据收集等方面的质疑。因此,关于会见的性质或相关注意事项的规定,也需要在相关法律法规中明确。

澳大利亚在家事司法审查及改革过程中注重对国外经验的借鉴和参考,在保障听取声音、设立儿童和青少年咨询委员会等措施的探讨中对英国的相关实践进行了参考。自 2011 年家事司法改革以来,英国对法官会见儿童与儿童出庭作证都作出了较为明确的规范。一方面,英国通过《法官会见家事诉讼涉案儿童准则》(Guidelines for Judges Meeting Children Who are Subject to Family Proceedings)对法官会见儿童的预期目的、内容、时间等各方面因素作出了明确规范,尤其是强调法官会见儿童不涉及任何证据收集问题,但在实践中法官会见儿童仍属特例。[1] 另一方面,英国通过《家事诉讼中儿童作证准则》(Guidelines in Relation to Children Giving Evidence in Family Proceedings)等对家事诉讼中儿童出庭作证作出了细致的说明和指导,并通过相关判例推动对儿童出庭作证所涉问题的深入探讨。同时,英国在部分城市进行了法官会见儿童的改革试点项目,对直接会见中存在的问题和具体安排作出探索。英国在保障儿童参与方面的改革措施更为具体和明确,比较而言,澳大利亚的改革方案更具概括性,相关实践指引仍有待制定,儿童安全参与的具体实践亦有待形成规范化、制度化的保障方式。

作为国际公约和各国家庭法的基本原则,儿童最大利益原则关系家庭法系统的功能和目标的实现。保障儿童在家事司法或其他家事纠纷解决程序中的安全参与,促进儿童观点与意见的表达,是维护儿童最大利益的重要途径。澳大利亚对家庭法的审查和改革建议,一方面试图通过修改法律的方式赋予儿童意见被倾听的权利,另一方面通过相关制度改革、机构设立等措施保障儿童在家庭法实践中的安全参与,以更好地维护儿童最大利益。

第三节　综合家事纠纷解决机制的构建

在澳大利亚家事司法审查中,家事纠纷解决的及时高效成比例是未来改革的基本原则之一,综合纠纷解决机制的适用是践行该原则的有力体现。法院的干预在大多数家事案件中属于最后一道防线,非诉讼纠纷解决机制对具有独特性的家事案件而言发挥着较大作用,故而在澳大利亚家事司法审查及改革建议中,扩大非诉讼纠纷解决机制和仲裁的适用,促进家事纠纷综合处理机制的构建是此次家事司法审查及未来改革的重要内容。

---

〔1〕 See Marie Connolly & Judith Masson, *Private and Public Voices: Does Family Group Conferencing Privilege the Voice of Children and Families in Child Welfare?*, 36 Journal of Social Welfare and Family Law 403 (2014).

一、家事纠纷的常用解决路径及其存在的问题

在诉讼之外，家事纠纷解决机制、法律协助纠纷解决机制、协商、协作法等是解决家事争议的有效途径，与诉讼一起构成了家事纠纷解决的多样路径。然而，澳大利亚的非诉讼纠纷解决机制的适用有待进一步扩大，财产纠纷亦可通过非诉讼途径解决，同时，部分非诉讼纠纷解决机制尚待进一步完善。

（一）家事纠纷解决机制可扩大适用

家事纠纷解决机制是抚养纠纷最常见的解决途径。该机制工作人员帮助因分居或离婚而受影响的人解决相关问题或纠纷。9.9%的离异夫妻适用该机制，相对应诉诸司法的为3.2%，通过律师解决的有6.5%。[1] 然而，在财产争议中，人们对该机制的适用较少，更倾向于聘请律师进行协商或诉诸司法。[2] 即使是在系争财产金额较小的离婚案件中，聘请律师协商和诉诸司法的方式相比家事纠纷解决机制的适用也更为普遍。相关研究显示，该机制在受教育程度和社会经济地位较低的人群中适用不足，但其实他们恰恰可以从该机制中受益。[3]

无论是抚养争议还是财产争议，相关研究表明，家事纠纷解决机制的运作比律师主导的协商或诉讼更能符合家庭的需求。在抚养争议中，无论是一般抚养争议还是存在家庭暴力的案件，大多数当事人对家事纠纷解决机制采取的各项措施给予肯定。然而需要明确的是，相较于其他途径，该机制对家庭更复杂状况中当事人的关注相较其他两种途径而言较低。在财产争议解决中，对比协商、诉讼等方式，家事纠纷解决机制和调解制度是获得“公正”认

〔1〕 See Australian Law Reform Commission, Review of the Family Law System (2018), p.103-104.

〔2〕 See Lixia Qu et al., Post-separation Parenting, Property and Relationship Dynamics after Five Years (2014), p.98.

〔3〕 See Australian Law Reform Commission, Family Law for the Future—An Inquiry into the Family Law System (2019), p.249.

可度最高的途径。[1]

2006 年，澳大利亚通过立法修正案加强了家事纠纷解决机制的适用，要求在涉及儿童的家事纠纷中，当事人在提出诉讼申请之前应尝试适用家事纠纷解决机制，除非存在特定的例外情形，如发生家庭暴力或虐待儿童等紧急状况或存在相关风险。改革促进了该机制的适用，减少了法院受理的相关案件数量。然而，相关数据显示，在抚养争议中扩大该机制的适用尚存潜力。

与涉及儿童的家事纠纷不同，《1975 年家庭法》并未规定财产争议事项在诉讼前需要尝试通过家事纠纷解决机制解决，而是在相关家事法规则中规定了"诉讼前程序"，也即，当事人需在诉讼之前进行调解、仲裁或咨询等诉讼前程序，从而为纠纷解决作出真正的努力。因此，使用家事纠纷解决机制来解决财产争议的当事人相对较少，无论是涉及儿童的家事纠纷还是关于财产争议的家事纠纷，家事纠纷解决机制的适用都可进一步扩大。

（二）法律协助纠纷解决机制可扩大适用

法律协助纠纷解决机制被视为除诉讼途径之外解决含有家庭暴力因素的家事纠纷的有效途径，受到关注弱势群体利益的相关机构和人员的肯定。关于抚养安排的法律协助纠纷解决往往由法律援助委员会提供，该机构同时可与部分社区法律中心和家庭关系中心等机构合作。在 2017 年至 2018 年，该机制取得了 81% 的成功率。在该机制中，案件管理者进行筛查和持续的风险评估，为家庭联系相关支持并保障其在纠纷解决会议中的安全。律师通过提供辩护、法律咨询和支持等方式为客户提供服务，将客户的利益与立法规定的儿童最大利益进行平衡；该机制的主要负责人则利用其法律或社会科学背景直接对相关安排的可行性和儿童权益保障作出判断。[2]

同样，该机制在财产争议问题中的适用较少，尚未在财产争议案件中发挥更大作用，尽管相关资助有所增加，但该机制的适用尚待进一步扩大。

---

〔1〕 See Australian Law Reform Commission, Family Law for the Future—An Inquiry into the Family Law System (2019), p. 249.

〔2〕 See Australian Law Reform Commission, Family Law for the Future—An Inquiry into the Family Law System (2019), p. 254.

（三）协作法方式尚待发展

针对夫妻离异的子女抚养和财产争议问题，其他自费解决途径也可适用，如私人调解和律师主导的协商。另一种个人自费的争端解决方式为协作法实践（collaborative practice），该实践模式的特殊之处在于：由律师和当事人签订书面合同，在协作法实践期间不得提起诉讼；如果该程序无法解决争议，参与的律师及其他专业人员不会再为当事人的诉讼活动提供服务。协作法程序能够协助参与者定义和明确所考虑的问题；与参与者进行一系列面对面的讨论，适当情况下其他专业人员一并参与；协助参与者交流和交换信息；澄清部分争议问题，以扩大协助解决问题的范围；为当事人提供了解彼此观点的机会；促进当事人增强对共同利益和个人利益的认识；促进参与者提出和评估各种选择；促进参与者关注可能受其影响的人的利益和需求；等等。协作法工作人员可以向参与者提供法律建议，协助管理争议和冲突解决的过程，促进参与者在谈判过程中达成共识。[1]

尽管协作法实践看似较为便利，但有研究显示该方式的发展一直不太平衡，在部分地区人们适用该方式的热情有所减弱。[2] 协作法目前仍处于发展初期，面临较多问题，[3] 从客户角度而言，该方式的不成功意味着时间和金钱的损失，相关准备都无法在接下来的诉讼中使用。

因此，尽管在澳大利亚家事司法实践中存在家事纠纷解决机制、法律协助纠纷解决机制、协作法等非诉讼纠纷解决方式，并已在抚养争议等家事纠纷中得到适用，但非诉讼纠纷解决机制还具有进一步扩大适用的空间。协作法等非诉讼纠纷解决机制尚处于发展的初期阶段，可待进一步完善，其他纠纷解决机制可在财产争议中扩大适用。

---

〔1〕 See Law Council of Australia, Australian Collaborative Practice Guidelines for Lawyers (2011), p. 4-5.

〔2〕 See Henry Kha, *Evaluating Collaborative Law in the Australian Context*, 26 Australian Dispute Resolution Journal 178 (2015).

〔3〕 See Marilyn Scott & Pauline Collins, *The Challenges for Collaborative Lawyers in Providing CP Processes*, 31 Australian Journal of Family Law 27 (2017).

二、扩大多元纠纷解决机制适用，促进相关机制完善

扩大家事纠纷解决机制等非诉讼纠纷解决机制的适用是促进家事纠纷及时高效解决的有效途径，也是此次审查的重要建议。为加强非诉讼纠纷解决机制的适用，法律改革委员会建议扩大财产争议中相关机制的适用，修改对相关机构出具证明信息的义务、增强处理流程保密性和可采信性等的立法规定，以更好地促进非诉讼纠纷解决机制的适用。

（一）扩大财产争议中非诉讼纠纷解决机制的适用

鉴于家事法系统中非诉讼纠纷解决机制在财产争议案件中的适用较少，法律改革委员会在家事司法审查最终报告中建议在家事财产争议中扩大家事纠纷解决机制等的适用，并要求法院加强对当事人在诉讼前对财产争议和抚养纠纷进行诉前准备的审查。因此，报告提出的第 21 条建议为“《1975年家庭法》应修改为：(1)要求当事人在诉讼前就财产争议事项解决进行了真正努力；(2)明确指出除非当事人已提交真正努力说明，否则不予受理相关申请。若不为解决问题付出真正努力，则须承担有关费用后果。”

该建议要求当事人各方有义务在提出诉讼申请之前就财产争议事项采取真正努力，这就为非诉讼纠纷解决机制如家事纠纷解决机制和律师主导的协商等的适用提供了可行性。鉴于离异夫妻的状况和需求具有多样性，多样化的纠纷解决机制更为适宜，并且成本和对抗性较低的纠纷解决方式更合适。在家事司法审查中，诸多意见反馈均对非诉讼纠纷解决机制的扩大适用表示支持。有观点指出，澳大利亚家事司法系统需要成本适宜、减少对抗过程的纠纷解决机制，该种解决机制对家庭暴力受害者和未公平分割财产的当事人而言更为适宜，不能仅仅因为另一方拒绝协商就放弃非诉讼纠纷解决机制的适用。同时，国际实践还是本土研究都表明当事人对非对抗性质的调解等纠纷解决机制的满意度相较于诉讼而言更高，该类纠纷解决方式在一定程度上能够减少双方的对抗状态。尽管有观点担心当事人的信息不对称问题，但该问题实则可在家事纠纷解决机制等具体非诉讼纠纷解决机制运行程

序中解决，故而整体来看扩大其适用具有必要性。[1]

要求当事人在提出诉讼申请前进行了真正努力的规定旨在增强非诉讼纠纷解决机制的适用，但该规范亦存在例外，以保障当事人在部分必要情形中迅速诉诸司法权利的实现。这些例外情形包括：存在紧急性，如与财产的所有权归属或处分相关的法院命令；具有诉诸司法的必要性或是一方需要通过财产分割以满足日常生活需求的紧迫性；能力不对等，如作为家庭暴力的受害者和施暴方的当事人之间进行协商的能力不对等；有合理确信应当不公开；一方试图阻碍纠纷解决；存在欺诈指控；等等。

法律改革委员会建议修改立法以要求当事人在提出诉讼申请前为解决财产争议进行了真正努力，该真正努力并未限制当事人采用的纠纷解决方式，故而家事纠纷解决机制、法律协助纠纷解决机制、调解或律师主导的协商等方式均可适用。当事人应在提出诉讼申请时说明曾使用或试图使用的非诉讼纠纷解决机制，由法官在具体个案中判断是否达到真正努力的标准。[2]

（二）家事纠纷解决机制的出具证明义务

法律改革委员会第23条建议提出修改《1975年家庭法》，规定家事纠纷解决机制提供者应提供当事人部分或全部争议尚未解决的证明。根据相关讨论文件，法律改革委员会建议抚养争议和财产争议中以下情况均可提供证明：（1）证明一方当事人试图发起家事纠纷解决机制，但另一方当事人没有回应或者未能参加；（2）证明一方当事人或争议事项根据评估不适宜采用家事纠纷解决机制；（3）双方已经使用了家事纠纷解决机制，且该程序已结束；（4）家事纠纷解决机制的开始和运行过程中未完全或部分解决争议问题。这些证明类别主要在于证明两个问题，一是双方当事人是否参加了家事纠纷解决机制，二是记录可适用性评估。所有记录事项都在家事纠纷解决机制从业人员的经验知识和工作范围之内。上述不同类别的证明有利于协助法院判

[1] See Australian Law Reform Commission, Family Law for the Future—An Inquiry into the Family Law System (2019), p. 259.

[2] See Australian Law Reform Commission, Family Law for the Future—An Inquiry into the Family Law System (2019), p. 262-263.

断当事人是否已经履行了在提出诉讼申请前作出争议解决的真正努力的义务。

在关于财产争议的案件中，还可针对一项情形出具专门证明，即双方均已参加评估，但该事项被评估为不适宜通过家事纠纷解决机制处理的事项，尤其是在双方关于财产安排的相关知识不对等的情况下。此类证明在于评估该机制的可适用性，并可为法院判断真正努力的实践提供依据。[1]

(三)增强家事纠纷解决机制的保密性和可采信性

为促进家事纠纷解决机制的适用，增强该机制的保密性和可采信性是此次家事司法审查提出的建议。一般来说，如非存在例外情形，家事纠纷解决机制中的交流内容具有保密性，且在司法程序中不可采信。主要的例外情形包括该保密性与遵守州或领地法律相关、一方当事人(法院或对未成年人具有监护责任的人)表示同意披露，或者存在人身伤害、犯罪活动或财产损失的风险，不公开或不采信的例外情形主要在于儿童遭受虐待或有遭受虐待的危险。

对此，法律改革委员会提出改革建议。第 24 条建议为，《1975 年家庭法》第 10H 条和第 10J 条规定的家事纠纷解决机制中关于抚养安排的讨论和材料的保密性和不可接触性应扩大至财产争议事项。立法应确立一项规定，即在家事纠纷解决程序开始前签订的关于收入、资产和退休金余额和责任的宣誓声明可采信。第 25 条建议为，应修订《1975 年家庭法》，明确规定当事人的披露义务以及违背义务应承担的后果。该建议旨在通过促进公开和增强当事人了解其相应义务来加强财产案件中家事纠纷解决机制的适用。

三、仲裁在家事纠纷解决中的适用

除家事纠纷解决机制、法律协助纠纷解决机制、协作法等非诉讼纠纷解决机制外，在家事纠纷解决中扩大仲裁机制的适用也是此次审查提出的建议。仲裁能够帮助减少法院受理的案件数量，为当事人提供快速裁决的机

[1] See Australian Law Reform Commission, Family Law for the Future—An Inquiry into the Family Law System (2019), p. 267-270.

会，促进家事纠纷的及时解决。

根据相关法律规定，可适用仲裁的家事财产争议案件包括两类，一类来自法院的转介，即法院命令的仲裁；另一类是法院未转介的仲裁，即相关财产仲裁，或称私人仲裁。法律改革委员会建议，无论法院是否命令当事人参加仲裁，相关立法应制定明确的可以进行仲裁的家事财产争议清单，以减少仲裁规定的复杂性，并促进仲裁在家事案件中的适用。目前部分离婚财产纠纷根据法律规定无法进行仲裁，如涉及成年子女抚养和子女抚养费问题。扩大可进行仲裁的家事案件范围，从而使所有因婚姻关系破裂产生的财产争议都能够适用仲裁机制，可一定程度上提升家事纠纷解决的效率。

需要注意的是，尽管可以将仲裁事项的范围扩大，但仍有一些争议应由法院判决，因此，家事法律委员会指出，出于公共利益需要，涉及执行等问题的案件应排除在仲裁之外。法律改革委员会赞同该提议，并建议修改相关立法。关于法院命令或仲裁裁决的执行问题应由法院等公共机构负责，保障立法上无民事行为能力或限制行为能力人的权益同样是法院应当承担的职责。因此，在扩大仲裁适用的同时，还须注意明确仲裁机制的排除适用范围。[1]

另外，尽管可以扩大涉及儿童的家事案件中仲裁机制的适用，但儿童事务存在一定的敏感性。例如，澳大利亚需要遵循《儿童权利公约》中规定的相关国际义务，国家在何种程度上参与涉及儿童的决定应以儿童的最大利益为考量因素。通过私人仲裁解决儿童事务，缺乏法院等国家公权力机构的充分监督，这可能一定程度上与公约规定的国际义务不符。法院是传统上除儿童监护人之外监督儿童福利问题的重要机构，仲裁机制的适用不应损害法院在监督儿童福利维护方面的权威性和唯一性，因此，法律改革委员会建议对涉及儿童的家事案件进行仲裁，只能在法院转介或发布命令时才能进行，而非取决于双方当事人。当然，法院只能在双方当事人都同意该转介的情况下，命令将案件移交仲裁。

除此之外，法律改革委员会建议修订《1975 年家庭法》，以规定经仲裁员

---

〔1〕 See Australian Law Reform Commission, Family Law for the Future—An Inquiry into the Family Law System (2019), p. 284-285.

或仲裁当事人一方提出申请,法院有权随时就进一步的仲裁作出指示,包括作出指示终止仲裁的权力(无论仲裁是否经法院转介)。该规定旨在明确法院在仲裁程序中发布指示的权力,从而使法院能够及时终止仲裁程序,保护当事人免于被迫接受虚假或不公正的裁决。[1]

在澳大利亚家事司法审查中,无论是家事纠纷解决机制等非诉讼纠纷解决机制的扩大适用,还是仲裁机制相关规则的完善,均旨在减少家事审判机构的压力、促进家事纠纷的及时高效解决。这既符合 21 世纪以来各国家事纠纷解决机制多样化构建的发展特点,也是家事案件特殊性的体现。

第四节　家庭暴力案件中公权力的介入

家庭暴力犯罪是侵害妇女权益的典型案件,如何保护家庭暴力的受害者是保障妇女与儿童权益、促进人权保护的重要内容。2018 年,澳大利亚维多利亚州最高法院受理的一起案件引发了诸多关注,普遍观点认为该案可能为认定警察干预家庭暴力的注意义务提供了契机。警察在家庭暴力问题中的干预程度或是否存在注意义务的问题,是诸多国家司法实践中引发诸多争议与探讨的问题,也是综合了过失侵权与行政不作为等多方面问题的司法难点。对警察干预家庭暴力的注意义务存在与否的探究,既需要结合澳大利亚、英国、加拿大等国类似案件的不同判决作出探讨,又需要对警察干预家庭暴力的正当性与合法性作出论证。

一、澳大利亚新案例凸显警察干预家庭暴力之争议

健全反家庭暴力法律规制,保障家庭暴力受害者的人身安全和正当权益是各国反家庭暴力立法、司法及执法工作的重要内容。作为保障受害者的有效途径,人身安全保护令是反家庭暴力的重要保障制度,但在具体执行过程

〔1〕 See Australian Law Reform Commission, Family Law for the Future—An Inquiry into the Family Law System (2019), p. 292-293.

中仍有待完善。2018 年，澳大利亚的维多利亚州最高法院受理了史密斯诉维多利亚州一案。该案引发了对人身安全保护令执行过程中警察是否需要为其过失行为（negligence）承担责任的广泛探讨。该探讨实则反映了公权力介入家庭暴力问题的限度不够明晰的问题。

（一）史密斯诉维多利亚州案受到广泛关注

史密斯诉维多利亚州案由维多利亚州最高法院从 2018 年 3 月开始审理，并于 2018 年 8 月作出初步判决。该案中，原告及其 3 名子女长达 10 年来一直是其前夫的家庭暴力行为的受害者。尽管法院发布了 4 次干预令，但警察仍未能阻止其前夫的暴力行为。她认为警察知晓或应当知晓这些干预令。家庭暴力立法和政策赋予了警察以控制暴力施害者的重要职责，要求警察积极主动地保护受害者，史密斯的前夫是一个众所周知的家庭暴力施害者，警察有权力和责任执行保护令。原告认为，维多利亚州的警察存在过失，他们没有能够阻止她前夫多次实施违反保护令的行为，以致史密斯及其子女遭受持续的心理伤害。同时，原告还认为维多利亚州警察的行为违反了其作为公权力机关的义务，侵害了人权。[1]

被告维多利亚州请求立即驳回起诉，认为原告的诉请不可能得到支持。被告否认原告主张的注意义务的存在，认为该注意义务在法律中并未规定。维多利亚州认为，澳大利亚没有也不应当有法律规定警察对公众中的某个个人具有注意义务或需要调查暴力行为或防止某些特定行为的发生，除非存在特殊情况。该州还主张，为警察设置该注意义务会导致警察对个人与一般公众的责任存在矛盾，会使警力资源从公共职责中转移，并可能导致“防御性”的警察工作实践。原告辩称，澳大利亚现行法律尚未解决该问题，但这并不能否认注意义务的存在，法院可以在最终判决时认可该义务。

维多利亚州最高法院驳回了维多利亚州的诉请。在拒绝驳回史密斯的诉讼请求的过程中，法院已经承认，警察是否需要对家庭暴力的受害者承担一定的普通法上的注意义务从而保护他们免受可预防的伤害是存在争议的。

---

〔1〕 See *Smith v State of Victoria* [2018] VSC 475.

当然,法院在判决书中引用了英国 1989 年的希尔诉西约克郡警察局长案,该案为警察创设了“豁免理论”,即警察在一般情况下不具有保护公众免受因犯罪行为导致的伤害的责任。[1] 法官指出,在维多利亚州,除非存在特殊状况,调查犯罪行为的注意义务不会产生,只有在满足显著特征测试时才会产生警察的注意义务。

该初步判决引起了广泛关注。有观点指出,这是一个重要的判决,因为在该案之前,澳大利亚尚未有关于警察是否对家庭暴力的受害者负有注意义务这一争议焦点的判例。如果判定警察负有注意义务,那么这将构成过失损害赔偿的民事诉讼的第一步。[2]

(二)警察干预家庭暴力有待加强

在澳大利亚,每年有超过 10 万名家庭暴力受害者获得保护令。保护令对施害者的行为施加了限制,警察在施害者违反这些条件时采取行动。家庭暴力立法和警察政策关注的是受害者的安全,如果不遵守这些规定可能会产生悲惨的后果。在维多利亚州,警察现在拥有强大的权力来应对家庭暴力,根据《维多利亚州家庭暴力调查中的警察实务守则》(Victoria Police Code of Practice for the Investigation of Family Violence)的规定,警察在家庭暴力案件中发挥 4 项功能:(1)为相关人员提供安全保障和支持;(2)调查和识别刑事犯罪;(3)在法庭上出庭作证;(4)协助减少社区中的家庭暴力事件。维多利亚州警察认为强有力的刑事司法反应可以产生威慑作用,警察将对向其报告的任何家庭暴力案件作出回应并采取行动。[3]

自 20 世纪 80 年代以来,澳大利亚各州或地区通过保障法院发布家庭暴力保护令的立法来保护妇女免受伴侣的伤害。尽管各地立法具有一致性,但在相关术语、行为所涵盖的范围、关系的类型和保护令的潜在条件范围、援助方法、违反或教唆违反保护令的处罚、信息共享等方面都存在不少差异。在

[1] See *Hill v Chief Constable of West Yorkshire* [1989] AC 53.

[2] See Mandy Shircore & Heather Douglas, *Court Opens Door to Domestic Violence Victim to Sue Police for Negligence*, The Conversation (Aug. 30, 2018), https://theconversation.com/court-opens-door-to-domestic-violence-victim-to-sue-police-for-negligence-102336.

[3] See Victoria Police, Code of Practice for the Investigation of Family Violence (2004), p. 2.

澳大利亚反家庭暴力法治工作进程中，立法并无不当，而是在法律实施方面存在问题。2017 年关于澳大利亚家庭暴力保护令实施状况的调研报告显示，近 60%的受访警察认为受害者“经常”会帮助施害者违反保护令，这也影响到了保护令的实施，40%的法官、37%的律师和 15%的受害者支持该观点。这也说明，相较于其他专业人员，警察可能对家庭暴力保护令相关的协助和教唆条款的问题更有认知。在应对违反保护令行为方面，受访警察一般认为“与违反行为相关的程序行政化”（55%）、“警察可用资源有限”（50%）、“警察工作量过大”（47%）等是制约警察应对违反保护令行为有效性的重要因素。[1]

然而，相关调查显示，警察部分行为引起家庭暴力受害者的不满，如风险评估不佳和不能满足安全需求、在接听求助电话后行动较为迟延、未调查或指控违反人身安全保护令的行为等。尽管引入了风险评估工具，但警察往往未能找出表明未来风险大小的相关因素。警察在家庭暴力案件中的行为尚存一定不当或有待改进之处。澳大利亚昆士兰州政府发布的报告显示，在涉家庭暴力的死亡案件（包括他杀和自杀）中，加害者呈现出强烈的控制行为或强迫性占有行为，公共机关应加强早期的干涉与预防，加强信息共享和早期问题检测；警察局应加强对家庭暴力案件相关动态的掌握，了解造成更大伤害的相关风险指标，加强家庭暴力案件的信息化系统和报警服务，从而减少和预防涉家庭暴力死亡案件的发生。[2]

因此，在澳大利亚现有反家庭暴力法治中，亟待解决的并非立法问题，而是如何在实践中保障人身安全保护令的执行，而这需要保障警察在家庭暴力中的参与力度。由此，警察是否对家庭暴力的受害者承担注意义务成为值得讨论的问题。

---

〔1〕 See Australia's National Research Organisation for Women's Safety Limited, *Domestic and Family Violence Protection Orders in Australia: An Investigation of Information-sharing and Enforcement with a Focus on Interstate Orders: Key Findings and Future Directions* (2017), p. 1-2.

〔2〕 See Domestic and Family Violence Death Review and Advisory Board, 2016-17 Annual Report (2017), p. 11, 14.

(三)警察注意义务存在与否引发争议

如果维多利亚州最高法院决定驳回史密斯的诉讼请求,那么该案中对警察过失行为的指控就无法得到检验和在法庭上进行全面审理。但是,法院已经允许根据案件的所有事实和证据对一个重要的问题进行审查,即警察是否对家庭暴力的受害者承担注意义务。因此,当该案最终审理时,法院将需要考虑警察与史密斯及其子女之间的关系的性质来决定警察是否对其存在注意义务。另外,法院还需要考虑伤害的性质。到目前为止,没有任何澳大利亚的判例判决警察不应因过失行为被起诉。

从相关判例发展来看,澳大利亚法院一直不愿意在该类案件中为警察施加保护原告免受第三方伤害的注意义务。在类似案件中,法院已经考虑了警察对施害者的控制程度;在处理家庭暴力方面,警务人员面临着较为艰巨的任务,他们需要专业、持续的培训来处理其中所涉及的复杂问题。然而,部分评论员和法官批评否认论的论点未经证实,质疑为何警察应当免于因过失行为被起诉而其他专业人士或公职人员却须承担该责任。有观点指出,与其他专业人员相似,应该有可能让警察为其过失行为承担责任,在存在严重过失的情况下,如果否认警察对家庭暴力受害者负有注意义务,那么这向受害者传达出的信息是不能依靠警察去保护他们,这并不合理。[1] 正如有学者指出,如果国家不能采取积极措施保护妇女免受暴力侵害,那么国家会成为施害者的同谋。[2]

史密斯诉维多利亚州案的初步判决引发各界关注,对警察注意义务存在与否的探讨也成为人们关注的焦点。关于该问题的探讨早在英国及加拿大的司法判决中就已有涉及,该问题也是在实践中引发各种争议的重要问题。对该问题的探讨,需要基于既往判例作出分析。

---

〔1〕 See Mandy Shircore & Heather Douglas, *Court Opens Door to Domestic Violence Victim to Sue Police for Negligence*, The Conversation (Aug. 30, 2018), https://theconversation.com/court-opens-door-to-domestic-violence-victim-to-sue-police-for-negligence-102336.

〔2〕 See Melanie Randall, *Private Law, the State and the Duty to Protect: Tort Actions for Police Failures in Gendered Violence Cases*, 44 Supreme Court Law Review 343 (2009).

二、警察干预家庭暴力之注意义务类案不同判

在史密斯案之前,英国和加拿大都出现了关于家庭暴力问题中警察注意义务的判例,这些判例也受到了澳大利亚学者和司法人员的广泛关注。英国和加拿大的判决结果并不相同,两国不同的论证方式反映了该问题极具争议。

(一)否认注意义务及其争议:英国迈克尔诉南威尔士警察案

2015 年,英国最高法院审理了迈克尔诉南威尔士警察案,对警察是否对家庭暴力的受害者承担过失责任作出探讨。该案中,迈尔克用手机拨打"999"报警,告知格温特警察呼叫中心的接线员其前男友出现在自己家中并威胁要伤害她,格温特警察将该通电话评为第一等级(须立即处理),致电该女士住所地所属的南威尔士警局,南威尔士警察将该电话评为第二等级(应在 60 分钟内回复)。迈克尔的住所距离最近的警局仅有五六分钟的路程。凌晨 2 点 43 分,迈克尔再次拨打"999",在其尖叫之后,电话挂断。南威尔士警察于 2 点 51 分赶至其家中,发现迈克尔遭受多次刺伤并死亡。袭击者随后以谋杀罪定罪,被判处终身监禁。独立警察投诉委员会后来对相关警局的个人和组织的过失作出了严厉批评。迈克尔的父母与子女主张警察存在过失行为,违反了《欧洲人权公约》第 2 条规定的生命权,警察则要求进行简易判决。一审法院拒绝作出简易判决,上诉过程中,上诉法院一致认为应对向警局索赔案件作出简易判决,最高法院以 5∶2 的多数票维持了上诉法院的判决。法官罗杰·特尔森作出了主要判决,法官廖柏嘉、乔纳森·曼斯(Jonathan Mance)、罗伯特·韦彦德(Robert Reed)和帕特里克·霍奇(Patrick Hodge)附议,布伦达·黑尔和布莱恩·科尔(Brian Kerr)持反对意见。[1]

英国最高法院审查了两项原则在该案中的适用,即"干预者责任原则"(interveners' liability principle)和"汤姆·宾厄姆(Tom Bingham)的责任原则"。前者认为,警察在知道或应当合理地认识到可识别人员或小团体的生命或人身安全存在危险时,如果出现过失应承担责任。后者在 *Smith v Chief*

〔1〕 See *Michael and others v The Chief Constable of South Wales Police and another* [2015] UKSC 2.

Constable of Sussex Police 案中由审理该案的法官汤姆·宾厄姆提出，是指如果公众中的一员向警察提供明显可信的证据证明身份和行踪已知的第三人对其生命或安全造成了特定的、紧迫的威胁，那么警察对其过失行为负有注意义务。[1]

罗杰·特尔森在判决中研究了大量关于警察过失责任、紧急服务责任及对第三方造成的损害不负责任规则的例外情况等判例，同时也研究了来自英国的判例法。

一方面，在该案中，大多数法官不认同干预者责任原则的适用，原因主要体现在四个方面。其一，为何警察需要对特定的受害者的人身伤害或死亡负责而非对其他受害者负责是一个很难解释的问题。警察维护和平的义务是对广大公众的责任，并不涉及在特定密切或特殊关系等私法领域内的事项。其二，认定警察对家庭暴力的受害者负有注意义务能够改善警察的工作质量只是一个推测，使警察因处理工作的先后顺序面临被起诉的风险不符合公共利益。其三，认定存在该责任会对警方经费支出及公众税赋方面产生重大影响。其四，制定新的过错责任法律来反映或超越《欧洲人权条约》第 2 条和第 3 条的要求并无必要。《欧洲人权条约》本身所主张的过错与民事诉讼中的过错具有不同的客体和要求。由此，干预者责任原则在该案中不适用。

另一方面，汤姆·宾厄姆的责任原则同样也被拒绝适用。通过以下方式来判定界限是不能令人满意的：报告威胁的主体；威胁是否可信、紧迫或可信但不紧迫；威胁制造者的下落是否已知；威胁是否针对人身伤害。应当由议会来确定该补偿体系是否存在及其范围限度。

最高法院认为，不可能让警局接线员对迈克尔所说的话承担责任，因为接线员没有向迈克尔承诺警察的回复速度，也没有建议或指示她留在房中。当然，英国最高法院两位法官持反对意见。布莱恩·科尔指出，如果当事人之间的关系足以导致注意义务的产生，那么该案应当允许上诉，允许上诉的条件为：(1) 申诉人与被告之间的关系密切，如向被告传达信息；(2) 如果不采取紧急行动，可能会对预期的受害者造成严重伤害的信息应当传达给被告；

---

〔1〕 See *Smith v Chief Constable of Sussex Police* [2009] AC 225.

(3)可以合理地期待被告在这种情况下为被害者提供保护;(4)被告应该能够为受害者提供保护,不会对他自己造成不必要的危险。布莱恩·科尔指出,就该案事实而言,警察与迈克尔的关系已经符合该界定。布伦达·黑尔法官支持布莱恩·科尔法官的分析,她认为是政策原因排除了该类案件中警察的责任,家庭暴力法的相关规定有待进一步改进。

尽管该案并未认定警察在家庭暴力案件中存在注意义务,但布莱恩·科尔和布伦达·黑尔两位法官的论证得到了一定支持。布莱恩·科尔指出法律应更加重视保护个人的生命和身体健康而非财产,这是完全正确和符合法律原则的,普通法上公众不需要保护他人免受第三人伤害的原则不适用于公权力机关,因为公权力机关的职责是保护类似于迈克尔等社会公众的安全。[1] 该案也为英国提供了将注意义务的争论与现行公共政策进行重新调整的机会——案件的多数判决侧重于通过渐进方式解决问题,不愿偏离既定的政策例外规则去探讨政策中需要考虑的因素。同时,有观点指出该案凸显了警察在过失侵权中占据的特权地位,受到了一些评论人员与司法人员的批评。[2]

(二)承认注意义务存在:加拿大相关判例

与英国希尔案不同,加拿大法院在处理该类案件中作出了不同的判决。在一起多伦多警察局被诉案中,安大略省高等法院拒绝了被告要求驳回原告诉求的动议。法院认为,判定警察与小群体的潜在受害者之间具有足够的邻近关系是存在争议的。在之后的审判中,安大略省高等法院没有适用希尔案中关于公共政策考虑因素的相关性,而是判定警察对连环强奸案的受害者负有注意义务。该案强奸犯的作案手法可以使警察识别出潜在的受害者,但是警察却没有告知她们有遭受袭击的风险,而是试图利用这些妇女作为"诱饵"

---

〔1〕 See Kate Beattie, *Police Not Liable in Negligence to Victim of Domestic Violence, but Article 2 Claim Proceeds*, UK Human Rights Blog (Feb. 4, 2015), https://ukhumanrightsblog.com/2015/02/04/police-not-liable-in-negligence-to-victim-of-domestic-violence-but-article-2-claim-proceeds/.

〔2〕 See Mandy Shircore et al., *Domestic and Family Violence and Police Negligence*, 39 Sydney Law Review 539 (2017).

以抓住强奸犯。[1] 该案引起了加拿大国内外广泛关注,推动了对警察调查性侵行为的审查。

随后在 2011 年的邦妮·穆尼诉不列颠哥伦比亚省案中,法官认为该案中警察对其拒绝协助的家庭暴力受害者负有注意义务,但该案一审被驳回的原因在于警察的拒绝行为与之后发生的事件不存在因果关系。该案中的第一位原告邦妮·穆尼曾向警察投诉其丈夫的家庭暴力升级,寻求警察保护。施害者具有暴力、过失杀人和性侵害的犯罪史,但警察告知她无能为力,建议她申请限制令、待在公共区域。几周后,原告前夫抵达原告家中,枪杀其朋友,伤害其女儿,并在原告设法逃脱后放火自杀。

在上诉审过程中,被告辩称警察只负有针对所有居民的公共注意义务,加强调查行为中的侵权法责任只能导致对公共政策的违反,使警察在资源有限的情况下作出艰难的选择,警察将时间和金钱花费在应对民事诉讼上不符合公共利益,希尔案显然说明了这一点。然而,该案主审法官指出,该案与希尔案完全不同:邦妮·穆尼与一名警察直接接触,警察知悉她面临的受害危险和需要获得保护的急迫性,因此,邦妮·穆尼具有“特殊的独特风险”,和警察之间存在一种邻近关系。警察的职责在于保护公众,在家庭暴力领域该保护职责更应重视,是否针对家庭暴力投诉采取行动的自由裁量权是非常有限的。就因果关系而言,审理法官的多数意见认为,几周之后的袭击行为并非不可预测,相反,“妇女在分手后的短期内面临进一步暴力的风险升级”,根据相关状况可以预测到邦妮·穆尼可能面临的危险。[2]

加拿大上述两个案件都确认了警察存在的注意义务,并结合具体情况排除了希尔案确立的公共政策规则的适用。鉴于加拿大法院愿意质疑希尔案确立的公共政策因素,这意味着在受害者遭第三人伤害的警察过失侵权案件中,公共政策不一定构成阻碍认定警察注意义务的因素。警察同样可能注意到了该问题,故有学者指出,在部分受害者曾向警察寻求帮助但未获得援助

---

〔1〕 See *Doe v Metropolitan Toronto (Municipality) Commissioners of Police (Div. Ct.)* [1990] CanLII 6611 (ON SC).

〔2〕 See *B. M. v British Columbia (Attorney General)* [2004] BCCA 402.

并最终遭伴侣杀害的案件中，其中有几个案件已经起诉，并在庭外解决了纠纷。[1]

三、警察干预家庭暴力之注意义务的证成

过失侵权是侵权法的核心内容，注意义务则是过失侵权的必要构成要件。对注意义务存在与否的判断，通常需要考察可预见性、行为人与受害者之间的联系以及公平正义。警察是否对家庭暴力的受害者承担过失侵权责任的核心在于判断注意义务是否存在，相关争议实则反映了不同的司法目的或考量因素。结合侵权法相关理论来看，在符合注意义务构成要素的基础上，具体案件中可形成警察对家庭暴力受害者的注意义务，这既符合侵权法理论与规定，也有利于通过发挥侵权法的威慑作用来加强对家庭暴力受害者的保护。

（一）过失侵权须证明注意义务的存在

在英美法系之中，侵权法经数百年发展已形成较为完善的法律体系，过失侵权又在侵权法之中占有重要地位。可以说，过失侵权是侵权法最核心的领域，也是一种普遍的侵权行为方式。自19世纪早期英国普通法形成了“过失”的概念以来，现代意义上的过失侵权行为法形成并不断发展。过失行为的一般含义为缺乏注意（careless），法律含义即未达到一个通情达理的人在当时的情况下根据法律所应达到的注意标准。在英格兰法中，该词在侵权法上还指一种独立的侵权行为，即一个通情达理的人在特定情形下应当注意而没有注意从而对他人的人身或财产造成损害的一种侵权行为。[2] 普遍观点认为，过失之诉须包含4个构成要件：存在注意义务、行为违反义务、有因果关系及造成损害。[3] 如果一个人没有注意的法律义务，那么其缺乏注意并不构成过失，由此亦不产生法律责任。

---

〔1〕 See Elizabeth A. Sheehy, *Defending Battered Women on Trial*: *Lessons from the Transcripts*, UBC Press, 2014, p. 86.

〔2〕 参见薛波主编，潘汉典总审定：《元照英美法词典》，北京大学出版社2013年版，第955页。

〔3〕 参见王灏：《普通法系过失侵权责任证成研究》，载《浙江工商大学学报》2017年第4期。

在有关过失的法律中,合理行为标准所要求的注意程度与相应的危险成比例。如果危险增大,那么行为人也就需要承担相应的注意义务。注意义务的理论来自西方的自由主义和个人主义,即每个人只对自己的行为负责,在不妨害他人的前提下具有充分的自由及权利。被告需要对其行为的直接后果负责,而无须对不可预料的后果负责,因为不可预料的后果与其行为之间不能建立起法律上的因果关系。注意义务的内涵实则是个人主义道德观的体现。[1] 根据程度轻重不同,注意一般分为三级(轻度注意、一般注意和高度注意)或五级(轻度注意、一般注意、合理注意、高度注意和最高注意)。[2] 尽管注意义务法定,但并非任何不谨慎的行为都构成侵权或须承担损害赔偿责任,而是需要就是否存在或构成注意义务作出探讨。一般观点认为,注意义务的构成须满足一定要件:危险具有可预见性、能预见的危险可以避免以及负有注意义务的人与受害者之间存在一定联系。英国相关判例确定的判断注意义务存在与否的标准主要考量 3 个要素,既需要考虑可预见性及行为人与受害者之间的联系,又需要结合具体案情考虑为保护一方利益而令他方承担注意义务是否合理公正、符合正义的要求。[3] 其中,可预见性是用来判断注意义务存在与否的基本标准,也是判断被告行为与结果之间因果关系的重要因素,是过失判断的核心概念。[4]

(二)警察注意义务存在与否应然性探讨

对警察注意义务存在与否的论争反映了对该注意义务作用或必要性的不同认识,结合两方论点及理论分析来看,承认注意义务的存在是应有之义。

1. 否认警察注意义务之观点有待商榷

从澳大利亚、英国等国家的司法实践来看,普遍观点否认警察的注意义务,这主要与侵权法的一般原则有关。综合来看,否定注意义务存在的原因主要在于以下方面。

---

〔1〕 参见徐爱国:《侵权法女性主义视角的解读》,载《学习与探索》2012 年第 3 期。

〔2〕 参见薛波主编,潘汉典总审定:《元照英美法词典》,北京大学出版社 2013 年版,第 193 页。

〔3〕 See *Caparo Industries PLC v Dickman* [1990] UKHL 2.

〔4〕 参见于雪锋:《侵权法中可预见性标准的基本功能及其比较》,载《东方法学》2016 年第 4 期。

第一,一个人通常不负有保护他人免受第三方行为伤害的责任,这是一个既定的原则。澳大利亚高等法院在 *Modbury Triangle Shopping Centre Pty Ltd v Anzil* 案中确立了该原则。该案中,原告在购物中心被不明身份者袭击,主张被告购物中心未履行注意义务。法院认为被告对原告不负有注意义务,因为被告没有能力控制或防止随机性的袭击事件。[1] 当然,该一般原则存在一定的例外情形,如被告负有控制某人行为以防其伤害他人的积极义务、一个人具有保护他人免受第三方伤害的积极义务或被告被视为需要对原告"承担责任"的情形等。[2] 具体到该类案件中,警察虽然在保护社区安全方面具有公共责任,但将该公共责任转化为对具体个人的私人责任存在问题,并且一般情况下警察不负有保护具体个人免受第三方行为伤害的责任。

第二,警察不应对个人承担注意义务,否则与其公共责任冲突。该观点认为,如果要求警察对具体个人承担保护其免受第三方伤害的注意义务,即构成上述一般原则的例外情形时,可能会与其所应承担的公共责任存在矛盾或不协调之处。一方面,保障公共安全与保障公众中特定个人免受第三人伤害并不相同;另一方面,承认对个人的注意义务可能影响对公共利益保护的实现。该观点在部分警察存在过失行为的案件中得到了支持,尽管这些案件中的原告往往是接受警察调查的人。[3]

第三,警察因其工作特殊性不承担注意义务。该政策论点来源于英国具有开创性的希尔案所确定的原则。该案中,希尔的女儿在西约克郡被杀,犯罪人在杀害她之前已经在该地区实施了一系列杀害年轻女性的行为。希尔以警察未能及时抓获犯罪人以致其女儿被杀为由起诉,案件经原告两次上诉后由上议院受理。上议院维持原判,驳回了希尔的诉讼请求,主要基于两个原因。一方面,希尔女儿的死亡由犯罪人导致,并非由警察的行为直接造成;另一方面,如果法院认定警察应当承担责任,则会产生大量类似案件的诉讼,这会导致警察将大部分时间和资源用于证明行为合理性上,严重影响其

[1] See *Modbury Triangle Shopping Centre Pty Ltd v Anzil and Another* (2001) 176 ALR 411.

[2] See *Swinney v Chief Constable of Northumbria Police Force* [1996] EWCA Civ 1322.

[3] See *Tame v New South Wales* [2002] HCA 35, Cran v New South Wales [2004] NSWCA 92.

抑制犯罪的职责的履行,并造成财政经费的过度支出,故而从公共利益角度来看不应认定警察负有该潜在责任。[1]

需要指出的是,尽管存在否定注意义务存在的原因,但上述论证有待商榷。一方面,要求警察对家庭暴力的受害者承担注意义务不会与公共利益相违背,保护公众中的特定弱势群体不会给警察的保护公众安全的责任带来额外负担。该注意义务并不是针对所有易受伤害的人,而是在"显著因素"考虑基础上对构成特定联系的家庭暴力受害者承担责任。另一方面,尽管可能需要耗费一定资源及经费支出,但民事诉讼可能对提升警察工作质量发挥作用,从而达到物有所值的效果。同时,在加拿大的相关判例中警察由于未能阻止对妇女实施暴力的过失行为被追究责任,但之后并没有出现大量试图耗费警察资源的类似案例。[2] 因此,该担忧实则可能不成立。

2. 主张警察注意义务存在合理性

主张警察对家庭暴力的受害者存在注意义务的目的主要在于保障家庭暴力受害者的人身安全和正当权益,增加警察对家庭暴力问题的干预。

一方面,注意义务的存在能够减少警察的过失行为,提高警察对家庭暴力受害者的保护力度。相关调研和案例显示,部分家庭暴力案件中警察存在疏忽或过失行为,对家庭暴力的干预程度有限,人身安全保护令的执行存在问题。如果规定警察对家庭暴力受害者具有注意义务,可能在一定程度上提升警察的干预力度和积极性。相反,如果确定警察不会对其过失行为承担责任,那么警察可能怠于采取行动。因此,允许家庭暴力的受害者通过民事诉讼寻求赔偿,能够一定程度上促进独立警察问责制的适用,维护法治和支持侵权责任法上的纠正司法及威慑功能的发挥。[3] 该观点体现了侵权法的赔偿——威慑论的影响,也即在赔偿为首要功能的同时,威慑处于次要地位。在赔偿之外,威慑也是侵权法的目标之一,通过威慑不可取的行为,并赔偿行

[1] See *Hill v Chief Constable of West Yorkshire* [1989] AC 53.

[2] See Nina Vallins, *Police Responses to Family Violence: Recasting a Duty of Care*, 42 Alternative Law Journal 29 (2017).

[3] See Mandy Shircore et al., *Domestic and Family Violence and Police Negligence*, 39 Sydney Law Review 539 (2017).

为导致的损害,从而使行为人在承担损害赔偿责任的同时起到一定的威慑效果。[1]

另一方面,家庭暴力具有特殊性,受害者需要得到警察更多的关注。法律允许家庭暴力的受害者采取合理的自我保护措施,但除此之外,他们唯一的选择就是告知具有保护公众的责任及能力的警察机关。警察独有的资源优势、受害者对警察的依赖以及无法合理期待受害者保护自己免受暴力侵害的事实组合在一起,就导致了警察与家庭暴力的受害者之间形成了特定的依赖关系,从而导致注意义务的产生。[2]如果不能确定该注意义务,受害者不能合法地依赖警察来维护自己的人身安全,那么他们只能寻求私人保安或民间治安团体的帮助,这不符合公共利益。因此,否定该义务的存在不利于保护涉家庭暴力问题的弱势群体的利益。[3]

(三)警察干预家庭暴力之注意义务实然性论证

对注意义务存在与否的裁判论证,则是从对实际法律规定与先例的分析中得出结论。从分析思路来看,英国和加拿大法院往往从注意义务的职责范围出发探讨是否存在注意义务,澳大利亚法院则倾向于通过因素分析的方法来确定新的注意义务。也即,在确定了合理的可预见性之后,确定案件的显著特征并将之应用于其他类似案件中。在该类案件中,如果原告能够建立合理的可预见性,法院承认家庭暴力的独特性、受害者易受施害者伤害的危险以及警察对保护受害者具有独特的权力和责任,那么澳大利亚法院可能能够判定警察对家庭暴力的受害者负有注意义务。正如有观点指出,如果警察知晓某个人面临遭到家庭暴力的危险,那么其应负有注意义务,但是原告须证明警察的行为过失导致其行为未实现预期后果。[4]

---

〔1〕参见余小伟:《"公平责任"是否"公平"——以二十世纪新侵权法理论为视角》,载《政治与法律》2017年第12期。

〔2〕See Stelios Tofaris & Sandy Steel, *Negligence Liability for Omissions and the Police*, 75 The Cambridge Law Journal 128 (2016).

〔3〕See Erika Chamberlain, *To Serve and Protect Whom? Proximity in Cases of Police Failure to Protect*, 53 Alberta Law Review 977 (2016).

〔4〕See Rosemary Auchmuty ed., *Great Debates in Gender and Law*, Palgrave, 2018, p. 23.

其一,就可预见性因素而言,家庭暴力是行为人对受害者进行控制的一种行为模式,往往不是随机或不可预测的,尤其是该行为与重复施害有关,即使确切的时间和地点可能未知,但暴力侵害往往具有较高的可预见性。同时,风险评估工具的适用及发展也为家庭暴力危害增加了可预见性。这种高度可预见性是家庭暴力犯罪区别于其他犯罪行为的重要因素。

其二,警察对受害风险的控制能力可能构成界定是否存在注意义务的决定性因素。家庭暴力案件中,该能力体现为警察控制施暴者的能力,在英国迈克尔案中,警察缺乏对犯罪者的控制是影响注意义务认定的一个重要因素。在家庭暴力案件中,有明确的受害者可能会遭受家庭暴力的侵害,大部分警察可能已经接触过施害者,因此更有可能知晓受害者及其可能遭受侵害的方式。同时,在受害者积极向警察求助的情况下,警察可以利用自己的能力和执法权来为其提供帮助,因此在这种情况下能够具有较高程度的控制。即使在部分案件中,警察无法"直接"控制施害者,但根据相关反家庭暴力立法的规定,警察能够直接控制犯罪者或保护受害者免受侵害,如发布保护通知、采取拘留等强制措施等。[1]

其三,家庭暴力具有特殊性。一方面,家庭暴力的受害者具有法律意义上的脆弱性,即不能合理地期待他们有保护自己免受侵害的能力。受害者往往容易受到施害者的控制,不易与之抗衡,故而在家庭关系中处于弱势地位。警察保障公众安全的法定义务和与人身安全保护令等相关规定使警察有权力来保障家庭暴力受害者的安全。另一方面,根据反家庭暴力立法规定,警察往往有调查家庭暴力问题的强制性责任。因此,对家庭暴力受害者的保护符合相关法律规定与警察的职责,不会与公共利益的维护相冲突。

以上三点构成认定警察干预家庭暴力的注意义务的重要因素,同时,还存在一定的排除条件,即公共政策因素的排除适用。尽管在大多数情况下,判定注意义务的存在可能引发对警察因履行职责行为而遭受损害赔偿的起诉,但也有证据证明警察与其他专业人士一样会因担忧遭遇民事诉讼而提

---

〔1〕 See Mandy Shircore et al., *Domestic and Family Violence and Police Negligence*, 39 Sydney Law Review 539 (2017).

升工作质量,因此,注意义务具有一定的威慑作用。同时,公共政策因素应置于较广泛的案件问题中,如果符合上述条件中的注意义务的存在,构成过失行为,那么在该类案件中保障受害者的权益更重要。例如,美国部分州的侵权法同样排除警察的注意义务,注重公共政策原则的适用,但这些原则也存在例外。一方面,如果警察积极承诺保护某个人,其因该承诺对警察形成依赖,那么在这种情况下可能在个人与警察之间形成了特定关系,以致警察出现过失行为时需要承担责任;另一方面,如果法律明确规定公权力机关应对诸如家庭暴力受害者等特定人群承担责任或特定义务,那么此时注意义务可能也会产生。美国法院往往将两种情况相结合,认定在人身安全保护令执行过程中如果警察需要承担特定义务、受害者对警察形成依赖,那么这种情况下的双方的特定联系显然存在。[1]

早在 2017 年,有观点指出,尽管英国迈克尔案具有很强的说服力,澳大利亚法院仍可能会判决警察对家庭暴力的受害者负有注意义务,从而使警方为过失行为承担赔偿责任。[2] 这在史密斯诉维多利亚州案中得到了体现,该案初步判决为认定警察的注意义务留出了考虑的空间。

四、警察干预家庭暴力机制之合理构建

澳大利亚关于警察干预家庭暴力注意义务的探讨主要从侵权法领域作出分析。除此之外,在国际人权法领域和行政不作为层面都可论证警察干预家庭暴力的正当性。需要指出的是,对警察干预家庭暴力的注意义务的界定或对公安机关过失行为的认定需要遵循一定的原则,从而构建较为合理的警察干预机制。

(一)警察干预家庭暴力之注意义务兼具正当性与合法性

关于警察干预家庭暴力的注意义务存在与否的探讨,反映了对警察干预

[1] See Danielle Lordi, *Police Liability under State Tort Law for Failure to Enforce Protection Orders: The Last Demand for Accountability*, 85 Oregon Law Review 325 (2006).

[2] See Mandy Shircore et al., *Domestic and Family Violence and Police Negligence*, 39 Sydney Law Review 539 (2017).

家庭暴力的合法性与合理性的反思。目前学界及司法界观点倾向于考虑注意义务的认定,反映了对保护家庭暴力受害者尤其是处于弱势地位的妇女的人身安全的重视。英国、澳大利亚、加拿大等英联邦国家普遍通过探讨过失侵权中警察注意义务存在与否来讨论警察干预家庭暴力的限度,而从行政法或人权法的法理分析来看,警察干预家庭暴力具有理论基础和法律依据。

一方面,从人权法和国际责任法角度来看,在家庭暴力领域国家有适当注意义务(due diligence)。联合国为消除对妇女的歧视、争取性别平等,制定了《消除对妇女一切形式歧视公约》(The Convention on the Elimination of all Forms of Discrimination Against Women),1992 年消除对妇女歧视委员会就该公约通过了第 19 号一般性建议,明确指出"公约所指的歧视并不限于政府或以政府名义所做的行为……缔约国如果没有尽力防止侵犯权利行为的发生或调查暴力行为并施以惩罚及提供赔偿,也可能为私人行为承担责任"。该公约要求缔约国尽应有的适当注意义务来阻止私人的罪行。进入 21 世纪以来,在各种国际法上的司法及准司法实践中,适当注意标准在家庭暴力问题中得到了创造性适用,国际社会也逐渐建立了新的国家责任理论:国家不仅需要为侵害妇女人权的国家行为承担法律责任,还需要为没有能够以适当注意来防止、调查或惩处对妇女进行家庭暴力等私人暴力行为承担国家责任。该适当注意标准体现了传统国际法与现代人权法的融合,强调了公权力机关对家庭暴力的注意义务。[1]

另一方面,从行政法角度来看,公权力介入家庭暴力具有正当性。政府有责任和义务来合法有效地行使公共权力,若未履行该法定义务,则构成违法的行政不作为,这也间接地造成对公民合法权益的侵权。[2] 警察机构或警察部门是政府的一个职能部门,主要负责维持公共秩序,促进公共安全,预防及侦查犯罪。[3] 作为范围最大、强制性最显著的国家公权力机关,警察的行

[1] 参见罗清:《反家庭暴力中的国家责任——以适当的注意标准为限》,载《政治与法律》2013 年第 11 期。

[2] 参见赵敏:《服务行政视角下公安行政不作为新探——以警察干预家庭暴力为例》,载《河北法学》2013 年第 8 期。

[3] 参见薛波主编,潘汉典总审定:《元照英美法词典》,北京大学出版社 2013 年版,第 1062 页。

政不作为产生的消极影响更加突出。在服务政府背景下，警察职能的扩张与角色的转变必然导致不作为侵权成为警察干预家庭暴力案件中需要引起关注的重要问题。

（二）警察干预家庭暴力应遵循一定原则

警察权介入家庭暴力案件具有正当性基础，但该介入或干预有一定限度，这也是在对注意义务存在与否的判断中需要根据具体案件状况对各相关因素作出分析的原因。因此，警察在干预家庭暴力过程中，应遵循一定原则。

一方面，应坚持依法积极干预的基本原则。健全反家庭暴力法治，将警察干预家庭暴力的理论正当性转化为合法性规定是诸多国家的做法，警察干预家庭暴力不仅是行使权力的正当方式，也是警察依法应承担的义务。由此，警察应积极履行其承担的义务，积极干预原则是警察干预家庭暴力案件过程中需要遵循的重要原则。积极干预原则既体现在对家庭暴力预防工作的高度重视上，也应体现在具体处置家庭暴力案件过程中及时开展各项法律法规规定的工作，为家庭暴力受害者提供全方位的帮助。〔1〕

另一方面，比例原则应在警察干预家庭暴力的限度或具体案件中注意义务存在与否的判断中发挥作用。比例原则由适当性、必要性和狭义比例原则三个子原则构成，适当性原则强调手段必须适合法律的目的，必要性要求选择最为温和的手段，狭义比例原则要求手段与目的之间是合理、相称和成比例的，也即，比例原则强调所要达成的利益与社会公益或公民权利所受损害之间是否成比例。〔2〕 公安机关在行使职权时的手段和目的之间要有适度的比例，根据比例原则，一方面，警察对家庭暴力介入要兼顾制裁与教育的原则，将预防、制止家庭暴力和一定的惩罚性介入相结合；〔3〕另一方面，针对具体案件中警察是否构成行政不作为或违反注意义务构成侵权的判定，应结合各方面因素作出分析，在保护具体特定的家庭暴力受害者与社会公共利益维护之间作出衡量，从而得出客观、科学的判断。

---

〔1〕 参见张彩凤、沈国琴：《家庭暴力案件中警察权的权限及行使原则——性别平等主义视角下的分析》，载《中国人民公安大学学报（社会科学版）》2009 年第 1 期。

〔2〕 参见陈景辉：《比例原则的普遍化与基本权利的性质》，载《中国法学》2017 年第 5 期。

〔3〕 参见刘昱辉：《论公安机关实施〈反家庭暴力法〉中的不作为问题及对策》，载《中国人民公安大学学报（社会科学版）》2017 年第 3 期。

第五节　2019 年联邦家事审判机构改革及未来改革动向

2019 年的家事司法审查最终报告为澳大利亚家事司法制度的改革提出了 60 条建议。同年底，澳大利亚对联邦家事审判机构进行了改革，将家事法院与联邦巡回法院合二为一，成立了联邦巡回和家事法院，从而构建起统一的联邦家事司法机构，以提升家事司法的效率。同时，结合审查结果和改革建议，澳大利亚国内仍在探讨联邦家事司法改革，并就未来家事司法制度的发展动向作出讨论。

一、联邦巡回和家事法院的设立

2019 年 12 月 5 日，澳大利亚通过议会立法改革了联邦家事法院系统。根据立法，澳大利亚家事法院和澳大利亚联邦巡回法院合并为澳大利亚联邦巡回和家事法院（Federal Circuit and Family Court of Australia）。联邦巡回和家事法院由两个部门组成，第一分部是家事法院的延续，第二分部是联邦巡回法院的延续。联邦巡回和家事法院保留了原有的家事法院和联邦巡回法院的法官队伍，法官具有较丰富的处理家庭法和家庭暴力案件的专业知识和处理经验。

该改革被视为澳大利亚家事司法系统发展的重要内容，将为联邦家庭法事务的处理确立共同的法院规则、惯例和程序，可以提高司法任命的标准，并简化家庭法案件的上诉途径。同时，该改革在一定程度上能够提高家事司法的效率，减少家事法院的案件积压，推动家事纠纷的及时高效解决。

（一）改革原因

改革联邦法院结构在很大程度上与家事司法审查中发现的问题相关。改革之前，澳大利亚的家事法院和联邦巡回法院之间存在管辖权冲突，这导致很多家事案件的审理存在严重的效率低下、诉讼迟延、程序混乱、费用较高等问题，对相关未成年人及其家庭都造成了不利后果。

2018年5月，在法律改革委员会进行审查的同时，澳大利亚总检察长宣布对联邦法院系统中处理家庭法事务的审判机构进行重大结构改革。政府提议通过合并联邦巡回法院和家事法院来建立新的联邦巡回和家事法院，从而为家事案件提供唯一的受理法院和争议解决机制，以确保家事纠纷的及时高效解决，减少案件积压。2018年8月，政府提出了《2018年澳大利亚联邦巡回法院和家事法院法案》(Federal Circuit and Family Court of Australia Bill 2018)，以实施该改革。在参议院对法案进行辩论之前，该法案已经在第45届议会众议院中获得通过。当时，该改革建议受到法律界的反对，因为该改革并未广泛咨询家事法律师、法官等从业人员。最终，该改革在2019年年底实现。

(二)联邦巡回和家事法院的结构设置和程序机制

联邦巡回和家事法院分两个部门，二者共同处理联邦家事案件，从而形成一致的家事案件审理规则和程序，以减少家事案件的积压，促进家事纠纷的及时高效解决，提升联邦家事司法的效率。

1. 法院结构设置

联邦巡回和家事法院包括两个部门。第一分部是家事法院的延续，由家事法院的法官组成；第二分部是联邦巡回法院的延续，由联邦巡回法院的法官组成。联邦巡回和家事法院在一名首席法官的领导下运作，并得到一名副首席法官的支持。首席法官和副首席法官将分别在联邦巡回和家事法院的两个部门中领导一个双重委员会。

第一分部只处理家事案件，第二分部会处理家事案件和一般联邦法律事务。原联邦巡回法院的一般联邦法律事务管辖权和公平工作管辖权不会因该机构调整发生变化，原有的上诉程序亦不会发生改变。[1]

2. 案例管理与程序机制

改革后，联邦巡回和家事法院成为澳大利亚所有家事案件的联邦唯一进入点(single point of entry)，也即唯一受理家事案件的联邦法院。所有的家事

---

〔1〕 See Australia Government Attorney-General's Department, Structural Reform of the Federal Courts Fact Sheet—Overview of Reforms (2019), p. 1.

案件都将先提交给联邦巡回和家事法院第二分部，相关诉讼申请会按照由法官和登记官领导的共同案件管理方法进行处理，其中，该法院会优先处理紧急和高风险个案，并会及时为所有个案分配最合适的分部和最适宜的法官。一旦某个案件已经分给最合适的分部，则该案件之后只能由首席法官在不同分部进行转移。

首席法官有义务确保联邦巡回和家事法院两个分部的审判规则和程序等保持一致，通过出台相关规则为新的法院结构和法官审判工作的开展提供指引。两个分部实施一致的程序和规则，能够使当事人对其纠纷的解决和可能产生的时间和费用成本等问题形成更确切的预期和认知。

鉴于家事案件的特殊性，联邦巡回和家事法院的两个部门的司法人员都须符合在一般法官任职条件之外的额外标准，从而确保其在处理包括家庭暴力在内的家事案件时具有相应的知识、经验和才能。

联邦巡回和家事法院第一分部保留了家事上诉案件的审判权，但是第一分部不设上诉庭，第一分部的法官可以以独任法官或全体法庭成员的身份审理上诉案件。对第二分部和西澳大利亚家事法法官的判决提起的所有上诉都将由一名法官进行审理，除非第一分部的首席法官认为全体法官审理上诉案件更为适宜。通过该改革，联邦巡回和家事法院能够审理更多案件，从而减少案件的积压和等待时间，且该机构改革不会对《1975 年家庭法》中规定的相关上诉权利产生任何变化。

旨在提高联邦家事司法效率的机构合并建议早在 2018 年已经提出，虽然在法律改革委员会的家事司法审查中并未涉及，但家事司法审查也对法院机构设置作出了一定建议。当然，联合巡回和家事法院的设立是否能够在实践中实现其提升联邦家事司法效率的目的，尚待在实践中进一步探索。

二、澳大利亚家事司法系统的发展动向

2019 年法律改革委员会提出了备受期待的家事司法审查最终报告，此次审查被乔治 · 布兰迪斯誉为澳大利亚有史以来最全面的家事司法审查。最终报告对审查中的问题进行了全面讨论和大量磋商，并对收集的 400 余份意

见书进行了详细研究。然而，虽然该报告出台后引发了广泛关注，但政府并未针对该审查报告提出的建议部署改革。[1]

因此，除联邦家事审判机构改革外，目前澳大利亚尚未推行大规模的家事司法改革，法律改革委员会提出的家事司法改革的建议尚未在实践中推行。然而，这并不意味着该改革建议不会发生效力；相反，正如有观点所指出，尽管家事司法系统的发展路径存在困难，但改革和变化必然会发生。[2]

另外，有观点指出，尽管法律改革委员会提出了关于机构改革、儿童事务、透明度和问责制等的全方位建议，并考虑了家庭暴力问题，但法律改革委员会的最终审查报告不足以确保家庭法的立法基础是安全。新南威尔士州女性法律服务局（Women's Legal Service NSW）的莉兹·斯内尔（Liz Snell）强调，在家庭法中应将安全放在第一位。因此，该法律服务局指出最终审查报告关于儿童最大利益判断因素的建议应当进行一定修改，以更好地保障儿童及其照管人的安全，使其免受家庭暴力、虐待或其他伤害。同时，该法律服务局还建议取消要求法院考虑给予父母双方同等照管时间的要求，因为每个家庭的情况各异，应个案分析；增强对家庭暴力案件、律师协助家事纠纷解决等的资源支持；提高与财产相关的透明度和披露要求；等等。正如该法律服务局所指出的，法律改革委员会将家庭法的首要目的定位于提供"公正""快速""有效"的决议，这一定程度上忽略了对儿童和妇女安全的关注。[3] 因此，在推动家事司法系统的及时高效成比例工作的同时，注重对未成年人和弱势群体的安全保障，也是不可忽视的重要目的。

---

〔1〕 See Renata Alexander, *We Don't Need another Family Law Review—We Need to Act on What We Already Know*, ABC News (Sep. 21, 2019), https://www.abc.net.au/news/2019-09-21/family-law-review-unnecessary/11532074.

〔2〕 See Difficult Path Ahead for Family Law Court System but Change must Come, The Age (Nov. 11, 2019), https://www.theage.com.au/national/difficult-path-ahead-for-family-law-court-system-but-change-must-come-20191105-p537g8.html, Nov. 8, 2020.

〔3〕 See Liz Snell, *Urgent Action Needed Now to Put Safety First in Family Law*, Community Legal Centres (Dec. 11, 2019), https://www.clcnsw.org.au/urgent-action-needed-now-put-safety-first-family-law.

第四章

新西兰2014年家事司法改革及其审查

新西兰在2014年对家事司法系统进行了较全面的审查,并随之推动了家事司法改革,此次改革重视对非诉讼纠纷解决机制的适用和对儿童参与权利的保障。尽管此次改革取得了一定效果,但家事司法系统存在的部分固有问题尚未解决,诸多新问题不断呈现。因此,在2019年,新西兰针对2014年改革及其影响作出了进一步审查,提出了完善家事司法系统的建议,为新西兰家事司法系统的进一步发展提供了指引。

第一节　新西兰家事司法改革与审查概述

新西兰在2014年进行了家事司法改革,在取得一定效果的同时存在诸多问题,这也引发了2019年的家事司法审查。新西兰的家事司法改革及其审查直指家事司法系统存在的问题,旨在解决困扰家事司法效率提升和正义实现的困境。在新西兰家事司法改革及其审查中,一方面,家事调解机制构成改革的核心,另一方面,对儿童程序参与、专家引入等程序机制保障的完善也是改革的重要内容。

一、2014年家事司法改革

早在2011年,新西兰当局开展了对家事司法系统的审查工作,并于2014

年发布了家事司法审查报告，随即进行了家事司法改革，以解决家事司法系统中存在的问题。此次改革取得了一定成效，部分措施在实践中产生了一定效果。

（一）2014 年改革背景

2014 年，新西兰之所以推进家事司法审查及改革，主要在于家事司法系统存在诸多问题。推动家事司法制度的现代化，是新西兰家事司法系统发展的必然趋向。

1. 家事司法系统存在问题

2014 年，新西兰政府当局指示司法部对家事法院展开审查。之所以进行审查，主要在于家事法院存在如下问题：（1）对当事人非诉讼方式解决纠纷的支持不充足；（2）当事人和司法程序忽视了儿童的需求；（3）复杂的诉讼程序和流程，容易导致错误操作和诉讼迟延；（4）尽管申请数量相对稳定，但家事法院服务的支出不断增长；（5）国家在家事纠纷解决中的作用定位不明确等。

为实现改革，新西兰对学者、法官、律师、非政府组织、专业团体、社会服务提供者、男性和女性权益组织及政府机构等作出了咨询，发布了公共讨论文件并收集了相关意见。同时，新西兰建立了一个专家外部参考小组，该小组由法官、律师、临床心理学家、咨询协会代表和社会工作者代表等家事法院专业人员组成，他们出具的报告对改革的诸多关键措施表示了支持。

法院在保护弱势群体方面具有重要作用，然而，新西兰在咨询过程中得到的反馈存在一个共同之处，即对抗制程序对当事人解决儿童抚养问题会产生不利影响。国际上的相关研究也佐证了这一点。因此，有人指出当事人通过诉讼方式解决家事纠纷时，也许忽略了诉讼可能对儿童产生的危害。

2. 现代化改革之需求

新西兰将 2014 年家事司法改革的目标界定为推动家事司法系统的现代化、便利化，重在减少当事人之间的冲突，降低法院对抗程序对儿童和家庭关系的不利影响。考虑到相关调研结果和新西兰在联合国人权公约下的责任要求，新西兰家事司法改革重点着眼于如何更好地保护儿童免受父母冲突的影响，并更加重视儿童的观点，同时，鼓励和支持父母在庭外解决纠纷。该改革内容反映了推动家事纠纷的庭外解决和早期介入的家事司法文化发展趋向,这也与英国、澳大利亚等国家的改革发展相一致。

新西兰在 2014 年进行了家事司法改革。该改革自 2014 年 3 月 31 日开始,主要对涉及离异夫妻的儿童抚养问题的相关服务和程序作出了变化。改革的主旨在于鼓励当事人达成协议并防止纠纷的产生或升级,将家事法院的资源集中在不适于庭外解决的紧急或严重案件上,通过流程监护来促进抚养纠纷解决的及时、高效、成比例。在此次改革中,新西兰家事司法系统所采取的改革措施既体现在诉讼外程序的大量引入,也体现在诉讼程序的优化和专业人员作用的发挥。

(二)诉讼外程序之改革

诉讼外程序的改革主要包括:家事纠纷解决机制的引入,离异抚养项目(parenting through separation programme)成为案件进入家事法院的必然程序,以及设立了家事法律咨询服务机构(Family Legal Advice Service)。其中,家事纠纷解决机制是最核心的改革内容。

(三)诉讼程序优化与专业人员的参与

在新西兰家事司法改革中,诉讼程序改革一方面涉及诉讼程序的优化,另一方面则是探讨保障专业人员的参与。

1. 诉讼程序的优化

在改革非诉讼程序的同时,新西兰 2014 年对家事司法程序作出了诸多改革。一个明显的改革措施是限制当事人获得法律援助和法律代表的机会,也即,在案件初始阶段限制当事人获得法律援助或法律代表的机会,除非其符合豁免标准。该项改革的目的在于应对法律援助的成本压力问题,并鼓励当事人在适当情况下通过非诉讼程序解决纠纷。

改革之前,司法管理权力不足影响了法院工作的效率,导致诉讼迟延和高昂的费用支出;因此,新西兰改变了司法程序,赋予法官更大的权力来控制和管理案件。这包括将案件分为不需要通知的紧急诉讼申请程序、经对方同意且不抗辩的"简单"程序和"标准"程序。法院还可根据相关标准将案件归为"复杂案件"之列,如涉及严重的虐待或暴力的指控。同时,在各类程序中还可适用不同的专门会议，这包括：问题会议（帮助法官确定需要解决的问题及是否举行和解会议或听证会）、和解会议（法官帮助当事人自行解决纠纷）、指导会议（法官可对准备审理的案件作出指示和命令）、审前会议（在指导会议之后、开庭之前举行，确保案件可以开庭审理）、案件管理会议（复杂案件可随时举行，法官可通过该会议管理案件进展）。专门会议不具有强制性，在标准程序中都可适用；但简单程序中仅适用问题会议，无通知诉讼程序中仅适用指导会议和案件管理会议。〔1〕

同时，改革规定了适用儿童抚养法的案件的新程序，如案例追踪和指定会议制度，回应关于儿童安全指控的途径等。《2014 年儿童抚养法》第 4 节和第 5 节确立了更广泛的调查方式，以调查搬迁、父母的新伴侣、精神疾病等可能对儿童构成危险的任何情况。儿童的最大利益是首要考量因素，也是涉及儿童抚养问题的所有判决决定中最重要的考虑因素。2014 年改革中强化了第 5 节的规定，要求法院考虑是否已有保护令以及涉及判决的任何书面原因。改革后，法官在认为儿童安全存在危险的情况下，可以下令监督其与已获批准的监护人的联系，这往往发生在儿童可能遭受身体伤害或性虐待危险的情况下。

2. 专业人员的参与

改革之前，除非有特殊情况，当事人在儿童抚养案件中应聘请儿童律师。然而，儿童律师的角色定位令人困惑，律师是否能够表达儿童的观点及其最大利益存疑，儿童律师的能力和培训也引发一定争议。儿童律师的独立性及其在促进当事人达成协议避免进入诉讼程序方面都具有重要意义。2014 年改革旨在更好地促进专业人员作用的发挥。

一方面，将儿童律师的任命限制在法院认为儿童安全存在问题或认为儿童律师参与确有必要时，由此保障儿童律师直接参与确有必要参与的案件，并减少其他案件中儿童与法院任命的专业人员的接触。儿童律师可以表达儿童的观点，并促进儿童最大利益的实现，即使两者之间可能存在矛盾。

---

〔1〕 See Have Your Say on the Family Justice System: A Consultation Document Released by the Independent Panel Examining the 2014 Family Justice Reform (2018), p. 9-10.

儿童律师是否需要会见儿童取决于法官。一般情况下儿童律师应会见儿童,除非特殊情况下法官不允许会见。

另一方面,如果法官在裁判时需要更多信息,那么法官可以要求专业人员出具文化、医学、精神病学或心理报告。心理报告是最常见的专家报告类型。改革之前,心理报告存在缺乏必要性、导致诉讼迟延、无法确定儿童的观点、缺乏对文化多样性的关切等问题。2014 年改革修改了相关规定以改善专家报告的适用,如仅在确有必要且无其他信息来源时才适用专家报告,索取专家报告时应考虑迟延对儿童最大利益的影响,为专家报告引入统一标准简介,明确规范报告撰写人是否需要会见儿童等。

二、2019 年家事司法审查

2014 年改革在取得一定成效的同时也存在很多问题,故而在 2019 年,新西兰针对 2014 年改革后的家事司法系统的发展进行了审查,并提出新西兰家事司法系统的发展建议。

(一)审查之背景

尽管在 2014 年改革时,新西兰家事司法系统存在很多问题,但改革并未直接涉及很多关键问题,如儿童的参与、毛利人的利益、人口日益多样化以及残疾人的利益等。同时,改革举措在发挥一定作用的同时尚存诸多问题。新西兰司法部部长安德鲁·利特尔(Andrew Little)在 2019 年发布审查报告时指出,2014 年改革的目的在于使处于困难状态的家庭更便利地解决争议,然而却产生了相反的效果,案件需要更长的时间才能解决,许多参与司法程序的家庭成员说他们没有得到充分的支持,司法部需要考虑采取更具文化敏感性的方法。总体而言,新西兰的家事司法系统在改革后仍面临诸多问题。

第一,迟延问题较突出。家事司法服务的灵活性与数字化有待提升,家事纠纷解决机制和离异抚养项目程序等庭外纠纷解决程序中也存在迟延问题。之所以出现迟延问题,主要与服务地域的不平衡、缺乏语言和文化多样性、无针对残疾人的综合服务等相关。诉讼早期当事人获得法律咨询的机会有限,通常法律咨询也不提供给未聘请律师的人。家事法院中的迟延在于有限的司法咨询与大量的通知诉讼申请和无通知诉讼申请的矛盾,法官承担着较重的行政工作量,法庭心理学家和某些地区的儿童律师数量有限等。诉讼迟延影响了判决决定在合理期间内的作出,不利于当事人尽早解决纠纷。家事司法服务的线性化、不灵活是导致迟延的重要因素,各项家事司法服务或程序之间未形成良性互动。2014 年推出家事纠纷解决机制时并未进行很好的宣传,在线参与途径不足,家事法院的诉讼文件仍通过纸质系统传送,这在数字化时代已经过时。[1]

第二,儿童对其关心的和影响他们的问题的参与程度有限。新西兰在 2014 年改革中并未探讨儿童程序参与的问题,然而,家事司法系统的发展状况显示,在新西兰,儿童的程序参与有限。儿童的声音是否应当被听取成为家事司法系统进一步发展过程中需要考虑的问题。家事纠纷解决机制中的儿童包容措施多样,但关于儿童参与程度仍存在不同的看法。在法庭上,儿童律师代表儿童表达其观点和最大利益,然而,有观点指出,部分未成年人希望更多地参与到诉讼之中,确保自己的意见被听取。

第三,家事司法程序缺乏包容性和多样性。《2004 年儿童抚养法》(Care of Children Act 2004)没有规定引入毛利人担任家事司法人员,2014 年推出的家事纠纷解决机制服务改革也错过了引入毛利人参与争端解决模式的机会。新西兰的人口组成和文化具有多样性,25%的新西兰人在海外出生,15%的人口为毛利人,12%为亚裔,7%为太平洋岛国人员等。这意味着新西兰的家事司法系统需要提供更为多样化、灵活性的家事纠纷解决机制和程序以满足不同文化背景的当事人尤其是儿童的需求。

第四,新西兰的家庭结构也在不断发生变化。30%至 50%的婴儿尤其是毛利人 50%以上的婴儿出生在父母未婚或未形成民事伴侣关系的时期。约有 28%的婴儿出生在父母事实同居的家庭,有 5.4%的婴儿出生在单身母亲家庭,还有 4%的婴儿父母虽然有婚姻关系但并不生活在一起。人们的家庭和家庭安排具有很大的流动性,这就需要重新去考虑之前基于单核异性家庭

〔1〕 See Ministry of Justice, Te Korowai Ture ā-Whānau: The Final Report of the Independent Panel Examining the 2014 Family Justice Reforms (2019), p. 24-27.

假设所提出的儿童普遍习惯是否准确。同时,越来越多的人生活在大家庭之中,不少儿童的祖父母承担了照顾儿童的责任。[1]

第五,部分当事人参与家事司法存在困难。一方面,单身父母可能在经济上存在问题,尤其是离婚导致的财产分割及搬迁等可能加重一方负担,律师费用等支出对其而言负担较重。另一方面,部分残疾人主张自己很难获得家事司法信息,没有充分获得参与家事司法程序的支持,并且有时可能受到司法系统中法官、律师等专业人士的歧视。很多人主张家事司法系统违反了《残疾人权利公约》(Convention on the Rights of Persons with Disabilities)中规定的义务,也未完全履行《新西兰残疾人战略》(New Zealand Disability Strategy)规定的责任。

第六,家事司法服务不能完全理解或妥善处理家庭暴力及其对儿童的影响。一些家庭暴力的受害者认为他们的受害经历被忽视,他们采取的保护儿童的做法被视为违法行为。家事司法工作人员缺乏对暴力后的创伤及其对纠纷影响的认识。然而,涉及家庭暴力、精神疾病、毒品等家事案件数量增多,此类案件需要更为专业、独特的处理机制,否则会浪费大量的司法资源。正如有研究表明,在家事法院处理的纠纷中,仅有 10%的案件是此类复杂案件,但其可能占用法院 90%的时间。[2] 因此,如何妥善处理该类案件是提升家事司法服务质量的重要因素。

(二)审查之内容

2018 年,新西兰司法部部长设立了独立机构来审查 2014 年家事法院改革。审查小组发布了咨询,收集了公众对家事纠纷解决服务的看法和参与的体验,如是否有调解员、社工或其他专业人员与儿童交流,儿童的观点是否得到倾听和充分表达,调解机制适用的有效性和可操作性等。[3]

---

[1] See Law Commission, Relationships and Families in Contemporary New Zealand He Hononga Tangata, He Hononga Whānau i Aotearoa o Nāianei (2017), p. 30-32.

[2] See Ron Neff & Kat Cooper, *Parental Conflict Resolution: Six, Twelve and Fifteen-month Follow-ups of a High Conflict Program*, 42 Family Court Review 99 (2004).

[3] See Have Your Say on the Family Justice System: A Consultation Document Released by the Independent Panel Examining the 2014 Family Justice Reform (2018), p. 5-6.

在审查过程中,审查小组需要评估的问题包括:(1)法院之外服务的有效性,如家事纠纷解决机制;(2)家事法院程序的有效性,特别是考虑到进入法院的紧急诉讼申请显著增多的情况;(3)专业人士的作用,如律师、儿童律师、家事纠纷解决人员、心理学家等的作用;(4)整个系统是否为儿童最大利益服务,等等。为评估这些问题,需要考虑家事司法系统的可诉讼性、连贯性、灵活性和司法效率,以及是否以儿童为中心等问题。对2014年改革影响的探讨,还应与家庭暴力、抚养、财产等家庭法其他领域的发展相结合。审查小组的任务并非对家事司法系统或家庭司法服务机构进行形式上的审查,而是需要对直接影响家事纠纷解决的事项提出有效建议。[1]

专家小组进行了两次公众咨询,并于2019年6月16日发布了关于2014年家事司法系统改革审查的最终报告。该报告为改变与家事司法服务相关的法律、政策与实践提出了70条建议,这些建议涵盖法律、资源、管理、运行程序及基础架构等内容,也包括与法院和家庭司法服务机构能力提升相关的建议,从而为儿童、残疾人及其他民族的人提供参与家事司法的多样化方式。

(三)审查之建议

审查报告提出的70条建议,集中于便利庭外纠纷解决、优化家事司法程序、促进家庭暴力案件中当事人的保护和儿童程序参与等方面,并提出了对改革后新西兰家事司法系统存在的问题的解决策略。

1. 设立家事司法服务机构以密切各服务之联系

审查小组的主要建议是在家事司法中引入家事司法服务机构(名为“Te Korowai Ture ā-Whānau”),通过该机构将涉及家事司法服务的法院内外因素相结合,从而解决家事纠纷解决相关服务支离破碎的问题。该机构应由司法部设置,通过提供多种途径来保障当事人在适当的时间获得适当的家事司法服务。“Korowai”一词象征着家事司法服务为家事纠纷当事人提供保护、支持的力量。

该机构以儿童为中心,保障家事司法服务的及时、安全和可参与性。该

---

〔1〕 See Ministry of Justice, Te Korowai Ture ā-Whānau: The Final Report of the Independent Panel Examining the 2014 Family Justice Reforms (2019), p. 4-5.

机构将为多样化人群提供服务,并加强对家庭暴力的理解,提升工作的效率,减少费用支出。该机构能够保障当事人在合适的时间获得合适的家事司法服务方式,无须遵循严格的线性流程。在组成方面,该机构由司法部、家事法院、离异抚养项目和家事纠纷解决机制服务提供者、律师、顾问、专业报告撰写人、相关社会组织和社区机构组成,各部门服务保持独立。同时,各部门会通过定期会议分享相关知识、经验和专业发展内容,以更好地为当事人和儿童服务。[1]

2. 修改相关立法以保障家庭暴力案件中的儿童安全

针对家庭暴力和儿童安全问题,报告提出了相关建议,主要通过修改法律的方式保障儿童的安全。

第一,修订《2004 年儿童抚养法》,使法官可以在指控有争议的情况下及时发现暴力或虐待事实或者进行持续的风险评估,认识到风险的动态性和不可预测性。

第二,修订《2004 年儿童抚养法》,制定家事法院判断儿童安全问题的相关因素清单,这包括:(1)所使用暴力的性质、严重性和频率;(2)是否存在较长历史的暴力模式或暴力威胁,如强迫性、控制性行为及导致或可能导致儿童或其抚养人持续受到伤害的行为;(3)发生进一步暴力行为的可能性;(4)暴力对儿童造成的身体或精神伤害;(5)儿童在被抚养或与暴力者接触方面是否安全;(6)儿童对此事的任何看法;(7)施暴者为防止进一步暴力的发生而采取的任何步骤;(8)社区或负责儿童福利的其他组织的参与或监督;(9)影响当事人保障儿童安全能力的任何严重精神健康状况,以及为解决该状况所采取的措施;(10)任何会影响当事人和儿童安全的药物或酒精问题,以及为解决这些问题所采取的措施;(11)法院认为相关的任何其他事项。[2]

第三,修订《2004 年儿童抚养法》和相关规则,以便家事法院能够要求警方提供有关家庭伤害或家庭暴力事件的相关信息并要求受监督的联系人提

---

[1] See Ministry of Justice, Te Korowai Ture ā-Whānau: The Final Report of the Independent Panel Examining the 2014 Family Justice Reforms (2019), p. 29.

[2] See Ministry of Justice, Te Korowai Ture ā-Whānau: The Final Report of the Independent Panel Examining the 2014 Family Justice Reforms (2019), p. 42-51.

供报告。同时,指示司法部与法官和相关专业机构合作,确保家事司法专业人员能够持续接受有关家庭暴力的培训。

第四,修订《2018 年家庭暴力法》(Family Violence Act 2018,2019 年 7 月生效),使相关儿童能够使用该法规定的安全计划。

3. 促进当事人尽早达成协议

鉴于 2014 年改革存在的当事人参与不足等问题,审查小组建议司法部设立包含多种资源的统一系统,包括用于离婚和儿童抚养争议处理的专门网站、基于儿童年龄等设计的网上儿童互动区域、阐释不同家事司法服务专业人员作用的信息、向祖父母或大家庭成员提供的监护权问题相关信息、涉及家庭暴力的儿童抚养信息、以英语之外的语言提供的多语言信息、有关政府资助系统之外的资助或支持的信息等。同时,司法部应当开展持续的提升公众法律意识的活动,从而鼓励当事人尽早了解有关家事司法的范围及相关服务的信息,并促进相关资料的数字化发展。另外,报告建议修改《2004 年儿童抚养法》,以便在争端早期为当事人提供时长为 3 小时的、政府资助的、具有针对性的咨询服务,当事人可在该服务中就儿童抚养问题达成协议。

4. 优化家事司法程序

为解决家事案件数量增加、诉讼迟延、专业人员作用发挥有限等问题,审查小组评估 2014 年改革的效果,并就法院在职员工、司法资源、律师和心理学家参与、案件追踪和费用分摊等问题提出了建议。

报告建议修订《1980 年家事法院法》(Family Court Act 1980)以明确家事司法协调员的作用,将其职能界定为:通过电子途径提供诉讼程序相关信息和指南;鼓励当事人适用咨询、家事纠纷解决机制等非诉讼方式解决纠纷;将所有的通知诉讼申请分类提交家事法院;建立与维持和家事司法领域的联系。同时,该法修改了关于家事法院书记员的地位及其职责范围的规定。

在修改相关法律的同时,司法部应采取措施适当调整家事法院书记员的责任,以增加审判时间;应考虑增加家事法院法官数量以减少诉讼迟延,并提倡在司法人员任命中考虑增强文化多样性。在儿童律师方面,报告建议修改《1980 年家事法院法》,纳入儿童律师的任命标准,规定儿童律师有义务向客户解释诉讼程序。同时,审查小组建议邀请新西兰律师协会加强对儿童律师的专业培训和监督,邀请家事法院法官修改家庭法业务说明。另外,报告建议司法部与新西兰心理协会(New Zealand Psychological Society)、新西兰临床心理学家学院(New Zealand College of Clinical Psychologists)合作来增加专业报告撰写人的数量;同时,应修改《2004 年儿童抚养法》,对心理报告的撰写作出规范要求。[1]

第二节　家事调解机制:改革的核心内容

调解是家事纠纷解决的重要途径,其在当今家事司法实践中的重要性不断加强。家事调解制度的适用可以避免诉讼途径解决家事纠纷存在的诉讼迟延等问题,促进争议的和平解决。由此,扩大调解机制在家事纠纷解决中的适用成为各国家事司法系统发展中的重要内容,这在近年来各国家事司法改革中尤为突出。新西兰自 1981 年设立家事法院以来不断推进家事调解制度的发展,在 2014 年家事司法改革中引入了名为"家事纠纷解决"的调解机制,并将该机制作为诉讼之前的必经程序强制适用。家事纠纷解决机制的引入在发挥作用的同时尚存问题,并在 2019 年家事司法审查中得到了诸多修改建议。如何合理构建该制度,合理发挥家事司法中调解机制的作用,新西兰家事司法改革及其审查中的探讨在一定程度上能够提供借鉴。

一、调解制度改革:家事司法系统发展的必然方向

调解等非诉讼方式是解决家事纠纷的重要途径,为各国家事司法系统所重视。新西兰自 1981 年设立家事法院以来,不断推动家事司法系统的发展,调解制度等庭外纠纷解决制度的发展是其中的重要内容。这既与家事纠纷的特殊性和诉讼迟延等问题相关,也基于调解等非诉讼纠纷解决机制的独特优势。

〔1〕 See Ministry of Justice, Te Korowai Ture ā-Whānau: The Final Report of the Independent Panel Examining the 2014 Family Justice Reforms (2019), p. 77-90.

（一）新西兰的家事司法与调解制度

为促进家事纠纷以私人的、更少对抗性的方式解决，新西兰在1981年设立了家事法院，引入了咨询和法官主导的调解等家事纠纷解决方式。咨询最初集中于和解，如果和解不成可进行调解。在咨询过程中，各方当事人应摒弃彼此的仇恨情绪，专注于其父母角色。法官主导的调解是法院诉讼程序中的可选内容，在调解中父母有机会尝试和法官一起解决问题，法官可在当事人双方一致同意后发布判决令。家事法院希望提供以司法为最终途径的调解服务，而非带有调解服务的司法。然而，在家事司法发展过程中，所有的调解服务必须通过法院来进行，而且调解成为法律程序的一部分而非当事人的首要选择。

同时，法院也成为家事司法系统关注的重点，并且家事法院存在的问题逐渐凸显，如司法逐渐成为纠纷解决的首要选择、家事司法的有效性和可持续性受到损害、存在争议的判决显著增多、家事诉讼迟延和费用高昂、缺乏案件分流机制等。即使是在非诉讼纠纷解决机制更为适宜的情况下，人们也普遍选择诉诸法院。

针对这些问题，新西兰的家事法院进行了一系列审查与改革，如1993年波希尔法官（Peter Boshier）主导的家事司法审查、2003年法律委员会主导的"家事法院中的争议解决"等。这些审查都对家事法院存在的问题进行了探讨，并提出了一系列解决方案，如鼓励通过庭外调解方式替代诉讼。2003年审查对家事法院的行政、管理和诉讼程序等的可行变革作出了探讨，建议在法院之外引入非司法调解，从而避免不太复杂的家事纠纷诉诸司法，促进此类案件的及时解决，并减少当事人的费用支出。〔1〕为回应法律委员会的建议，2005年，新西兰司法部在4个法院进行了由调解员主导家庭调解的试点活动，试点结果显示调解的效率较高。〔2〕基于相关研究和国际经验借鉴，新西兰将家事调解视为一项应长期存在的服务。

〔1〕 See The Law Commission, Dispute Resolution in the Family Court (2003), p. 67-81.

〔2〕 See Peter Boshier, Nicola Taylor & Fred Seymour, *Early Intervention in New Zealand Family Court Cases*, 49 Family Court Review 818 (2011).

2007 年,工党政府提出了《家事法院事项法案》(Family Courts Matters Bill)。它一方面规定了适用家事调解来解决与儿童抚养及探视、监护权相关的诉讼和非诉讼纠纷;另一方面规定应为儿童提供咨询服务以帮助其在调解之前阐明观点,或在法官判定儿童需要特别协助时提供该服务。2008 年,家事法院事项立法通过,上述规定载于《2008 年儿童抚养修正案》(Care of Children Amendment Act 2008)中但并未生效。尽管如此,家事法官找到了引入调解的间接方式,即法官有权任命一名律师"协助法院",即"法院之友"(Court Friend),该任命可以扩展至引入一名具有适当资格的律师协助法院进行调解。[1]

2010 年,新西兰引入了早期干预程序(early intervention process),将家事案件分为需要法官早期干预(紧急情况)和更有可能通过咨询、调解等其他方法作出处理(标准路径)两种情况。在后一种情况中,一旦咨询结束,律师可以协助当事人进行调解。该改革被认为是新西兰家事法院 30 年来发展过程中的重要里程碑;能够有效减少诉讼迟延问题,避免因儿童抚养引发的家庭冲突升级;是自 1981 年家事法院成立以来最全面的改革。[2]

(二)庭外纠纷解决方式之优势

对比对抗制诉讼程序和非诉讼纠纷解决方式,后者存在一系列优势。其一,诉讼结果强加于当事人,可能效力并不持久;非诉讼方式达成的协议对当事人而言可能更为适宜,效力更加持久。其二,前者没有充分关注儿童的需求,可能导致当事人关系恶化;非诉讼方式达成的协议能够更好地应对不断变化的状况,相对更加灵活。其三,诉讼方式可能加剧或激化当事人的矛盾,这会对儿童及当事人未来关系的发展造成不利影响;非诉讼方式能够帮助儿童父母增强交流,促进其关系稳定。其四,诉讼方式费用高昂,时间较长;非诉讼方式能够节约情感和经济成本。其五,在部分案件中,诉讼方式可

---

〔1〕 See Bill Atkin, *Controversial Changes to the Family Justice System in New Zealand: Is the Private Law/Public Law Division Still Useful*, 29 Policy and the Family 183 (2015).

〔2〕 See Peter Boshier, Nicola Taylor & Fred Seymour, *Early Intervention in New Zealand Family Court Cases*, 49 Family Court Review 818 (2011).

能并非解决问题的恰当方式，非诉讼方式则提供了更便捷、符合比例原则的方式。

二、2014 年改革中家事纠纷解决机制的引入

2014 年改革中，家事纠纷解决机制是诉讼外程序改革的主要内容，也构成改革的核心内容。家事纠纷解决机制的引入取得了一定成效，但也存在问题。

（一）家事纠纷解决机制的引入

家事纠纷解决机制是一项调解服务，旨在帮助离异夫妻达成离异后儿童抚养的相关协议，形成比审判更便捷、费用更低、压力更少的纠纷解决方式。在该服务中，调解员以中立地位协助各方进行交谈并达成一致。调解员必须设法帮助当事人达成能够符合儿童最大利益的协议，并可帮助儿童的父母或其他监护人就儿童的相关问题达成合作和交流。

家庭纠纷解决机制具有强制性；当事人向法院提交诉讼申请前必须参加该项目，除非其获得豁免。根据《2013 年家事纠纷解决法》（Family Dispute Resolution Act 2013）第 12 节的规定，当事人获得豁免应基于如下理由之一：（1）至少一方当事人或其子女遭受另一方施加的家庭暴力；（2）项目提供者基于合理理由认为纠纷不适用该机制；（3）由于一方当事人拒绝参加或拒绝继续参加该项目，项目提供者可认定机制不宜开始或继续。[1] 项目提供者需要将原因记录在纠纷管理系统中，司法部可据此报告该项目的参与结果。调解达成的协议不具有执行力，只有当一方当事人将该协议提交法院申请执行令时才会产生效力。

家事纠纷解决机制主要涉及三项核心活动，即评估、调解准备和调解。评估包括评估当事人适用家事纠纷解决机制的有效性及其费用承担能力。调解准备是一项自愿项目，其通过相关学习工具提升当事人对儿童的关注和情感管理，以帮助当事人更好地参与到家事纠纷解决机制中，提高效率。调解准备服务主要由经过专业机构认证的咨询师提供；讨论的事项保密，不会

---

〔1〕 See Ministry of Justice, Exemptions from Family Dispute Resolution (2017), p. 3.

报告给另一方当事人的调解员。调解服务可能分多次会话进行，持续几个月。在家事纠纷解决机制中，政府为低于民事法律援助标准的人提供全额资助(12 个小时的调解或调解准备)；如果一方当事人没有获得政府的全额资助，他们需要为每次调解支付不高于 448.5 美元的费用。

(二)改革之推进

自 2014 年 3 月 31 日改革实施以来至 2018 年 5 月 31 日，该项目已开展了 5630 次调解，并取得了一定成果。接受采访的当事人和专业人士普遍支持通过庭外调解的方式解决当事人纠纷，这与诉讼程序的耗时较长和费用支出较多相关。当事人通常对调解评估、准备调解及初步法律建议等阶段表示满意，故而其对家事纠纷解决机制的印象主要取决于集中调解环节。除调解结果外，当事人的积极评价取决于如下因素：集中调解按照预期方式进行；调解员能够创造双方当事人意见被听取的安全环境；当事人没有必须达成协议的压力；由专业人士担任调解员等。[1] 65%的参与者解决了所有问题，还有 14%的当事人解决了部分争议问题。仅使用该途径的当事人解决纠纷的速度最快，使用该项目和其他非诉讼纠纷解决机制的当事人次之，需要法院干预的最慢。

家事纠纷解决机制专业人员和组织代表支持用庭外调解的方式解决家事纠纷，并根据相关实践分析指出父母合作安排抚养计划能更有利于儿童及其父母。一些家事法院法官和工作人员也自发地表示支持庭外争议解决；认为如果当事人通过家事纠纷解决机制解决了一些问题，诉讼过程的效率也会相应提升。[2]

(三)家事纠纷解决机制尚存问题

家事纠纷解决机制面临一个重要问题，即参与度较低，诸多当事人获得了豁免或仍选择诉诸诉讼。例如，2016 年 7 月 1 日至 2017 年 6 月 30 日，新西

[1] See Ministry of Justice, Evaluation of Family Dispute Resolution Service and Mandatory Self-representation (2015), p. 5-6.

[2] See Ministry of Justice, Evaluation of Family Dispute Resolution Service and Mandatory Self-representation (2015), p. 13.

兰共进行了1561项家事纠纷的调解工作，然而，同一时期的豁免数量达到1542项，并且有1272项（83%）豁免是由于一方当事人不参加家事纠纷解决机制所致。[1] 相关调研显示，当事人参与度低的原因主要在于当事人拒绝参与（40%）、无法联系到当事人（23%）以及成本问题（14%）。当事人普遍认可庭外纠纷解决方式，但他们对调解可能达成的结果、前任伴侣是否举止得当和能否控制情绪等表示担忧。他们往往认为纠纷最终不可避免地需要通过家事法院解决，过往经验显示通过调解很难达成持久的协议。部分当事人希望通过参加家事纠纷解决机制来显示其为理性一方，从而在诉讼中更有利；部分当事人坦言直接将纠纷诉至法院更能够节省时间和金钱，尤其是能够获得具有法律效力的判决。[2] 另外，不知晓家事纠纷解决机制、该服务的收费问题或者当事人私下解决抚养安排等也是该项目参与度低的原因。

同时，该项目存在的问题或隐忧还包括如下六个方面。第一，筛查的安全性和充分性存疑。有利益相关者担忧该服务提供者对家庭暴力的筛查不够，导致某些家庭暴力案件进入了该非诉讼纠纷解决程序中。第二，对文化和其他需求的回应不够。家庭纠纷解决项目旨在保持灵活性以满足所有参与者的需求；然而目前尚未开发出正式的、足以满足各类社区群体需求的形式，尤其是针对毛利人、移民和残疾人等。第三，儿童意见的听取有待加强。该项目旨在开发儿童包容程序，这也是该服务提供者应具备的技能，但目前尚未开发出正式模型或程序来保障儿童意见的听取。第四，迫于压力达成协议。2015年关于该项目的评估显示，部分当事人在达成协议时有时限压力。为解决该问题，该项目时间已延长至12小时。第五，调解协议的持久性和可执行性存疑。通过该项目达成的调解协议没有法律约束力，除非一方当事人向法院起诉获得执行令。第六，现有程序存在问题，法院无法将案件转介给该项目。法官可以指示各方在判决作出之前参加该项目，但是没有任何程序使法院可以追踪调解的进展或将案件退回法院。由于无法充分期待调解结

[1] See Ministry of Justice, Exemptions from Family Dispute Resolution (2017), p. 1.

[2] See Ministry of Justice, Evaluation of Family Dispute Resolution Service and Mandatory Self-representation (2015), p. 12.

果或受诉讼时限限制,法官可能不愿将案件转介给该项目。

三、2019 年审查中家事纠纷解决机制之优化

2014 年改革尽管取得了诸多成效,但改革后仍存在诸多问题,家事纠纷解决机制的引入并未充分发挥预期效果。审查报告对家事纠纷解决机制的优化提出了相关改革建议。

报告建议修改《2004 年儿童抚养法》,允许当事人一方在未事先参加家事纠纷解决机制的情况下向法院申请监护人令,但需要该方当事人提供在诉讼前为达成协议作出努力的证据。如果当事人没有为达成协议作出尝试,则家事法院可要求当事人参加家事纠纷解决机制,除非有充分理由豁免。家事法院在适当情况下可多次提及或推荐家事纠纷解决机制的适用,并可指示当事人参加、设定相关时限并获得报告结果。另外,报告建议修改法律以允许儿童律师参加法院主导的家事纠纷解决机制。[1]

为加强家事纠纷解决机制的适用,报告建议为所有参与者提供全额资助,修改家事纠纷解决机制相关规则以提供更多的争议解决路径。同时,司法部可以通过加强与其他机构的合作和联系来改善家事纠纷解决机制的参与状况,并努力改善家事纠纷解决机制工作人员的文化多元背景教育,设置便于参与的家事纠纷解决机制的在线访问方式。

四、新西兰家事调解制度之发展趋向

新西兰家事司法改革中引入了名为家事纠纷解决的调解机制;该机制效果与问题并存,引发了 2019 年审查报告中关于扩大该机制适用的建议。从新西兰家事调解制度的发展趋向来看,家事纠纷解决机制的性质尚未得到明确界定,调解效果存疑。在该制度运行过程中,儿童参与的缺失是始终存在的重要问题。同时,调解制度的强制适用亦引发诸多争议;如何在私力解决家事纠纷和公权力介入以保障公共利益之间形成平衡,是新西兰家事调解制度

---

〔1〕 See Ministry of Justice, Te Korowai Ture ā-Whānau: The Final Report of the Independent Panel Examining the 2014 Family Justice Reforms (2019), p. 55-69.

在发展过程中需要探讨的问题。

（一）新西兰家事纠纷解决机制缺乏明确界定，调解效果存疑

新西兰家事司法改革中引入的家事纠纷解决机制的性质有待明确，调解制度的有效性存疑。有学者指出，新西兰家事司法改革中引入的家事纠纷解决机制的本质是调解制度，“家事纠纷解决”的名称只是对澳大利亚或英国相关词汇的模仿。尽管该项目的引入增强了调解制度的灵活性和可适用性，但新西兰在改革中并未明确说明“家事纠纷解决”的含义。同时，调解的作用存在局限性，将调解作为解决所有家庭破裂问题的灵丹妙药并不科学。[1]

新西兰的家事纠纷解决机制与英国家事司法改革中的调解信息评估会议制度相似，但性质存在区别。英国在2011年开始的家事司法改革中引入了调解信息评估会议，并强调该制度在家事私法案件中的强制适用。根据英国《2014年儿童与家庭法》，调解信息评估会议并非调解本身，而是由调解员和双方当事人参与的、旨在评估调解可行性的会议，当事人在提出诉讼申请之前必须参加该会议。该制度适用于涉及儿童抚养及财产争议的家事诉讼；存在家庭暴力等情形可豁免，但部分豁免的适用需要提供有效证据。尽管该制度并非事实意义上的调解，仅在于传达调解相关信息及评估调解机制在具体案件中适用的可行性；但该制度引入的目的在于扩大调解的适用范围，推动更多案件通过调解等非诉讼方式解决。有观点认为调解信息评估会议应改为“纠纷解决信息评估会议”，以增强可选择的非诉讼纠纷解决机制的范围，更好地促进纠纷解决。[2] 可以明确的是，调解信息评估会议并非调解本身，其与新西兰家事纠纷解决机制在性质上有所区别。

（二）儿童参与始终是家事调解制度面临的核心问题

儿童参与问题始终是调解制度适用所面临的问题。相关研究表明，儿童的声音在家事诉讼中经常被忽视，在调解中更是鲜有表达。《儿童权利公约》

---

〔1〕 See Bill Atkin, *Controversial Changes to the Family Justice System in New Zealand: Is the Private Law/Public Law Division Still Useful*, 29 Policy and the Family 183 (2015).

〔2〕 See Rosemary Hunter et al., *Mapping Paths to Family Justice: Matching Parties, Cases and Processes*, 44 Family Law 475 (2014).

第 12 条明确规定了儿童的意见表达权利。允许儿童在影响他们未来发展的家事纠纷解决中表达自己的观点,对判断他们的最大利益具有重要作用。英国家事司法改革的实践也说明了这一点。改革之前,在离婚等家事纠纷的调解过程中,儿童的参与度较低,涉及儿童最大利益的儿童的想法和意见在调解中很难得到倾听或直接体现。〔1〕 在家事司法改革过程中,英国家事调解程序中儿童的程序参与得到了推进。接受过儿童顾问培训的专门调解员可以直接与儿童交流,知悉其感受与想法,并经儿童同意后将其感受与想法告知儿童父母,从而鼓励儿童父母从儿童的角度出发考虑家庭关系状况。〔2〕 英国家事调解程序中的儿童参与取得了一定进展,但仍然存在很大的提升空间,有待与诉讼中相关改革并进。〔3〕 另外,调解中的儿童参与同样需要调解员评估其必要性及可行性,并非所有案件都需要有儿童参与,但是,强调儿童参与强化了家事案件调解的原则,即家事司法系统运作的首要原则——儿童最大利益原则。〔4〕

新西兰在改革及审查中强调了儿童参与的重要性,但《2004 年儿童抚养法》的相关规定并不约束家事纠纷解决机制。在该项目中,儿童没有参与的权利,也没有获得律师代表或任何形式听证的权利。同时,立法亦未规定调解员有了解儿童观点的义务,这导致在纠纷解决中,协议的达成主要取决于当事人及调解员;儿童的观点无法表达,这可能会影响到儿童最大利益的实现。〔5〕 无论是新西兰的改革,还是澳大利亚或英国的相关制度,都未能妥善解决该问题。尽管各国家事司法系统对《儿童权利公约》的重视程度普遍提

---

〔1〕 See Adrian James et al., *The Voice of the Child in Family Mediation: Norway and England*, 18 The International Journal of Children's Rights 313 (2010).

〔2〕 See Sarah Blackmore & Jacqui Thomas, *Reforming Family Justice: A Guide to the Family Court and the Children and Families Act* 2014, Jordan Publishing Limited, 2014, p. 104-105.

〔3〕 See Janet Walker, *How Can We Ensure that Children's Voices are Heard in Mediation*?, 43 Family Law 191 (2013).

〔4〕 See Chris Barton & Judith Pugsley, *The Voice of the Child: Are Mediators Listening*?, 44 Family Law 357 (2014).

〔5〕 See Bill Atkin, *Controversial Changes to the Family Justice System in New Zealand: Is the Private Law/Public Law Division Still Useful*, 29 Policy and the Family 183 (2015).

升，但在具体的实践层面仍然需要谨慎监督与不断完善。[1]

（三）家事调解的强制适用尚存争议

无论是新西兰家事司法改革中的家事纠纷解决机制，还是英国、澳大利亚以及我国家事审判改革，均强调通过调解等非诉讼方式解决家事纠纷。这一方面在于调解方式的优势和家事案件的特殊性，另一方面也在于非诉讼方式有利于解决诉讼迟延等问题。鉴于家事案件的人身属性和隐私性，减少公权力机构的参与被认为是较好的推动纠纷解决的方法。然而，有学者对该观点提出异议，认为引导法律不干预家事纠纷使家事纠纷变得不合法化，会对家庭生活中的正义产生不利影响。尽管家庭隐私非常重要，但该家庭自治不能脱离社会环境、公众及其可能产生的社会后果，因此，家庭纠纷的解决应当根据相关程序正义、法律权利、社会价值等规则加以审查，而非由当事人以保障其自主权的名义自行决定。[2]

虽然家庭自治具有重要作用；但过分强调家庭自治可能会损害法治和正当程序等法治原则，导致人们对现代社会中家事法院的作用产生误解。良好的家事司法制度不仅应当有利于当事人，还需要有利于保障儿童、其他家庭成员与涉及案件相关的第三人的利益。从这个角度来说，家事法院的存在不仅是为了解决纠纷，还是为了更广泛的公共利益的考虑。在家事案件中，除了夫妻感情破裂之外，还存在心理健康、酒精及药物滥用、虐待等引发公众关注的因素，此时通过公权力机构的参与保障儿童的安全和利益具有必要性。由此，有学者认为调解制度不应作为强制性的前置程序或全面取代家事司法，而是应该作为以与其地位并列的、具有竞争性的纠纷解决方式存在。[3]因此，尽管调解机制在家事纠纷的解决方面发挥了重要作用，但家事司法的作用不局限于纠纷的解决，涉及抚养权、家庭暴力等因素的案件还包含保障

[1] See Ton Liefaard & Jaap Doek eds., *Litigating the Rights of the Child: The UN Convention on the Rights of the Child in Domestic and International Jurisprudence*, Springer, 2015, p. 61.

[2] See Alison Diduck, *Justice by ADR in Private Family Matters: Is It Fair and Is It Possible?*, 44 Family Law 616 (2014).

[3] See Bill Atkin, *Controversial Changes to the Family Justice System in New Zealand: Is the Private Law/Public Law Division Still Useful*, 29 Policy and the Family 183 (2015).

儿童或弱势当事人利益等因素。[1] 因此，调解等非诉讼纠纷解决机制与家事司法之间不存在替代关系；而是应当相互结合，并在部分案件中应当保障法院的尽早介入，以免损害未成年人或当事人的合法权益。由此，法院鼓励而非强制适用调解机制更为适宜。

家事案件的特殊性使调解等非诉讼方式在家事纠纷解决中具有独特优势，各国在家事司法改革中普遍加强调解等非诉讼纠纷解决机制的适用以缓解诉讼迟延等问题。新西兰在 2014 年家事司法改革中也引入了名为家事纠纷服务的调解机制，并规定了该机制在诉前阶段的强制适用，在取得一定效果的同时尚存诸多问题。在 2019 年家事司法审查中，针对家事纠纷机制存在的问题，审查报告提出了多途径修改建议以扩大该机制的适用。然而，如何合理构建该制度，保障调解机制的作用发挥和未成年人在该机制中的参与，准确界定强制适用该机制的性质，有待在审查之后的进一步改革中完善。

第三节　儿童最大利益维护的程序机制完善

在新西兰家事司法改革及后续审查过程中，对儿童最大利益原则的维护始终是备受关注的重要内容。儿童最大利益是新西兰家事司法的首要原则，司法应保护未成年人的安全并给予未成年人合理的参与机会。2014 年的家事司法改革涉及儿童最大利益原则的改革措施较少，部分立法建议并未实施，改革后的家事司法系统仍然存在儿童程序参与较少、儿童安全有待进一步保障等问题，这在 2019 年新西兰家事司法审查中得到体现。通过相关程序机制的完善和具体案件处理过程中对未成年人权益的考量，在家事纠纷尤其是抚养纠纷中以儿童最大利益作为首要因素和指导原则，是新西兰家事司法制度改革及发展的基本内容。

---

[1] See John Eekelaar, *Family Justice: The Work of Family Judges in Uncertain Times*, Bloomsbury Publishing, 2013, p. 25-26.

一、儿童程序参与:儿童最大利益原则的典型体现

儿童在与其相关的决策作出过程中的参与是一个正在不断发展的领域。这反映了社会科学领域对儿童及儿童的社会观点的观念转变,也是《儿童权利公约》规范的儿童参与权利的体现。未成年人的意见和观点是反映儿童最大利益的重要因素,但在家事司法程序中,往往存在儿童参与不足、儿童的意见和观点得不到倾听的问题,影响未成年人对涉及他们人生的重要判决的作出过程的参与。在 2014 年家事司法改革中,儿童程序参与不足问题仍较为明显,这使 2019 年的家事司法审查将该问题作为典型问题强调,并提出了立法修改建议。

(一)新西兰家事法院中的儿童参与

根据《1968 年监护法》(Guardianship Act 1968)第 23(2)条的规定,如果儿童能够表达其意愿,家事法院在审理家事案件中应当确定儿童的意愿,并且法院应在适当程度上考虑儿童的意愿,如在一定程度上考虑儿童的年龄和成熟程度。新西兰于 1993 年批准了《儿童权利公约》,关于儿童参与的研究和理论不断发展,并在《2004 年儿童抚养法》取代《1968 年监护法》时引入了更广泛的法律规定:“在涉及儿童抚养或为儿童提供日常照管或与儿童接触的诉讼中……必须给儿童以合理的机会就影响儿童的事项发表意见;并且必须考虑儿童(直接或通过代表)表达的任何观点。”《2004 年儿童抚养法》不再使用传统的“年龄和成熟程度”标准,用更广泛的“观点”一词代替了“意愿”,并且要求法院考虑儿童表达的任何观点,不再将儿童的年龄和成熟程度作为限制要件。在家事司法程序中,新西兰一般通过两种机制来确定儿童的观点:一是通过法院任命的代表儿童的律师,二是法官在法庭中会见儿童或在儿童律师在场的情况下法官直接会见儿童。[1]

(二)2014 年改革:未提出儿童参与决策的具体建议

根据《2004 年儿童抚养法》,儿童的福利和最大利益是相关决定作出的首

---

〔1〕 See Nicola Taylor & John Caldwell, *Judicial Meetings with Children: Documenting Practice within the New Zealand Family Court*, 3 New Zealand Law Review 264 (2013).

要因素和指导原则。该法规定应当保护儿童的安全,并需要给予未成年人合理的机会表达其观点,相关决定的作出应当将未成年人的观点考虑在内。2014 年家事司法改革试图使抚养纠纷的处理更加顺应儿童的需求和利益,然而,此次改革中未提出关于儿童参与决策的具体建议。同时,新西兰在 2014 年改革中引入了家事纠纷解决机制,帮助新西兰的相关家庭在压力较小的环境中解决儿童抚养争议。在家事纠纷解决机制中,可以开发包容儿童参与的调解模式,从而促进调解机制中未成年人的程序参与或意见表达。然而,这没有成为立法要求,也没有进行正式的试点或运作。

早在 2007 年,工党政府提出的《家事法院事件法》(Family Courts Matters Bill)中已经在家事调解中规定了保障儿童参与调解,并规定应为儿童提供咨询,以帮助他们在家事调解之前阐明自己的观点,并在法院认为确有必要时帮助儿童理解法院判决的相关条款。2008 年该法案正式通过。《2008 年儿童抚养修正法案》中规定的上述条款并未生效,且在 2014 年被废止。

另外,2014 年改革未修改《2004 年儿童抚养法》的规定,但限制了家事诉讼程序中关于儿童法律代表的任命,并且对非诉讼程序中儿童的参与未作任何表示。非诉讼程序中未设置为儿童提供信息或支持的机制,而是将重点放在对当事人的信息保障和支持上。因此,改革之后新西兰家事司法系统中儿童的程序参与缺失问题与改革前并无二致。新西兰的家事法院内部长期使用司法调解,调解中儿童的参与率非常低,调解过程很少咨询儿童的观点。2014 年改革在家事纠纷解决机制中扩大了家事调解员的参与,但是很多家事调解员缺乏与儿童进行交流的经验和技能,同时,由于缺乏有关儿童包容机制的立法或政策授权,也没有相关国家性的指导方针;所以这需要提供家事调解机制服务的机构来确定如何在全国范围内提供更系统的儿童包容性调解机制。2016 年年底新西兰司法部规定实施家事纠纷解决机制新的 12 小时服务模式,增加了该机制的灵活性,允许儿童在调解过程中发表意见,但相关实践模式还取决于具体机制运行情况。[1]

---

〔1〕 See Nicola Taylor, *Child Participation: Overcoming Disparity between New Zealand's Family Court and Out-of-Court Dispute Resolution Processes*, 25 The International Journal of Children's Rights 3 (2017).

与英国、澳大利亚相似，新西兰对家事司法中是否应当听取儿童声音的问题产生了一定争论。相关研究始终强调，大多数儿童对父母离异的状况及对他们的影响等缺乏足够认识，但他们希望父母或家事司法专业人员考虑他们的观点。[1] 学界普遍关注如何促进儿童的直接参与，从而保障法官或调解员与儿童的直接互动。[2] 新西兰可以在家事纠纷解决机制中发挥其在儿童权利保障方面的丰富经验，从而减少诉讼程序和非诉讼程序中儿童参与程度的差距。在新西兰，关于在非诉讼程序中与儿童会见的适当主体是儿童顾问还是调解员、如何将儿童的观点和情感纳入调解会议中、儿童是否应该与其父母和调解员见面等问题尚未形成一致意见；但无论采用何种方式，均需经过训练的、经验丰富的从业人员进行熟练干预，才能就包容儿童的重要意义达成一致。[3] 因此，在 2014 年改革之后，关于加强儿童程序参与的探讨较多，这也促成了 2019 年家事司法审查中关于儿童程序参与的改革建议。

（三）2019 年家事司法审查中的儿童程序参与建议

针对改革后家事司法系统中尚存的儿童程序参与缺失问题，新西兰在后续家事司法审查中进行了探讨，并提出了保障未成年人参与和意见表达的发展建议，为相关立法的修改奠定了基础。

1. 审查基础：儿童程序参与的必要性

在针对 2014 年改革进行审查的过程中，审查小组指出，相关咨询和调研建立在如下基础上：第一，儿童包容性在实践中以临时方式开展，尚未形成明确参与规则，如家事诉讼中儿童如何参与、儿童包容性调解模式和从业人员与儿童进行交流和沟通的专业发展模式和经验要求等。第二，根据《儿童权利公约》，儿童享有参与影响他们的决策的权利，但《2013 年家事纠纷解决法》

---

[1] See Rachel Birnbaum & Michael Saini, *A Qualitative Synthesis of Children's Participation in Custody Disputes*, 22 Research on Social Work Practice 400 (2012).

[2] See Kylie Beckhouse, *Laying the Guideposts for Participatory Practice: Children's Participation in Family Law Matters*, 98 *Family Matters* 26 (2016).

[3] See Nicola Taylor, *Child Participation: Overcoming Disparity between New Zealand's Family Court and Out-of-Court Dispute Resolution Processes*, 25 The International Journal of Children's Rights 3 (2017).

和《2004 年儿童抚养法》并未对此明确作出规范。第三,关于儿童抚养安排的决定是针对儿童的决定,而非只是包括儿童在内的决定。第四,缺乏让儿童父母咨询儿童关于抚养决定的要求。第五,在儿童抚养决定作出的早期阶段缺乏儿童的参与,这限制了未成年人对决定作出的影响和投入。第六,儿童参与的优势及其对决策的作用使他们的参与在学术研究中比较凸显,但是该优势在实践中并未得到充分展现。第七,《2004 年儿童抚养法》和《1989 年奥兰加·塔马里基法》(Oranga Tamariki Act 1989)的规定并不一致,相关规范应当相同。[1]

2. 审查建议与改革方向

审查报告建议,对《2004 年儿童抚养法》和《2013 年家庭争端解决法》(Family Dispute Resolution Act 2013)进行修订,将儿童参与作为指导原则,以《1989 年奥兰加·塔马里基法》第 5(1)(a)条的新规定为模板。该新规定对儿童参与决策作出了阐述,并将儿童参与作为该法案的指导原则之一。审查报告建议相关条款应明确提及《儿童权利公约》。具体建议如下:

首先,修改立法,明确要求咨询儿童建议。审查报告建议修改《2004 年儿童抚养法》,要求父母双方和监护人就涉及儿童的重要事项咨询儿童的建议,并将儿童的年纪和成熟程度考虑在内。同时,审查报告指示司法部与相关专家和利益相关方一起梳理儿童参与的模式,包括在家事纠纷解决机制中将其作为优先事项。需要梳理的内容还包括:第一,儿童参与的主要原则,包括要求专业人员推动儿童的程序参与;第二,儿童的观点如何在家庭暴力案件中得到考虑;第三,如何与儿童和青少年共同设计出最佳的实践方式。

其次,采取基于人权的方法,保障儿童参与。儿童事务专员建议,儿童的权利应该是贯穿于儿童抚养所有条款的"黄金条款",其他参与咨询的专家也建议应在儿童抚养立法中更明确地提及《儿童权利公约》,以更好地形成对儿童权利的影响。《2004 年儿童抚养法》第 6(2)条采纳了《儿童权利公约》的措施,指出必须给儿童"在影响自己的事务中表达意见的合理机会",该表达可

[1] See Ministry of Justice, Te Korowai Ture ā-Whānau: The Final Report of the Independent Panel Examining the 2014 Family Justice Reforms (2019), p. 34.

采用直接方式或通过代表表达，并且相关机构应当考虑这些意见。《儿童权利公约》是影响《2014年儿童抚养法》的关键因素；《2014年儿童抚养法》的立法目的之一在于承认儿童的部分权利，并尊重儿童的意见。

相关研究显示，儿童希望参与到家庭生活中，他们希望被咨询、有机会对家庭破裂表达自己的感受。未成年人希望确保任何决定的作出对其有用，年纪稍长的未成年人或者对父母一方比较害怕的未成年人，希望能够就其与父母的关系作出自己的决定。儿童通过参与决策能够获得更好的结果，如更好地应对父母分离造成的不利影响；相反，不能参与决策可能会对儿童产生长期不利影响，如儿童感到孤独、焦虑、恐惧、悲伤、困惑、愤怒和难以应对压力等情绪和状态。儿童对相关决策作出的控制权与他们的心理状态相关：如果决策过程中没有与儿童沟通或沟通不畅，儿童可能会感到担心或困惑，他们希望自己的观点被倾听，也希望有更多的机会表达自己的看法。另外，让儿童参与决策和从儿童的角度重新考虑问题还存在一定有利之处，如减少当事人双方的对抗性，使其更加关注决定的作出。[1]

因此，家事司法服务人员应当确保儿童能够参与到与之相关的抚养决定的作出过程中。存在家庭暴力问题的抚养安排中，相关决定的作出需要明确儿童对与施暴方进行联络的观点，并告知儿童相关决定。无论是在诉讼程序中还是在非诉讼程序中，都可通过多种方式保障儿童的参与权，故而需要识别有利于儿童的主要程序参与方式。

最后，保障残疾儿童的参与。《残疾人权利公约》保护残疾儿童参与与之相关的决策，从而确保向残疾儿童提供与其年龄和特殊状况相适应的程序机制来保障其在影响他们的所有问题上表达意见的权利。残疾支持小组（Disability Advocacy Groups）指出：残疾儿童在与他们抚养问题相关的决策中发表意见的权利得到充分保障可能需要更多的时间和支持；在实践中，部分残疾儿童认为自己的观点不受重视，部分儿童律师对如何为残疾儿童提供适当支持缺乏正确的认识。

---

〔1〕 See Ministry of Justice, Te Korowai Ture ā-Whānau: The Final Report of the Independent Panel Examining the 2014 Family Justice Reforms (2019), p. 36.

针对该问题,最终审查报告指出,需要改变儿童律师的培训和任命程序:所有儿童律师都应接受关于残疾问题认知的培训,并且应针对为残疾儿童工作的儿童律师提供最佳实务指引,该指引应包括如何促进残疾儿童的程序参与。为残疾儿童提供专门服务的儿童律师应具有适当的经验和技能,这些律师将获得专家认证,法院可为残疾儿童匹配具有相应经验和技能的儿童律师。[1]

二、家庭暴力案件中的儿童安全

家庭暴力案件中,儿童的安全是备受关注的问题,也是涉及儿童最大利益维护的重要方面。2014 年的改革对家庭暴力中的儿童安全问题进行了一定修改,强调了儿童安全原则的重要性;但相关修改也存在一定问题,引发人们的担忧。在 2019 年家事司法审查中,审查小组建议进一步完善对家庭暴力中的儿童安全问题的立法保障,制定关于儿童安全的判断要素清单,以促进对儿童安全的及时保障。

(一)2014 年改革关注涉家庭暴力的儿童安全

在新西兰,家庭暴力是一个备受关注的问题。《2018 年家庭暴力法》将家庭暴力定义为受害者遭受来自与其有家庭关系或曾经有家庭关系的人的暴力行为,该暴力行为包括身体、性和心理暴力。家庭暴力可能会发生在儿童身上。当一个人允许儿童看见或听到或有亲身经历身体、性或心理暴力的危险时,可能会产生对儿童的心理暴力。

2014 年改革改变了家事法院处理心理或性暴力案件的程序。《2004 年儿童抚养法》的第 58~62 条已经被废除。第 5(e)条的儿童安全原则移至第 5(a)条,以强调儿童安全的重要性。这意味着家事法院在处理涉及对未成年人或一方当事人的家庭暴力指控时不再采用单独的程序,而是在儿童抚养诉讼中考虑所有涉及儿童安全的问题。第 5(a)条规定,儿童的安全必须受到保护,尤其是需要保护儿童免受任何形式的家庭暴力。儿童对家庭暴力的接触

---

[1] See Ministry of Justice, Te Korowai Ture ā-Whānau: The Final Report of the Independent Panel Examining the 2014 Family Justice Reforms (2019), p. 47.

或经历直接与儿童安全相关。该款是唯一的强制性原则，可能比该条其他款中的原则更具决定性作用。[1] 同时，第 5(a)条加入了新的内容，要求法院在考虑儿童安全时需要考虑是否需要发布保护令以及保护令发布所依据的情形及书面理由。

《2018 年家庭暴力法》在 2019 年生效。该法旨在加强家事法院对家庭暴力案件的回应，具体包括：改善法院命令，以确保受害者的安全并追究施暴者的责任；在家庭暴力的法律概念中更加强调控制和强制行为；提供指导决定作出的原则；消除机构之间信息共享的法律障碍，以增强对受害者的保护；更有效地响应停止暴力计划提供者所报告的安全问题，或更改抚养令所涉及的儿童安全问题；使法官能够在根据《2004 年儿童抚养法》作出临时保护令时认识到单独的抚养令可能不能保障儿童的安全。[2]

（二）审查建议强调对儿童安全的及时、全面保障

2014 年家事司法改革中的立法修改一定程度上引发了人们对儿童安全保障的担忧，故而在 2019 年家事司法审查最终报告中，审查小组强调了对家庭暴力和儿童安全的重视，建议在立法中明确儿童安全的判断要素清单。

1. 家庭暴力及儿童安全问题尚待进一步解决

在对 2014 年改革进行审查的过程中，很多个人和组织关注家庭暴力及其他涉及儿童的安全问题，所反映的问题有：部分受害者在家事法院或家事纠纷解决机制中感到受伤和不安全；部分受害者表示被迫同意相关安排或命令；部分家庭暴力受害者在处境更严重时的行为可能会被误解；缺乏足够的专家来支持和帮助受害者；家事法院的诉讼迟延妨碍了对儿童安全的及时评估，并且容易加剧当事人之间的冲突；有人认为废除第 58～62 条可能会不利于保护儿童和处于弱势地位的成年人；部分被咨询者希望能够恢复第 61 条清单或类似内容，从而扩大对儿童面临的暴力之外的其他危险因素的规范，等等。

审查小组赞同相关咨询意见，认为即使确定和发现相关争议事实具有重

---

〔1〕 See *K v B* [2010] NZSC 112.

〔2〕 See Ministry of Justice, Te Korowai Ture ā-Whānau: The Final Report of the Independent Panel Examining the 2014 Family Justice Reforms (2019), p. 48-49.

要性,及时保护相关案件中的未成年人或受害者也是法院处理该类案件的当务之急。尽管关于儿童安全的清单是否应当明确列举存在一定争议,但审查小组在综合权衡下认为,明确的清单能够为法院和其他组织提供评估儿童安全的明确指南,法院应当考虑所有与儿童相关的因素;故而审查小组支持在《2004 年儿童抚养法》中列明关于儿童安全的相关因素清单。[1]

2. 改革建议:明确儿童安全判断要素清单

最终审查报告就家庭暴力及所涉儿童安全问题提出了改革建议。这包括修订《2004 年儿童抚养法》,以使法官在存在家庭暴力或虐待问题的家事案件中及时发现事实并进行持续的风险评估。同时,修订《2004 年儿童抚养法》,制定家事法院判断儿童安全问题的相关因素清单,具体包括:(1)所使用暴力的性质、严重性和频率;(2)是否存在较长历史的暴力模式或暴力威胁,如强迫性、控制性行为及导致或可能导致儿童或其抚养人持续受到伤害的行为;(3)发生进一步暴力行为的可能性;(4)暴力对儿童造成的身体或精神伤害;(5)儿童在被抚养或与暴力者接触方面是否安全;(6)儿童对此事的任何看法;(7)施暴者为防止进一步暴力的发生而采取的任何步骤;(8)社区或负责儿童福利的其他组织的参与或监督;(9)影响当事人保障儿童安全能力的任何严重精神健康状况,以及为解决该状况所采取的措施;(10)任何会影响当事人和儿童安全的药物或酒精问题,以及为解决这些问题所采取的措施;(11)法院认为相关的任何其他事项。[2]

另外,审查小组建议修改《2014 年儿童抚养法》及相关规则,使家事法院能向警方索取有关家庭伤害或家庭暴力的相关信息,并指示司法部开发相关风险评估工具,供未成年人、受害者及施暴者使用。同时,司法部和法官及相关专业机构应加强合作,以确保家事司法专业人员能够接受有关家庭暴力的持续培训。[3]

---

〔1〕 See Ministry of Justice, Te Korowai Ture ā-Whānau: The Final Report of the Independent Panel Examining the 2014 Family Justice Reforms (2019), p. 51-53.

〔2〕 See Ministry of Justice, Te Korowai Ture ā-Whānau: The Final Report of the Independent Panel Examining the 2014 Family Justice Reforms (2019), p. 42-51.

〔3〕 See Ministry of Justice, Te Korowai Ture ā-Whānau: The Final Report of the Independent Panel Examining the 2014 Family Justice Reforms (2019), p. 50.

第四节　新西兰家事司法系统之发展

在2019年家事司法审查后，新西兰采纳了部分改革建议，并在2020年通过修改相关立法来实现家事司法系统的进一步变革。2020年新西兰先后出台了两部法案，旨在恢复法律代理制度、完善儿童律师的相关规范，从而减少诉讼迟延问题，保障儿童的程序参与。这是对2019年审查报告的建议进行实践的体现，也是新西兰家事司法制度长期改革计划的重要环节，体现了新西兰家事司法系统在21世纪的不断更新和优化。

一、恢复法律代理，增强法律援助

针对2019年家事司法审查提出的建议，2020年，新西兰通过新法律恢复了家事法院在儿童抚养案件中的法律代理权，允许当事人获得法律援助。该法案即《2020年家事法院（支持法院中的家庭）立法法案》［Family Court (Supporting Families in Court) Legislation Act 2020］。新改革只采纳了2019年审查报告的部分建议，但这意味着新西兰家事司法系统的积极变化，即逐步消除家庭在诉诸司法时面临的障碍。新西兰家事司法系统希望进行更大的变革，促进家事司法系统更加完善和便利。

除恢复法律代理之外，新西兰还将在家事法院中设立新的家事司法联络官（family justice liaison officers），家事司法联络官可以提供给当事人作出最佳选择的有效信息，帮助其更好地参与家事诉讼程序。同时，新西兰家事司法系统还提高了儿童律师的薪酬，以激励招聘和留用熟练的从业人员，之后儿童律师的薪酬将逐渐提升。[1]

在2014年新西兰家事司法改革中，新西兰在无通知诉讼程序的早期阶段

〔1〕 See Anneke Smith, *Family Court Changes to Come into Force Today*, RNZ (Jul. 1, 2020), https://www.rnz.co.nz/news/national/420260/family-court-changes-to-come-into-force-today.

取消了法律代理和法律援助。法律代理的取消促使当事人在没有事先获得通知聘请律师的情况下提起诉讼申请,这给家事法院带来了额外的压力,造成了诉讼迟延问题。这也意味着,涉及身份不明的家庭暴力案件等需要家事法院紧急处理的诉讼申请可能会存在迟延问题,并且当事人的人身安全可能受到影响。2019 年审查报告显示,当事人在处理与未成年人抚养有关的问题时希望得到法律代理,因此,该法案将取消《2004 年儿童抚养法》对法律代表的法定限制,以为符合条件的当事人提供法律援助,从而一定程度上减少诉讼迟延问题。

该法案修改了《2004 年儿童抚养法》第 7A 条、第 143(3A)(C)条,《2011 年法律服务法》第 7(3A)条、第 7(3B)条和第 7(6)条。自 2020 年 7 月 1 日起,律师可在儿童抚养争议诉讼程序中为一方当事人服务;如果当事人有资格,可在该阶段获得法律援助。

二、明确儿童律师义务,保障儿童程序参与

2020 年 8 月,新西兰司法部部长提出了《家事法院(支持法院中的儿童)立法法案》[Family Court (Supporting Children in Court) Legislation Bill],以解决 2014 年家事司法改革中存在的问题。2014 年的改革旨在鼓励个人承担责任,将重点从司法程序转移到当事人通过诉讼外程序达成协议。改革对部分未成年人和当事人造成了负面影响。2019 年审查报告对 2014 年家事司法改革的有效性作出了评估,认为家事司法改革后儿童的程序参与有限,强调儿童程序参与缺失会产生直接或长期不利后果,如导致未成年人感到孤立、孤独、焦虑和难以应对压力。儿童律师被指定来代表儿童的观点,但其处理该任务的方式存在较大差异。

该法案修正了《2004 年儿童抚养法》和《2013 年家事纠纷解决法》,从而确立儿童参与的基本原则。在家事诉讼程序中,至关重要的一个问题是不能让儿童遭受任何形式的伤害;因此,家事诉讼程序应当采用以儿童为中心的方法,增强儿童的程序参与,并确保儿童的知情权和其他合法权益得到实现。新出台的法案要求儿童律师向儿童解释司法程序,以及保障整个诉讼程序中

儿童能够理解相关情况。该法案还明确提及《儿童权利公约》，规定了儿童律师的任命标准，以确保其在人格、文化背景、培训和经验等方面具有代表未成年人的适当资格。该法案与《家事法院（支持法院中的家庭）立法法案》构成了新西兰家事司法制度长期改革方案的立法阶段的两个法案。[1] 这两个法案的公布，是对 2019 年审查报告建议的改革实践，体现了新西兰家事司法制度长期改革的不断探索。

〔1〕 See *Bill Introduced to Fix National's Family Court Reform Failures*, Beehive (Aug. 6, 2020), https://www.beehive.govt.nz/release/bill-introduced-fix-national%E2%80%99s-family-court-reform-failures.

第五章

新加坡 2014 年家事司法改革及其审查

新加坡在 2014 年进行了家事司法改革，建立了独立的家事司法法院，简化了家事审判机构，并通过法官主导方法等措施推动家事纠纷的及时高效解决，取得了较好的改革效果。2019 年出具的家事司法系统审查报告对 2014 年改革的相关措施作出了肯定，并积极探索推进相关改革措施的进一步深化。新加坡家事司法制度不断强调解决家事纠纷的目的，减少家事司法的对抗性，引入治疗性司法(therapeutic justice)理念，推进家事司法系统的优化。

第一节　新加坡家事司法改革及其审查概述

牢固的家庭为未成年人提供了有利的成长环境，当家庭陷入困境并存在破裂的可能时，子女的幸福感也随之降低。强有力的家事司法制度需要专业人员与家庭合作，从而减少纠纷对当事人及未成年人的负面影响，这就要求家事司法系统在运行中不断审查和改进。新加坡在 2014 年进行了家事司法改革，并在 2019 年进行了进一步审查，以推动面向未来的家事司法制度的发展。

一、2014 年家事司法改革

家事司法是司法的独特领域，这是 2014 年家事司法法院设立时新加坡首席大法官梅达顺(Sundaresh Menon)所言。在新加坡司法系统中,由于未成年人的缘故,家事司法占据着独特的地位。儿童最大利益要求家事司法采取较少对抗性的方法,并要求各方当事人和律师必须合作来保障儿童的福利。2014 年,家事司法委员会(Committee for Family Justice)发布了一系列建议,以期改革新加坡的家事司法制度,使其更好地满足当事人的需求。根据相关建议,新加坡成立了离婚支持专家机构(divorce support specialist agencies)和独立家事司法法院,保障儿童的意见表达。相关改革措施取得了较明显的成效,离婚案件比例有所减少、处理时间有所缩短。

(一)公众建议与委员会回复

2013 年,梅达顺大法官宣布了家事司法委员会的成立。2014 年,新加坡家事司法改革的推进源于该委员会的改革建议。该委员会的目标在于建立以问题解决为主导的家事司法系统,从而保护和支持作为社会基本单位的家庭,保障儿童的利益,有效和公平地解决家庭冲突,减少家庭纠纷解决的情感负担和时间成本,促进所有人享有接近家事司法正义的机会。2014 年 5 月,新加坡家事司法委员会发布了一份公共咨询文件,寻求公众对委员会提出的家事司法关键时期改革建议的反馈和看法。为期一个月的公共咨询活动结束后,家事司法委员会审议了相关意见反馈,并就新加坡家事司法改革的推进提出了建议。

公众关于家事司法系统改革的建议主要集中在组织结构改革、儿童权利保障、专业人员参与等方面,包括加强社区司法接触,建立专门机构,引入预咨询会议,建立新的家事法院,进行差异化案件管理,精简司法程序,引入以法官为主导的方法,授权法院指导为当事人提供适当的家庭支持服务,保障儿童的程序参与,等等。

其一,增强社区接触点。公众强调了公共教育和设置社区接触点的重要性,建议建立一个包括相关信息的“一站式”网站。有观点指出学校是重要的社区接触点,对此家事司法委员会表示赞同。有受访者建议社会工作者、顾问和医生必须报告涉及虐待、遗弃和犯罪的家事案件,然而该强制性的“举报”机制会加重相关人员负担,当前并不适用。

其二,设立专门机构。公众反馈中强调了早期干预的重要性,部分受访者建议为离婚夫妻提供适当的早期协助,或配备专门机构来提供有关法律和司法程序信息的基本服务。同时,部分受访者强调后司法阶段支持的重要性,鉴于离婚案件往往涉及儿童安排的问题,当事人在离婚后可能会面临共同抚养儿童的困难,为当事人提供判决后的支持服务具有必要性。部分受访者建议应加强针对专门机构工作的专业人员的培训,委员会同意该建议,并认为专门机构应配备多学科团队从而保障其为有需要的家庭提供服务。

其三,引入预咨询会议。受访者普遍支持引入预咨询会议,建议将咨询服务作为预咨询会议的强制性环节,因为该服务可协助解决可能会导致当事人离婚的问题,并有助于保障未成年人的利益。然而委员会认识到,预咨询会议并非在所有案件中都合适。有观点认为拒绝参加预咨询会议的当事人应受到罚款等处罚,但也有观点担心罚款行为会加剧双方当事人之间的冲突,并为当事人留下错误印象,即法院会偏向另一方当事人。

其四,设立新的家事司法法院。相关反馈普遍支持建立家事法院,强调对家事司法法院中所有审理案件的家事法官提供全面培训的重要性。委员会同意该提议,认为应对家事法官进行适当的司法培训,以确保家事法官更好地审理案件。部分受访者还强调纠纷解决花费的时间较多,建议新的家事法院应迅速解决案件;部分受访者建议由一名法官由始至终受理同一案件,从而保证案件的连续性和纠纷解决的有效性。有受访者建议成立由心理学家、财务顾问、法律咨询人员等社会人士组成的专业队伍,协助当事人进行离婚诉讼,委员会认为该建议应由家事法院在考虑了当事人各方需求后作出关于法院服务内容和范围的决定。有受访者指出家事案件属于私人案件,不应被媒体报告。委员会同意该建议,认为家事司法法院一般应以不公开方式审理案件,但其有权决定特定案件是秘密审理还是公开审理。[1]

其五,实行差异化案件管理,简化司法程序。一方面,受访者提出了采用差异化案件管理的建议,其中部分受访者强调了在每个案件中采取全面评估

〔1〕 See Committee for Family Justice, Recommendations of the Committee for Family Justice (2014), p. 24-25.

的重要性,有受访者则建议审理案件的具体法官的资历应当与案件的复杂程度或难易程度相称。委员会同意该建议,认为差异化案件管理具有必要性。另一方面,简化家事法院的司法程序得到了公众的普遍支持。有受访者建议明确证据出示的方式,减少预审会议的次数,也有受访者建议将起诉状和详细说明合二为一,简化相关表格文件。

其六,实行以法官为主导的方法,授权法院为当事人提供适当家庭支持服务。反馈意见表示支持拟议的法官主导方法,强调法官在行使其主导的权力时,应采取措施避免给当事人留下偏见的印象,并建议应授权法官更多“除非”命令的权力,如当事人不遵守法官命令,则案件会被撤销。该权力能够更大程度上保障当事人遵守法院的命令。部分受访者建议授权法院为当事人提供适当的家庭支持服务,指示当事人用精神病学评估和治疗等方法解决争议问题。

其七,促进倾听儿童的声音。有受访者建议任命儿童代表,通过儿童代表表达儿童的观点,使儿童代表作为儿童最大利益的拥护者。委员会认同该建议,但主张法院应执行严格的甄选程序以便任命合适的儿童代表。有受访者担心儿童代表的参与可能会使儿童过多参与诉讼程序中,该问题实则可以通过任命程序来解决。如果法官认为任命儿童代表可能会损害儿童的利益,则法院可不任命儿童代表,只有在符合儿童最大利益的情况下才能任命儿童代表。[1]

另外,委员会关于引入家事法律从业者认证的建议得到了广泛支持,公众咨询文件中还建议提高调解标准,防止滥用个人保护令,加强对社会服务从业人员的培训和监督等。结合公众咨询中收集的建议,家事司法委员会提出了最终的改革建议。

(二)家事司法委员会提出改革建议

结合公众反馈的咨询意见和家事司法委员会的早期探讨,最终在2014年,家事司法委员会提出了关于新加坡家事司法系统的改革建议,推动新加

---

〔1〕 See Committee for Family Justice, Recommendations of the Committee for Family Justice (2014), p. 26.

坡家事司法系统的现代化发展。

1. 社区支持和纠纷解决

当事人在面临家事纠纷时可以选择多种纠纷解决途径,然而一方面提供这些纠纷解决服务的利益相关者和社区接触点并非总能协同合作,另一方面部分当事人可能并不知晓如何获得适当帮助。因此,家事司法制度还存在问题,导致部分当事人无法获得解决其纠纷的适当途径。家事司法委员会主张应建立一个密切联系的系统,从而更有效地为有需要的家庭提供服务。委员会提出了增强社区支持的3个建议:增强社区接触点,建立专业机构,引入诉前咨询会议,这将有助于采取更多的处理婚姻破裂的预防性措施,而非补救措施。

其一,增强社区接触点。社区接触点在指导需要适当家庭支持服务的人方面发挥着重要作用,因此这些接触点应能够识别和了解家庭所面临的问题,可以提供有关社会服务的信息和指南以及社区中可用来促进其工作的资源。社区接触点应被授权识别和协助处于危险中的未成年人,如在接触儿童虐待、遗弃或犯罪相关的案件时将案件及时报告给有关机构。

其二,设立专门机构。存在离婚或家庭暴力问题的家庭会面临多方面问题,故而配备由能够提供专业知识和技能的社会服务从业者组成的专业机构来协助处理离婚或家庭暴力问题具有必要性。在已有三个家庭暴力专业机构的情况下,还应建立一组新的离婚支持专业机构。这些专业机构可以由社会工作者提供信息咨询、非法律建议、咨询和家事纠纷管理等多类型服务,并可制定符合离婚和家庭暴力的家庭需求的特殊计划。

其三,引入诉前咨询会议。在向家事法院申请离婚之前,当事人可参加诉前咨询会议。该会议的目的是帮助当事人了解共同抚养的重要性,以及离婚可能对儿童产生的影响,这会有助于当事人在离婚诉讼之前对离婚决定和子女福利作出考量。咨询会议可以由训练有素的社会工作者提供,离婚支持专业机构可以参与。该咨询会议对有未成年子女的离婚当事人而言应具有强制性,除非其能够对离婚及相关事项达成一致意见。咨询会议对家庭存在的家庭暴力问题也能发挥一定作为,社会工作者可以为这些家庭提供社会支持和帮助，以促进相关问题的解决。[1]

2. 设立新的家事司法法院

新加坡的家事法院成立于 1995 年，作为当时的初级法院中处理与家庭有关的纠纷的专门机构，包括地方法院和治安法院。家事法院主要审理以下类型案件：收养，离婚和司法分居，儿童的监护权、照管权、探视权等案件，婚姻财产划分，个人保护令，配偶和子女抚养费，家事法院判决的执行，外国法院扶养令判决的执行问题，等等。但家事法院不受理婚姻财产划分中资产净值不少于 150 万美元的案件、儿童保护和摆脱父母控制案件、遗嘱认证和遗产管理案件等。

家事司法委员建议设立一个新的家事司法法院，该法院由高等法院家事法庭、家事法院和青少年法院组成。新的家事司法法院应审理所有与家庭相关的案件，这包括：收养和监护问题，《女性宪章》（Women's Charter）规定的所有问题，依照《意思能力法》（Mental Capacity Act）提起的所有民事诉讼申请，根据《儿童和青少年法》（Children and Young Persons Act）提起的关于未成年人和监护、保护案件，遗嘱认证和继承案件。所有的婚姻诉讼均须由家事司法法院审理。家事司法法院应由家事法院的首席法官领导，其为家事法院的最高级别法官，也是最高法院的司法专员或法官。家事司法法院的审判人员应由地方法院和治安法院的法官组成，集体审理所有家事案件。少年法院应由家事司法法院管辖而非州法院，负责继续审理根据《儿童和青少年法》提起的诉讼。高等法院家事法庭主要审理针对家事法院和少年法院的上诉案件，其一审案件管辖权主要针对判决须在海外执行的案件、跨国儿童诱拐案件、事实或法律问题复杂的案件以及首席大法官指定其审理的其他案件。[2]

为设立新的家事司法法院，委员会指出应颁布新的家事法律规范。该法应明确规定高等法院家事法庭、家事法院和青少年法院等司法机关的管辖权

---

〔1〕 See Committee for Family Justice, Recommendations of the Committee for Family Justice (2014), p. 17-24.

〔2〕 See Committee for Family Justice, Recommendations of the Committee for Family Justice (2014), p. 25-26.

和权力以及相应的诉讼程序规则。同时,应根据新法案设立家事司法规则委员会(Family Justice Rules Committee)。该委员会有权设定家事司法的相关诉讼程序规则,家庭律师协会的成员应有代表参与该委员会。

新的家事司法法院的设立能够在一定程度上推动家事纠纷的高效解决,促进家事案件的专业化处理,减少诉讼迟延等问题,并可为案件管理的技术创新创造空间。由此,设立新的家事司法法院是新加坡 2014 年家事司法委员会提出的重要改革建议,也成为之后新加坡家事司法改革的重要里程碑。

3. 加强法院案件管理政策和流程建设

为促进家事纠纷的有效解决,家事司法委员会在案件管理和处理流程方面提出了一系列针对性建议。其一,实行差异化案件管理程序。家事司法委员会建议,关于案卷处理和案件管理的差异化案件管理系统应当在家事司法中引入,家事司法法院应当提供进入司法程序的不同类型案件的具体处理方式和流程,根据争议焦点和案件情况,将案件分配给最适宜审理该案件的法官。例如,涉及儿童或家庭安全等问题的紧急案件应通过快速的方式处理,复杂的案件则需要更专业的服务。其二,简化法院程序和实践。司法程序和相关实践应当进一步简化,以促进家事司法程序更有效地开展,便利大多数未聘请律师的当事人参与家事司法程序。其三,"法院之友"项目可以协助未聘请律师的当事人参与诉讼程序。自我代表的当事人可以获得法院之友的协助,后者在整个司法程序中为其提供服务,包括协助填写法院表格、行政和程序事项。但是,法院之友不具有代表其进行诉讼或旁听案件的权利。

4. 加强法院在解决和判决家事纠纷方面的权力

为更好地促进家事纠纷的及时解决,家事司法委员会主张加强法院在解决家事纠纷方面的权力,在诉讼程序中加强法院的主导作用,并建议法院加强对当事人获得家庭支持服务的指导。

一方面,应引入以法官为主导的家事裁判方法。改革之前,新加坡家事法院审理的所有案件的司法程序在本质上具有对抗性,即双方当事人提出诉讼申请并在审判过程中出示证据。鉴于家事纠纷的特殊性,该对抗方法在一定程度上可能加剧了当事人之间的冲突,并造成了纠纷解决时间延长等问题。为解决该问题,家事司法委员会建议赋予法官积极引导和指导诉讼程序的权力,减少双方当事人的对抗性,最大限度地减少法院的司法程序对参与各方尤其是未成年人可能产生的不利影响。加强以法官为主导的方法能够帮助当事人专注于纠纷解决,提升家事司法的效率,促进争议的及时解决。为此,家事司法委员会建议法官有权确定并协助各方解决如下问题,以更好地发挥法官在家事司法程序中的积极作用:与当事人讨论争议焦点并指示当事人解决争议问题;指示当事人出示证据;要求证人出庭;明确证据提交和采信的方式;直接询问当事人和证人;确定当事人交叉询问的方式和程度;规范各方向法院提交文件的相关事项;指示第三方调查案件事实或搜集证据;确定诉讼前的程序选择,如咨询或调解。[1]

另一方面,应授权法院指导当事人获得适宜的家庭支持服务。司法并非解决家事纠纷的最优途径,因此,家事司法委员会建议建立一种机制,法院可以通过该机制来指导在家事司法法院提起的诉讼案件通过适宜的途径解决。法院可以通过该机制评估具体案件,判断当事人是否需要家庭支持服务。在所有案件的任何诉讼阶段,法院应酌情授权当事人采用咨询、调解或其他家庭支持服务。

5. 保障儿童的最大利益

离婚对未成年子女造成的影响最大,故而在离婚等家事案件中,如何保障儿童的利益始终是备受关注的关键问题。改革之前,未成年人的声音未得到足够倾听;离婚当事人在部分情况下可能陷入困境,忽视对儿童最大利益的考虑;法官在部分判决决定作出时未考虑儿童利益的所有事实因素,由此可能会造成对儿童最大利益的保护不够充分的问题。为解决该问题,通过直接或间接途径促进儿童意见表达成为关键。具体途径包括:

其一,设立专门机构以便利儿童意见表达。家事司法委员会建议州法院的咨询与心理服务机构(Counselling and Psychological Services)与社会与家庭发展部(Ministry of Social and Family Development)加强合作,通过专门途

---

〔1〕 See Committee for Family Justice, Recommendations of the Committee for Family Justice (2014), p. 34-35.

径为儿童提供表达意见的机会。对涉及儿童的诉讼申请,法院的精神健康领域专业人员应与当事人合作并向法官提供所需要的信息,建议在与儿童相关的决定中考虑儿童的未来和最大利益,这包括与儿童一起找到他们的真实愿望和感受并向法院报告这些调查结果。法院精神健康专业人员应听取各方意见,包括相关社会工作者等人员,并出具关于儿童意见的独立报告。[1]

其二,在部分家事案件中通过任命儿童代表的方式保障未成年人的利益。在涉及未成年人的司法程序中,应当通过任命儿童代表的方式保障儿童最大利益,儿童代表可以代表儿童的利益参与诉讼,与儿童及其父母会见,并就相关案件提供关于儿童最大利益的独立报告。

其三,加强社会工作者和心理服务专业人员在家事诉讼程序中的参与。家事司法委员会指出,法院应当有权命令相关专业人员参与诉讼过程,以保障法院最终判决决定的作出能够确保各方尤其是未成年人的最大利益。例如,社会工作者、心理学家或心理咨询师的参与至关重要。

(三)2014 年具体改革措施之推行

在改革建议基础上,2014 年新加坡出台了《2014 年家事司法法》(Family Justice Act 2014),对家事司法进行了改革。该法案涵盖了家事司法法院的管辖权、权力和司法管理等内容,旨在加强法院基础设施建设并优化法院管理程序,从而更好地保护和支持家庭的发展。该法案规定建立新的家事司法法院,其由高等法院家事法庭、家事法院和青少年法院组成,从而审理所有与家庭有关的诉讼。为保障该法的实施,《2014 年家事司法规则》(Family Justice Rules 2014)和《家事司法法院实践指引》(Family Justice Court Practice Directions)于 2015 年相继出台。相关规则和指引体现了高效解决家庭纠纷和保障未成年人权益的改革目标。[2]

---

〔1〕 See Committee for Family Justice, Recommendations of the Committee for Family Justice (2014), p. 38-39.

〔2〕 See Leong Wai Kum, *From Substantive Law towards Family Justice for the Child in Divorce Proceedings in Singapore*, 30 Singapore Academy of Law Journal 587 (2018).

1.《2014年家事司法法》明确了家事审判机构改革重点

《2014年家事司法法》对家事司法法院的设立及相关机构改革作出了明确的规定。例如,该法第3条明确规定,家事司法法院包括高等法院家事法庭、家事法院和青少年法院。该法第10条规定,家事司法法院的所有事项和程序应以非公开的方式进行。如果家事司法法院认为具体案件中公开审判适宜,如出于公正、公共利益或安全的考虑,则有权对该案件进行公开审理,但该公开审理应具有一定程序限制,如不公开任何证人的姓名、地址或照片以及导致证人可能被识别的任何证据或其他事物。

该法规定总统可以应终审法院首席大法官的建议任命最高法院的法官或司法专员作为家事司法法院的首席法官。家事法院的法官由地方法院法官或治安法院法官组成,首席法官指定;青少年法院的法官应由地方法院或治安法院法官组成,首席法官指定。除法官和助理法官外,家事司法法院应有宣誓员、口译员、文员、咨询顾问、社会工作者、心理学家等其他工作人员。[1] 同时,该法规定了家事司法法院的管辖范围及案件管理的一般规则。整体来看,该法为家事司法法院的设立该重要改革内容给予了法律依据,推动了家事司法系统的进展。

2.《2014年家事司法规则》规范了具体程序规则

家事司法规则委员会根据《2014年家事司法法》第46条制定了《2014年家事司法规则》,该规则于2015年1月开始实施。该规则为参与诉讼的相关人员和家事司法工作人员提供了规范指引,如涉及具体的期间规范、程序规则及违反相关规范的后果等。

该规则对以法官为主导的家事纠纷解决方法作出了明确规定。法官主导方法要求法官能够通过命令或指引及时高效地为相关程序提供指导,这包括查明原因或事项中的有关问题,确保当事人提供有关证据。在采用法官主导方法时,法院可在审判程序开始到审理的任何阶段,经当事人一方申请或自行决定,指示当事人参与更为适宜的非诉讼程序,以促进家事纠纷的公正、高效解决。该指示包括要求诉讼一方或多方当事人参加调解或咨询,或参加

〔1〕 See Family Justice Act 2014, Art. 12-19.

法院认为适宜的家庭支持计划或活动;在遵守与证据可采性相关的成文法规定的前提下,要求当事人或证人提供与诉讼有关的任何证据;要求证人作证以协助解决纠纷,无论当事人是否要求该证人作证;限制口头辩论的时间;规范任何书面意见的期限;披露相关文件或资料;等等。法院在指示当事人参与非诉讼程序时需要考虑当事人是否遵循了有关诉前协议或相关指示。如果任何一方不遵守法院作出的命令或指示,则法院可以撤销该诉讼,要求提出抗辩或反诉,或作出其认为适当的其他命令。

在当事人尝试采取任何诉讼程序前,法院可随时指示当事人参加与诉讼活动相关的案件会议。在案件会议中,法院可以考虑任何事项,包括解决该诉讼或程序中的任何事项,并要求当事人向法院提供其认为适当的任何信息,还可以就案件的及时高效解决给出指示。在案件会议期间,如果当事人同意解决诉讼中的部分或全部争议,则法院可就该问题作出判决或命令。

同时,该规则规定了涉及儿童的相关条款,如儿童代表、抚养协调项目等。儿童代表应根据其所获得的证据对儿童的最大利益形成独立观点,以其认为符合儿童最大利益的方式行事。在符合儿童最大利益的前提下,除非法院另有指示,否则儿童代表应尽其所能让儿童有机会表达和澄清对诉讼或诉讼中所涉事项的观点,确保儿童可以在不受任何人影响的情况下表达观点,确保将儿童表达的观点完整准确地呈现给法院,确保儿童有机会被告知有关诉讼程序的重大进展;儿童代表应提请法院注意与增进儿童利益有关的事项,包括有关儿童与诉讼或诉讼任何一方当事人之间关系的信息,等等。

法院可依其动议或当事人的申请命令当事人参加抚养协调项目,该项目由法院任命的育儿协调员主持进行。法院在决定是否要求当事人参加抚养协调项目时需要考虑双方参与抚养协调项目是否符合儿童的最大利益、双方是否会在育儿协调员的协助中受惠、参加抚养协调项目是否在财物能力范围内等问题。育儿协调员应当以其认为符合儿童最大利益的方式行事。

整体来看,该规则对法官主导方法、儿童权益保障、具体程序规则等作出了较明确的规范,为家事司法法院相关程序机制的改革提供了规范指引,推动了法官主导方法、儿童权利保障等改革建议的实践。

3.《家事司法法院实践指引》的详细阐释

《家庭法实践指引》在《2014年家事司法法》和《2014年家事司法规则》的基础上,对家事司法程序和具体规则进行了更细致的规范。该实践指引就程序的开始、解决家事纠纷的法官主导方法、与儿童有关的程序、替代性纠纷解决、婚姻解除程序、收养儿童、电子归档服务等作出了规定。

该指引指出,家事司法法院进行案件管理的总体目标是促进家事纠纷解决的及时高效成比例,减少当事人之间的争议,促进争端的依法公正解决。该指引的目的在于在法官主导方法的框架内阐明案件管理的目的和原则。案件管理的目的在于使程序的当事人及其律师必须以与家事司法法院诉讼程序的总体宗旨和主导意识相一致的方式参与诉讼程序。案件管理的原则在于实现家事司法的总体目标,法院、当事人及当事人的律师必须考虑如何在总体上或在任何特定程序中维护司法利益。

在儿童代表方面,该指引明确规定了儿童代表任命的相关问题,指出法院可以根据《2014年家事司法规则》第30条的规定自行提出动议,任何一方也可请求法院任命儿童代表。该指引规定儿童代表小组的所有成员应将电子邮箱地址的任何变更通知法院。该指引详细规定了儿童代表应提交的信息表,并附有儿童代表实务笔记、儿童代表检查表和双方当事人的问卷等儿童代表认为适当的信息。儿童代表在接受任命后应迅速采取行动,履行《2014年家事司法规则》第31条规定的职责,主要包括向当事人或律师提供有关儿童代表作用的信息,并告知其与儿童代表通信的要求及法院可能命令其支付的任命儿童代表的费用;与可能与儿童一起工作的任何专业人员进行协商,制订并实施相关计划,从而使儿童参与决策过程。

(四)2014年改革之效果

新加坡2014年的改革措施取得了较为明显的成果。《2014年家事司法法》简化了关于离婚的诉讼程序,这使同意离婚的当事人在提起诉讼之前已经能够离婚,而无须经过冗长的诉讼程序,从而在一定程度上减少了双方当事人之间的对抗性。简化模式下判决离婚的案件数量在2015年所占比例为24%,至2018年该比例上升至55%,这意味着离婚案件的处理得到了简化,降低了当事人的时间和金钱成本。如果当事人无法达成协议,司法程序会持续为其提供如和解等较温和的纠纷解决途径。例如,从 2015 年到 2017 年,进入家事司法法院的案件,需要最终审判才能解决离婚或相关问题的仅有 6%至 9%。因此,从此次改革的整体效果来看,离婚案件中需要进行完全离婚裁决的案件数量已经减少。

同时,自 2014 年实施了法官主导方法后,法官们采取了更加积极主动的态度进行案件管理,诉讼程序更加迅速和经济,这也使离婚争议所需的时间明显减少。[1] 司法实践中,法官主导的方法有利于案件的及时、公正解决。例如,在 2015 年 *TGV v TGW* 案中,法院下令不需要对一名作为专家证人的医生进行交叉询问,因为这"效果较差,只会增加诉讼的时间和费用支出"。[2] 在 2016 年 *TJF v TFG* 案中,法院提到了法官主导方法,拒绝允许未成年人作为证人,法院通过对未成年人的长远利益考虑,认为让该案中未成年人作为证人缺乏必要性。[3] 另外,法院结构的统一也是案件管理制度得以有效实施的重要保障。

二、2019 年家事司法审查

自 2017 年起,新加坡对 2014 年改革的效果和进一步深化进行审查,并在 2019 年发布了审查报告。审查报告总结了 2014 年改革取得的效果,强调了新加坡家事司法系统进一步发展的方向。

为了推进这些成功的改革措施的推行,以先前的家事司法委员会为基础,2017 年 11 月新加坡成立了家事司法系统审查与推进委员会(Committee to Review and Enhance Reforms in the Family Justice System)。该委员会的职权范围包括:(1)审查与离婚、抚养费和子女监护权等有关的司法程序和法律规范,旨在确保家事纠纷的及时、高效、成比例解决;(2)考虑其他适当的非诉讼家事纠纷解决方式及多学科方法,从而减少当事人对家事司法的需求;

---

〔1〕 See Committee to Review and Enhance Reforms in the Family Justice System, Report of the Committee to Review and Enhance Reforms in the Family Justice System (2019), p. 7.

〔2〕 See *TGV v TGW* [2015] SGFC 131.

〔3〕 See *TJF v TFG* [2016] SGFC 165.

(3)制定一组对家事司法系统运行状况进行评估的关键绩效指标;(4)审查家事司法系统中治疗或恢复性司法要素为家庭和社区带来的更好结果;(5)加强对家事司法从业者的家庭法的持续培训。[1] 审查报告强调了以下内容:

其一,经各方努力部分婚姻仍不可避免地破裂,此时当事人须考虑多方面问题,如抚养和财产安排。2019年审查建议在诉讼之前提出更多的诉前准备措施,从而为拟离婚的当事人提供更多支持。为获得该支持,当事人需要提供关于不动产及财务事项的相关信息,从而保障家庭未来发展的明智决策的作出。该部分建议包括:加强强制性抚养计划的适用以加强对当事人的服务;为当事人提供更为个性化的信息,帮助当事人对离婚后的财务状况等作出更具针对性的信息服务。针对夫妻感情需求的事前咨询应进一步加强,以更好地促进婚姻的修复,并且应鼓励诉讼前的调解服务安排,以促进纠纷及早解决。同时,委员会建议开发诉讼前的在线平台服务,提供相关信息的在线咨询以促进当事人思考离婚及子女权益问题,并为当事人离婚提供服务。

其二,《2014年家事司法法》简化了离婚的流程,同意离婚的当事人可以在起诉前离婚,无须经过冗长的诉讼程序,以减少当事人之间的冲突。2019年审查建议进一步简化现有家事诉讼程序规范,从而使家事诉讼程序更简单、及时、有效。委员会建议修改《2014年家事司法规则》,使不同诉讼类型的诉讼规则的适用更为明确。同时,鉴于遗嘱认证程序的规则与其他家事诉讼程序规则不太一致,委员会建议将《2014年家事司法规则》修改为独立的两编,一编规定遗嘱认证事项,另一编规定除遗嘱认证外所有与家庭相关的诉讼,两编都设置独立的规则和诉讼程序。

其三,2014年改革引入的法官主导方法是进行合理干预的有效途径,该方法促进了法官在家事案件中的积极主动作用的发挥,促进了纠纷的高效解决。委员会审议了法官主导方法在实践中的适用情况,认为应当加强该方法在家事诉讼中的进一步适用,如要求除非获得许可,否则不允许当事人提出

---

[1] See Committee to Review and Enhance Reforms in the Family Justice System, Report of the Committee to Review and Enhance Reforms in the Family Justice System (2019), p. 8.

进一步的诉讼申请;应当允许缺席审判,从而促进家事纠纷的及时解决;应当允许法院自行发布实质性命令;明确规定对儿童的司法会见是法官进行判定的方法之一;如果一方面临对另一方的刑事指控或一方当事人已经获得针对另一方当事人的个人保护令,则此时应授权法院可以限制交叉询问。[1]

其四,加强现行的儿童接触令制度构建是委员会建议的改革领域。由于此类情况涉及父母的决策作用、责任及离婚后与子女接触的时间,因此该类问题充满了情感纠葛,必须谨慎对待,以尽可能保护儿童免受父母冲突造成的影响。委员会建议,应当提供一种更简单的违反儿童接触令的执行程序模式,授权法院可以采取一系列鼓励当事人遵守儿童接触令的措施;授权法院在当事人不遵守法院命令时对当事人处以罚款或监禁的裁量权。

其五,确保当事人获得优质的法律咨询和服务具有重要性。关于抚养及财产处理的决定往往会对当事人产生较为长远的影响,因此如果尽可能使当事人了解他们可以作出的选择,包括调解或咨询等,这可能对他们来说更有利。律师协会提出了开发家事司法协助项目,从而为更多当事人提供更多有能力支付的法律服务,委员会对该建议非常赞同。

其六,委员会建议制定一套新的关键绩效考核指标,以评估家事司法系统的运行状况。家事判决书对当事人尤其是未成年人的生活会产生较大影响,关键绩效考核指标能够帮助有关机构和个人全面了解家事司法系统对维护家庭关系产生的作用,使家事司法系统能够不断完善家事司法的具体实施和运作方式,对相关案件进行追踪。

整体来看,家事司法系统审查与推进委员会对 2014 年的改革措施给出了非常积极的评价,并希望将相关改革措施进一步深化,以推进家事司法系统已有机制的进一步完善。2019 年的审查及发展建议,是对 2014 年改革措施的继承和深化。

---

[1] See Committee to Review and Enhance Reforms in the Family Justice System, Report of the Committee to Review and Enhance Reforms in the Family Justice System (2019), p. 22.

第二节　儿童最大利益原则的维护

与英联邦其他国家相同，在新加坡家事司法系统中，儿童最大利益原则是家事司法的首要和根本原则，维护儿童的最大利益也在新加坡家事司法改革中凸显。新加坡通过任命儿童代表等方式保障儿童的程序参与，并且推动共同抚养责任的不断发展，保障抚养权纠纷中法官会见儿童，以更好地保障抚养案件中儿童的未来发展和长远利益。对儿童最大利益的维护，体现了对《儿童权利公约》的遵守和对家事司法首要原则的强调。

一、倾听儿童声音，多途径反映儿童意见

在家事司法中，保障儿童的程序参与、倾听儿童的声音是各国家事司法制度发展的普遍趋势，在新加坡亦不例外。在改革过程中，家事司法委员会主张通过儿童代表、育儿协调员和专业人员的参与等促进儿童意见的反映和传达，并在实践中取得了一定效果。

（一）改革建议：保障儿童意见表达和权益维护

对未成年人来说，离婚是对家庭生活的破坏，这需要未成年人去适应新的生活方式，并在情感上作出调整，故而父母离婚对未成年人造成的影响巨大。改革之前，家事司法的重心是当事人的纠纷解决，儿童的声音在某些案件中未得到倾听，这可能导致部分判决并未充分考虑儿童的最大利益。有受访者表示，虽然有较为平和的离婚，但离婚过程普遍较艰辛，很多当事人为保留子女的监护权采取了各种措施，可能会让未成年人遭受父母离婚或冲突的不利影响，这显然不利于维护儿童的利益。家事司法委员会关于加强儿童最大利益维护的主张得到了社会各界的广泛支持，这重申了该委员会将儿童最大利益作为重心的信念。其提出了 3 项改革建议，以确保儿童的声音能够被听取，并确保儿童的最大利益得到维护。

首先，应通过专门机构让未成年人表达意见。州法院的咨询和心理服务

部门有很多帮助诉讼中的家庭和个人控制情绪和解决冲突的方案,并可协助决策的作出。通过专门机构来获取和反映儿童的观点,如通过与儿童访谈等方式,可以更好地对儿童的真实意愿作出判断。由此,为确保儿童意见的表达,家事司法委员会建议咨询和心理服务部门与社会和家庭发展部合作,以获得更多的授权和充分的资源。对涉及儿童的案件,法院咨询和心理服务部门的心理专业人员应当与家庭合作,并为法官作出决策提供符合儿童最大利益的信息和建议,这包括与儿童一起确定他们的意愿和感受并将其意愿和感受向法院反馈。法院的心理专业人员应当听取各方意见,包括与家庭相关的社区工作人员的意见,并反映儿童的独立意见。咨询和心理服务部门所获授权可扩大为:(1)进行与家庭有关的背景调查和记录,如家庭暴力、经济问题、社会救助记录、犯罪记录、精神健康和药物滥用问题等;(2)评估和确定儿童面临的风险和其意愿及感受,可以最终制作儿童影响报告;(3)推荐干预策略,以维护儿童最大利益,增强儿童福利。[1]

其次,应在涉及儿童的家事诉讼中任命儿童代表。委员会建议授权法院在适当情况下任命儿童代表,这得到了公众的积极反馈。儿童代表的主要职责是在家事诉讼中代表儿童的观点和利益,从而促进法院最终判决决定的作出能够符合儿童的最大利益。为帮助儿童,儿童代表可以与儿童及其父母交谈,向其解释司法程序并帮助他们更好理解;向儿童及其父母提供相关信息和建议,促进儿童及其父母与有关专业人员合作,准备书面报告以供法院考虑,在审判中发表意见。该建议是对澳大利亚儿童代表制度的借鉴。律师等经过法律训练的人,是儿童代表的主要候选人。尽管法律培训很重要,但来自其他专业或学科的专业人士的观点和思路也可能发挥儿童代表的作用,因此社会工作者、心理学家等专业人员在适当情况下也可被任命为儿童代表。儿童代表的任免程序应相对简洁,以最大程度上减少迟延问题。

最后,促进家事司法程序中社会学和心理学服务专业人员的参与。社会工作者、心理咨询师对法院决策的作出具有重要作用,如能协助判断儿童的

---

〔1〕 See Committee for Family Justice, Recommendations of the Committee for Family Justice (2014), p. 38-39.

最大利益。委员会建议法院有权要求社会学、心理学专业人员在法院裁判过程中提供必要协助以促进儿童最大利益的确定,相关反馈也体现了对专家参与的重视。除专业机构的心理学和社会学专业人员外,财务咨询师、律师也可提供协助,法院还可令有关专业人员提供专业报告。专家协助的具体方式可依案件的具体情况而定。同时,针对专业人员的参与,还须制定相关保障措施,促进其以客观、公正的方式参与,并且应当保障他们免遭诉讼纠纷。[1]

(二)儿童代表与专家参与之推进

根据《2014年家事司法规则》,如果未成年人是诉讼程序的当事人,或者诉讼程序涉及未成年人的监护权或利益,若法院认为任命儿童代表符合儿童的最大利益,则法院可自行或依申请为未成年人任命儿童代表。儿童代表应就相关事项向未成年人提供由其签名的书面陈述及附件,并在法院指示的期限内送达诉讼各方当事人。儿童代表的独特作用在于确定儿童的意愿,使儿童了解相关情况,并采取必要的措施来保护儿童的最大利益。儿童代表也有义务向法院通报与儿童利益相关的所有事项。儿童代表的工作是保障儿童的声音能够被倾听,并为法官提供客观的评估,但这并不意味着儿童代表的意见最终完全取决于儿童的意愿,而是需要了解儿童的意愿并辨别儿童意愿的表达是否存在强迫等情形。例如,部分未成年人害怕或希望取悦父母一方,可能会遵循父母一方的指示或愿望,部分未成年人则偏向于对其管束不严格的父母,但从未成年人的长远利益来看,该选择可能并非最佳选择。在某个案例中,两个男孩(分别为13岁、16岁)的母亲出示了未成年人写的信,信中表明想在父母离婚后与母亲同住,儿童父亲则指出其妻子管教方式过于松懈,如允许未成年人不去学校读书。儿童代表与未成年人及其父母、祖父母及学校顾问进行了交谈,充分了解了未成年人的意见和对未成年人的利益作出了充分考量,知悉该案中的弟弟想和母亲共同生活,哥哥想与父亲共同生活,最终法官判决该案中的弟弟归母亲抚养,哥哥归父亲抚养。由此

[1] See Committee for Family Justice, Recommendations of the Committee for Family Justice (2014), p. 40-41.

可见,儿童代表的责任重大,需要为儿童的未来利益考虑。[1]

同时,针对部分专业问题,法院需要相关专家的协助。一般情况下,当事人通常会聘请自己的专家,但专家出具的意见往往倾向于支持其委托人,这可能会导致意见分歧或客观性存疑,对法官最终决定的作出帮助性不大。同时,专家的反复检查或访谈可能会加重对未成年人或弱势群体的伤害。为解决该问题,新加坡规定法院可以任命独立专家。由法院独立任命专家不仅可以帮助法官进行决策,还可以减少诉讼的时间和费用,在一定程度上还可以保证专家提供中立、客观的专业知识。[2] 在家事司法中,独立专家的参与更具必要性,可以对儿童利益的判断作出更客观的评估报告或意见,以促进对未成年人权益的保障。《家事司法法院实践指引》规定,如果未成年人是诉讼程序的当事人或诉讼程序中涉及未成年人的福利或监护,则当事人不得未经法院允许聘请医生、心理学家、社会工作者或心理健康工作人员等对未成年人进行检查或评估以为诉讼程序准备专家证据。在审议任何与儿童的福利、监护、抚养、接触等相关问题时,法院可以自行指示有关公职人员对未成年人进行检查或评估,以获得有关儿童福利的报告。

最后,抚养协调项目是旨在为当事人解决离婚所涉抚养问题的家庭支持项目,育儿协调员由法院任命,抚养事宜涉及儿童的监护或抚养、儿童接触权等与儿童福利有关的所有事项。育儿协调员的参与能够为当事人就子女抚养问题提供协助,促进抚养安排的及早达成。抚养协调方式在司法实践中取得了一定效果,减少了当事人的对抗性,并缩短了纠纷解决的时间。自 2016 年 11 月起,新加坡尝试由受过专门训练的律师担任育儿协调员,至 2017 年,育儿协调员的选择范围扩大至社会科学领域的专业人士。[3]

---

[1] See Janice Tai, *Heavy Responsibility for Child Representatives*, The Straits Times (Jul. 26, 2015), https://www.straitstimes.com/singapore/courts-crime/heavy-responsibility-for-child-representatives.

[2] See Sundaresh Menon, *The Future of Family of Family Justice: International and Multi-Disciplinary Pathways*, The Evolution of Family Justice (Sep. 29, 2016), https://v1.lawgazette.com.sg/2016-11/1701.htm.

[3] 参见[新]邓碧云:《新加坡家事司法改革概略与规划》,袁跃文、林超译,载《中国应用法学》2017 年第 5 期。

二、共同抚养责任中儿童利益的维护

在新加坡儿童抚养权案件中,共同抚养责任逐渐在抚养权纠纷中得到了广泛适用。共同抚养责任通过促进双方当事人共同承担抚养责任,强化两者的合作,以更好地促进和保障未成年人的健康成长。同时,共同抚养责任在强调共同责任的同时还注意区分不同责任,强调“共同但有区别”,从而根据当事人的具体状况和儿童最大利益,分别界定监管权和接触权的不同归属。

(一)共同抚养责任之内涵与产生

所谓共同抚养责任,即法院通常会发布共同监护令,要求父母双方承担共同抚养责任。关于儿童的成长、健康、教育和宗教等重大决定应当父母共同作出,如果无法达成协议,法院则应根据儿童最大利益原则对这些事项作出裁决;法院只在特殊情况下作出单独的监护令,如父母中的另一方对子女实行虐待,或双方当事人之间的关系使共同抚养无法实现。[1]

新加坡在 2005 年 *CX v CY* 案中确立了共同抚养责任。该案一审中,高等法院法官将一个 4 岁儿童的监护权判给父母共同行使,其中,儿童母亲负责抚养和管教,儿童父亲有一定接触权。儿童母亲提出上诉,希望得到儿童的唯一监护权,最终上诉法院驳回上诉。上诉法院同意一审法院法官的判决,即尽管担心当事人双方可能无法达成共识,但共同监护令仍可作出。这是推动共同抚养责任发展的正确方向,也是抚养权案件的新趋势,即法院不再倾向于仅仅因当事人双方在诉讼期间表现出的敌意或冲突状态而作出单独监护令,为保障未成年人的最大利益,只有在特殊情况下单独监护才适合。共同抚养责任的观念深深植根于新加坡的家事司法中。《女性宪章》鼓励当事人通过平等的合作努力来照料和养育子女。《儿童权利公约》第 18 条明确规定:“缔约国应尽其最大努力,确保父母双方对儿童的养育和发展负有共同责任的原则得到确认。”英国和澳大利亚也通过父母终身责任的概念对其共同

---

〔1〕 See Randolph Khoo & Hoon Shu Mei, *Family Law in Singapore: Overview*, Practical Law (Sep. 1, 2020), https://uk. practicallaw. thomsonreuters. com/4－568－0826? transitionType = Default&contextData = (sc. Default) &firstPage = true#co_anchor_a150034.

抚养责任作出了强调。父母双方在子女抚养过程中的参与一般情况下更加符合未成年人的利益,未成年人的需求不会因不与父母一方生活在一起而发生变化,因此,在监护程序中,最重要的是法院应当承认和促进当事人共同抚养子女,从而便于双方都能继续直接参与子女的生活。[1] 该案明确了共同抚养责任,在新加坡未成年人抚养权案件处理中具有里程碑意义。

新加坡法院通常会给予一方当事人唯一的照管权,拥有该权利的父母可以就子女抚养过程中的日常问题作出决定,子女通常会跟该方父母同住。[2] 在判决照管权归属时,新加坡的判例法呈现一定判断趋势:其一,在所有条件都相同的情况下,年幼的儿童的照管权优先归于母亲一方;[3] 其二,倾向于维持现状和生活条件的连续性;[4] 其三,兄弟姐妹不应分开;[5] 其四,如果儿童的年龄适中,且双方当事人的养育方式形成鲜明对比,则分开照管不合适,父母双方之间需要高度合作。[6] 通常情况下,法院会给予无照管权的父母一方探望子女或在规定时间内陪伴子女的权利。在决定抚养问题时,法院需要考虑当事人及足够成熟的未成年人的意愿,以及抚养安排的连续性和稳定性。

法院通过发布接触令,使另一方当事人享有定期接触的权利,可以与未成年人保持健康的关系,由此促进儿童与未与之一起生活的父母一方的接触和感情联系;除非有特殊情况,如存在虐待风险等,否则另一方当事人有一定接触权,关于该接触的具体安排可以由当事人合理选择、自由安排,并且可以在法院命令或书面协议中规定关于接触安排的具体信息。如果涉及跨国接触,则须提供相关旅行路线的说明和联系方式,以及出国前儿童相关证件的移交等问题。[7] 法院对儿童的监护权和接触令的管辖权直至儿童年满 21 岁即成年时为止。

---

[1] See *CX v CY (Minor)* [2005] SGCA 37.
[2] See *AQL v AQM* [2012] 1 SLR 840.
[3] See *Soon Peck Wah v Woon Che Chye* [1997] 3 SLR(R) 430.
[4] See *Wong Phila Mae v Shaw Harold* [1991] 1 SLR(R) 680.
[5] See *Kim Chun Ahe v Ng Siew Kee* [2002] SGDC 276.
[6] See *AQL v AQM* [2011] SGHC 264; *ZO v ZP* [2009] SGDC 33.
[7] See *TFW v TFX* [2014] SGDC 329.

（二）共同抚养责任的发展与延伸

在2016年*AUA v ATZ*案中，上诉法院对共同抚养责任作出了进一步的明确。该案共涉及三个争议问题：财产问题、抚养费及照管问题。女方指出男方一开始遵守了离婚协议条款，但很快违反了关于照管权的约定，她主张男方应严格遵守分居协议内容。一审法官的立场是，一旦当事人将案件起诉到法院，则法院具有管辖权，有权考虑抚养、照管的事宜。尽管未明确提及，但其表述方法可体现出该立场，在处理该问题时并未提及分居协议的约束，而是"发布命令确保将儿童的最大利益作为首要原则"。[1]

上诉法院指出，财产分割以及部分子女抚养费问题的实质是财产问题，仅与财产所有权或父母之间的经济负担分配相关，故而法院倾向于在该类争议中发挥相对较小的作用。如果案件涉及照管问题，争议事项并非完全是金钱问题而是涉及儿童的福利，当事人可能在协议过程中不会过多考虑儿童的利益，因此法院在该类案件中需要发挥更大的作用，确保儿童最大利益作为首要考虑因素。由此，在法院考虑监护权问题时，法院不受离婚协议相关条款的约束。在*TQ v TR*案中，上诉法院认为无论是婚前还是婚后协议中涉及儿童监护和照管的条款都不可强制执行，除非其明确写明双方当事人基于儿童最大利益的一致考虑达成该协议条款。[2] 正如该案中法官所论证，在离婚等婚姻纠纷中，儿童的利益可能不会被置于首位，这违反了儿童最大利益原则。故而法院在审理该类问题时会谨慎行事，不会使相关协议条款生效，除非能够有合理确信有关协议条款能够符合儿童的最大利益。

该案中男方辩称监管权命令会使男方在儿童生活中发挥更重要的作用，但双方当事人约定的接触时间已经较充足，因此，上诉法院认可女方的主张，即协议约定已经为男方在儿童生活中发挥积极作用提供了充足机会。男方提交了一份共同监管令申请，希望"确认父亲角色"，上诉法院不支持共同监管令的发布，认为这缺乏变更基础，且可能会影响儿童的正常生活。正如一审法院指出的，生活安排的连续性是维持儿童心理健康发展的重要因

---

〔1〕 See *ATZ v AUA* [2015] SGHC 161.

〔2〕 See *TQ v TR and Another Appeal* [2009] SGCA 6.

素,该案儿童过去 7 年内一直与女方共同居住,如果发布共同监管令,则可能会破坏儿童的正常生活。

该案法官在审理中始终强调不应“形式重于实质”。男方想要成为好父亲的想法值得赞赏,但实现该目标的明智方法是在与儿童接触过程中积极关注儿童的生活。当儿童成长到一定年龄,维系父女关系的基础是持久的爱和感情纽带,而非法院的判决。该案中双方当事人在过去 5 年内持续为儿童的最大利益而行动,这是令人欣慰的保障儿童福利的探索。因此,上诉法院认为共同监护、女方享有监管权的同时男方享有自由接触权符合本案中儿童的最大利益,故而在该争议问题上驳回了男方的上诉请求。〔1〕

在该案中,法院明确强调即使双方当事人签署了分居协议,但若涉及儿童抚养问题,法院仍然需要以儿童最大利益原则为首要判断因素,承担保障儿童福利的职责。同时,上诉法院强调了“共同但有区别”的责任理念,鼓励双方当事人履行监护职责的同时有不同的具体责任区分。在家事审判中,如何对权利义务进行公正界定和分配是比较复杂的事项。鉴于离婚当事人双方的境况并不相同,其抚养能力、经济实力等各方面有所不同,故而推动当事人双方协力实现共同抚养更加有利——双方当事人的协同合力能够更充分地满足儿童在成长阶段的各种需求,相较单独监护权而言更有利。〔2〕该案明确强调了儿童最大利益作为首要原则的重要地位,并对有利于儿童的抚养安排的具体确定作出了更细致的探讨,强调了维持儿童生活连续性对儿童利益的重要性,体现了法院在儿童监护问题中的基本原则和立场。

三、抚养权纠纷中的法官会见儿童

抚养权纠纷是关于儿童利益的典型案件,该类案件中对儿童最大利益的考虑需要判断儿童的意愿或观点,因此,儿童在抚养权纠纷中的程序参与具有重要意义,也是近年来英联邦国家家事司法制度发展中不断关注和探讨的

---

〔1〕 See *AUA v ATZ* [2016] SGCA 41.

〔2〕 参见[新]邓碧云:《新加坡家事司法改革概略与规划》,袁跃文、林超译,载《中国应用法学》2017年第 5 期。

问题。英国、澳大利亚等国家不断推进抚养权纠纷案件中的儿童程序参与或会见,这在新加坡家事司法制度发展中也得到了重视。在 2016 年 *AZB v AZC* 案中,主审法官鼓励与儿童进行司法会见的做法,但明确指出该司法会见应以儿童最大利益和儿童表达自我意愿的成熟程度为基础,强调了抚养权案件中儿童的程序参与和意见表达。

该案主审法官黛比·翁(Debbie Ong)指出,法院有充分的依据通过与儿童交谈直接查明他们的观点,在大多数抚养权案件中,如果无法直接获得儿童的观点和看法,那么儿童的最大利益可能无法得到完全理解。司法实践中,与儿童的交谈和信息收集尚存较大问题,监护评估员应具有足够的专业知识和谈话技巧,以获得准确信息。[1] 因为担心司法会见儿童的弊端和风险而完全放弃对儿童的司法会见并不可取,正如在 2011 年 *ZO v ZP* 案中,上诉法院指出,实践中可能会存在司法会见之前儿童被父母中的一方指导或诱导其表述的情形,但明智的做法是建议当事人不应为此行为,而非禁止法官与儿童进行司法会见,并且,法官可以根据本身的职业性质对儿童的表达进行敏锐辨别,因此可以通过更全面的实践指引或规则来规范法官会见儿童,而非一律限制会见。[2]

黛比·翁法官认为与儿童进行司法会见具有必要性,如果法官具有与儿童沟通的相关技能,则能够减少或消除可能存在的风险。法院在判断涉及儿童的问题时均须以儿童最大利益为首要原则,这意味着法官可以主动选择与未成年人交谈,即使双方当事人均未提出申请。《女性宪章》明确指示法院考虑足够成熟的未成年人的意愿,在子女抚养权案件中首要考虑的是儿童的福利,并在该前提下法院应考虑符合儿童父母的意见和该儿童的意愿,当然儿童应处于能够表达独立意见的年龄。同时,法官指出,未成年人与法官的会见不会使未成年人成为当事人纠纷的焦点。很多儿童已经见证并且可能持续见证分居父母之间的冲突,给他们向法官直接表达意见的机会可能有利于

---

〔1〕 See Kathryn Kuehnle, Lyn Greenberg & Michael Gottlieb, *Incorporating the Principles of Scientifically Based Child Interviews into Family Law Cases*, 1 Journal of Child Custody 97 (2004).

〔2〕 See *ZO v ZP and another appeal* [2011] 3 SLR 647.

帮助他们解决持续不断的父母冲突问题。随着新加坡家事司法系统的不断发展,如何更有效地保障儿童的福利是关键问题。《2014 年家事司法规则》明确规定法官有义务将儿童的利益放在首位,并有权采用主动的方法以作出服务于儿童最大利益的判决。

对儿童的司法会见是通过法官主导方法保障儿童利益的典型体现。如果法官认为会见对儿童有利,则可考虑进行司法会见,但这并不意味着强迫法官进行会见,因为可能会有法官不想会见儿童或对司法会见的局限性感到担忧。因此,会见儿童可能并非最好的方式,而是需要根据案件的具体情况进行判断,并且可能需要儿童代表、心理学家等专业人员的协助,如通过要求专业人员出具报告或任命儿童代表等方式,减少对司法会见可能产生的风险的担忧、保障向法院提供儿童真实信息和意见的有效途径。有学者强调,法官在会见儿童时应向儿童提出开放性问题,避免引导性问题或可能导致儿童在父母之间选择的问题。法官应当考虑儿童的年龄和成熟程度,以及儿童是否愿意与法官交谈,是否感受到来自父母的压力等问题。法官应尽可能多地倾听儿童的真实声音,并牢记儿童可能因为父母分居而对不同住的父母一方表达强烈的负面看法。[1]

因此,黛比·翁法官认为该案中法官应当与儿童会见。其一,有迹象表明儿童希望与法官进行交流;其二,该案中两名儿童足够成熟,分别为 11 岁和 13 岁,可以表达对影响自己生活的事情的看法;其三,会见不会给儿童造成损害,相反其有机会直接向法官表达意见,所以会见对该案未成年人而言更有帮助。[2]

在新加坡家事司法制度改革与发展过程中,儿童代表、育儿协调员及专业人员的参与能够在很大程度上促进儿童最大利益的维护和意见表达,共同抚养责任体现了对儿童最大利益的判断,抚养权纠纷中儿童直接与法官会见交谈更是倾听儿童声音、保障儿童利益的典型体现。保障儿童的最大利

---

〔1〕 See Nicholas Bala et al., *Children's Voices in Family Court: Guidelines for Judges Meeting Children*, 47 Family Law Quarterly 379 (2013).

〔2〕 See *AZB v AZC* [2016] SGHCF 1.

益，在家事纠纷尤其是抚养纠纷中得到了强调，作为家事司法的首要原则，其在改革与审查发展中一直处于重要的地位，这也体现了21世纪以来英联邦各国加强儿童程序参与、重视儿童最大利益维护的基本发展趋势。

第三节　非诉讼纠纷解决与程序机制之完善

扩大非诉讼纠纷解决机制的适用是新加坡家事司法制度改革的重要内容，强制调解和咨询的适用在实践中产生了一定积极效果。新加坡的家事司法制度强调减少对抗性，不断强化治疗性司法的理念，重在推进家事纠纷的解决。不同于英国等国家提升家事司法透明度的改革趋向，新加坡对家事司法不公开原则的强调在《2014年家事司法法》等法律法规中可得到明确体现。

一、非诉讼纠纷解决机制之完善

在新加坡家事司法系统中，替代性纠纷解决机制的适用同样是改革发展的重点内容之一。相较于司法程序，非诉讼纠纷解决机制能够更为及时高效地解决纠纷，并减少当事人之间的冲突。

(一)调解程序的普遍适用与治疗性司法

调解是新加坡目前最常用的家事纠纷解决程序。调解可以由家事调解分庭(Family Resolution Chambers)的法官调解员、法院调解员、抚养费调解分庭(Maintenance Mediation Chambers)的志愿调解员或以儿童为中心的纠纷解决中心(Child Focused Resolution Centre)的法官调解员组成。家事司法法院的咨询和心理服务部门在适当情况下可以为当事人和未成年人提供调解、咨询和心理支持服务。2014年，新加坡成立了家事纠纷解决部门，涵盖了家事调解分庭、以儿童为中心的纠纷解决中心、抚养费调解分庭和家事司法法院的咨询和心理服务部门。

根据《女性宪章》和《2014年家事司法法》，法院可以在任何诉讼中指示当事人参加调解或咨询，鼓励各方友好解决纠纷，并协助当事人达成协议或减少矛盾。律师的专业责任是就调解向客户提供建议,鼓励客户尽早考虑调解方式解决争端。法院下令进行的私人调解中,除非私人调解员另有规定,否则当事人及其律师必须亲自参加调解会议。如果争议未通过私人调解解决,则书记官或法官须给出必要指示,以促进案件程序的进一步推进。与儿童有关的家事诉讼需要召开家事纠纷解决会议(family dispute resolution conference),以明确案件的争议问题。当事人各方及其代理律师必须参加家事纠纷解决会议,该会议可就相关文件或提案的提交提供指导,并指导各方参加调解或咨询。法官可以指示与儿童无关的家事诉讼程序当事人参加调解或咨询,律师不应参加法院主导的任何咨询会议,但当事人和律师必须亲自参加调解会议。对于所有调解会议,无论是否与儿童相关,当事人及其律师均应在调解之前以规定的格式准备调解摘要,并在调解期间提交给法院可能指示的所有相关文件。调解过程中的所有通信会严格保密。如果在调解会议上未解决争议,则地区法院法官或司法常务官必须给出必要指示,从而使案件能够继续审理。如果当事人双方对调解中记录的协议条款存在分歧,则任何一方均可书面请求调解员澄清。

2020 年,新加坡家事司法法院工作计划强调了新加坡的家事司法制度是非对抗性的,旨在提供治疗性司法。治疗性司法理念主张,司法过程作为社会机制的重要组成部分,能够发挥提升适用对象的幸福感的功能;在司法程序中,应考虑对相关人员采用治疗性方法解决问题,通过司法的治疗作用化解社会矛盾。[1] 在新加坡家事司法制度进一步发展的过程中,治疗性司法系统的工作内容在于解决问题,而非诉讼。另外,家事仲裁尚未成为法律框架的一部分,诉前调解和中立评估被视为法律生态系统的一部分。[2]

(二)强制调解和咨询

《女性宪章》第 50(3A)条规定了家事司法法院的强制性咨询和调解环

---

〔1〕 参见尹琳:《美国"治疗性司法"理念的实践及其启示》,载《政治与法律》2014 年第 12 期。

〔2〕 See Randolph Khoo & Hoon Shu Mei, *Family Law in Singapore: Overview*, Practical Law (Sep. 1, 2020), https://uk.practicallaw.thomsonreuters.com/4-568-0826?transitionType=Default&contextData=(sc.Default)&firstPage=true#co_anchor_a150034.

节。该强制咨询与调解的适用经过了一定发展阶段：第一阶段自2011年9月开始，适用于子女年龄为8周岁以下的离婚案件；第二阶段自2013年7月起，涉及子女年龄在14周岁以下的当事人离婚；最后一个阶段自2014年10月开始，将强制咨询和调解的适用范围扩大至子女为21周岁以下的离婚案件。参加强制性咨询或调解会议的出席通知书会在离婚诉讼中发给原、被告，双方必须参加，并且只有在通知书有明确说明时才需要双方当事人的代理律师出席。但是，律师和当事人必须参加家事纠纷解决会议，以初步讨论与子女相关的问题，以便明确有关儿童问题的处理，也可以讨论与离婚有关的财产分割、抚养费分配等尚未解决的问题。律师和当事人应当准备讨论与儿童有关或可能影响到儿童的所有问题。根据《女性宪章》第50(3B)条，如果存在发生家庭暴力或涉及儿童保护服务等法院认为不适宜让当事人参加调解或咨询的情形，那么为了保护有关当事人的利益，可免除当事人参加调解或咨询的义务。

咨询也是家事纠纷解决的重要途径之一。法院可以根据《2014年家事司法法》第26(9)条的规定指示各方当事人参加咨询。咨询旨在帮助当事人处理与离婚或其他家庭关系有关的不利情绪，从而促进抚养协议的达成和当事人重要关系的维系，并加强对子女面对父母分居的心理适应。在法院判决之后也可以进行咨询，从而协助当事人处理相关判决命令的执行，尤其是在涉及儿童移居的情况中，咨询具有必要性。当咨询员认为适当时，当事人的律师可以参加咨询会议。咨询员可以要求儿童参与咨询会议，单独或与父母一起参加均可，但儿童的参与与否取决于案件的具体情况及对儿童最大利益的考量。与调解相同，咨询会议达成的共识会被记录为协议草案，咨询过程的所有通信文件均被严格保密，任何法院不得受理。

另外，新加坡开发了包容儿童的调解项目，通过治疗性访谈的方法与受到影响的未成年人进行交流，推动其表达对父母纠纷的感觉和观点。随后，组织人员会和家长反馈儿童的独特发展需求和心理及情感调节需要，从而帮助当事人更好地了解他们的行为对子女造成的影响。家事司法法院与新加坡调解中心开发了家事调解培训和认证机制，从而促进更多专业家事调解员的培养,将调解扩展至更广泛的家庭纠纷解决过程中。[1]

因此,在新加坡的家事纠纷解决中,调解、咨询等非诉讼纠纷解决机制的作用越来越突出,强制调解和咨询的适用进一步扩大了调解和咨询的适用范围,并强化了治疗性司法的理念,促进了家事纠纷的及时高效解决。另外,扩大非诉讼纠纷解决机制的适用也是近年来英联邦国家普遍推进的家事司法制度发展的趋向。

二、家事司法不公开原则及其例外

新加坡家事司法中强调了家事司法不公开原则,重视对当事人隐私权的保护和对儿童最大利益的考虑,与英国提升家事司法透明度的改革不同,新加坡仍关注和强调家事司法不公开原则。

新加坡家事案件的审理以不公开为原则。《2014 年家事司法法》第 10 条明确规定,家事司法法院的审判程序应以非公开的形式进行,法院认为适宜公开的案件可公开审理,但该公开具有一定程序限制,如不得公开任何证人的个人身份信息或足以导致证人身份被识别的信息等。根据该规定,《家事司法法院实践指引》作出了进一步细化规定,指出家事司法的一般规则是非公开审理,公众无权旁听。在该一般规定下,如果法院出于司法公正的原因认为可以进行公开审理,则法院可以在公众通常可以接触到的公开法庭上审理案件。该充分理由包括但不限于以下事项:(1)根据《女性宪章》第 105 条和第 106 条提出的诉讼;(2)根据《女性宪章》第 95 条和第 101 条进行的无争议审判程序;(3)涉及《女性宪章》第七部分和第八部分的诉讼。在不违反任何成文法的原则下,法院可酌情决定准许利害关系人,如指定律师或相关人员在家事司法法院参加庭审。法院在行使该权利时可充分考虑诸多因素,其中包括寻求许可的人在该争议中的利益关系,诉讼当事人的利益,寻求该许可的原因,法院在维护司法权威方面的考虑。在准许有关人员在家事司法法

[1] See Sundaresh Menon, *The Future of Family of Family Justice: International and Multi-disciplinary Pathways*, The Evolution of Family Justice (Sep. 29, 2016), https://v1.lawgazette.com.sg/2016-11/1701.htm.

院旁听庭审时，法院可酌情施加一定条件要求有关人员遵守。除此之外，不受最高法院管辖的案件仍可能依据《最高司法法院法》(Supreme Court of Judicature Act)第8(2)条的规定非公开审理。[1]

根据《2014年家事司法规则》第671(1)条的规定，非公开审理的案件的判决书往往无法获取。为匿名处理，部分报道的家事判决书已经被删除。同时，《家事司法法院实践指引》第163条对禁止发布、评论和报道的内容作出了规范，规定关于家事司法法院相关案件的公开报道和评论不得违反现有法律或法院判决命令，也不得有影响法院任何判决结果的合理怀疑。

新加坡强调对家事案件的不公开审理，体现了传统的家事司法不公开原则。家事司法的重要功能和目的之一在于减少或消除当事人之间的对抗关系，促进家事纠纷的及时高效解决。公开审理家事案件不利于该功能的实现，反而可能导致“家丑外扬”，不利于家庭“私事”的平和解决。同时，家事纠纷往往涉及当事人及未成年的个人隐私，甚至关系当事人的人格尊严，如果公开审理可能会侵犯当事人或未成年人的隐私权，并对当事人尤其是未成年人的未来发展产生不利影响。因此，家事案件一般不公开审理符合保护当事人隐私与合法权益、保障儿童最大利益的要求。

第四节　新加坡家事司法的发展趋向

经过家事司法改革，新加坡的家事司法制度得到了较大发展，并在后续发展中不断完善。尽管如此，新加坡的家事司法制度部分问题尚待解决，尚存一定可待发展的空间。同时，新冠肺炎疫情也为新加坡的家事司法发展提出了一定挑战。新加坡面向未来的家事司法制度发展，强调对治疗性司法和问题解决的重视，旨在减少纠纷解决的对抗性、促进家事正义的及时实现。

[1] See *BMI v BMJ* [2017] SGHC 112.

一、家事司法制度的进一步完善

新加坡不断推进家事司法系统的发展和优化,通过改革措施和审查建议等不断推进家事司法制度的现代化发展。就当前新加坡家事司法制度的发展趋势来看,新加坡家事司法系统的工作目标集中于未来不断变化的趋势,注重家事正义的多元实现途径,注重完善家事纠纷解决系统。例如,新加坡在近年来的家事司法工作中强调家事律师的重要性,指出家事律师在为当事人最佳利益考虑的同时还具有其他的工作要求,如在维持家庭关系的背景下建议当事人参加调解或提供相关信息,并且律师应当建议当事人考虑诉讼外的其他事项,如诉讼对家庭尤其是未成年人造成的经济或情感上的影响。同时,律师不仅可以担任当事人的代理人,还可能被指定为儿童代表或育儿协调员。〔1〕 因此,家事律师在新加坡的家事司法系统发展过程中发挥着越来越重要的作用。

尽管新加坡家事司法制度不断改革和发展,但目前部分法律领域还存在争议。其一,《调解法》(Mediation Act)或《2020 年新加坡调解公约》(Singapore Convention on Mediation Act 2020)在家事纠纷中是否适用及适用范围;其二,婚前协议和分居协议不具有直接的可执行性,离异夫妻如何私下解决纠纷还有待进一步考察;其三,由于新加坡的扶养制度只适用于无行为能力的丈夫,因此针对男性的扶养不如针对女性的扶养普遍,这表明《女性宪章》中的配偶扶养条款仍有进一步修改的空间;其四,如何在新加坡实施治疗性司法以及治疗性司法理念如何影响家事司法法院的判决还有待观察。〔2〕 因此,新加坡的家事司法制度尚待进一步发展。

同时,新加坡家事司法法院院长黛比·翁法官指出,改革并非短期内促进家事司法实践迅速发展之道,家事司法系统和对家庭的理解还需要一定时

〔1〕 参见[新]邓碧云:《新加坡家事司法改革概略与规划》,袁跃文、林超译,载《中国应用法学》2017 年第 5 期。

〔2〕 See Randolph Khoo & Hoon Shu Mei, *Family Law in Singapore: Overview*, Practical Law (Sep. 1, 2020), https://uk.practicallaw.thomsonreuters.com/4-568 0826? transitionType = Default&contextData = (sc.Default) &firstPage = true#co_anchor_a150034.

间不断发展,因此,新加坡需要通过新改革措施的试行和持续的审查来评估家事司法系统和当事人的需求。与此同时,人们的观念和态度也会随时间推移而变化,故而家庭法并非一成不变。家事律师可以帮助当事人就法律问题达成协议,促进纠纷及早解决,其在家庭法的观念转变和非抗性方法的发展过程中发挥着重要作用。[1]

二、新冠肺炎疫情下家事司法实践的发展

为应对新冠肺炎疫情,新加坡须采取一定的行动限制措施,这在一定程度上可能会影响到离异夫妻对未成年子女的接触权的实现。当父母中的一方需要在不同的家庭之间出入时,另一方可能会以行动限制措施为由拒绝其对儿童的接触或对儿童的安全提出担忧或关切。根据《2020 年新冠肺炎(临时措施)(控制令)规则》[COVID-19 (Temporary Measures) (Control Order) Regulations 2020],父母可以根据有关接触权的任何协议或判决,离开其居住地对未成年子女行使临时监管权或照管。

同时,疫情可能会成为法院在涉及跨国搬迁或绑架儿童案件中需要考虑的因素。例如,2020 年 *UYK v UYJ* 案是新加坡法院审理的涉及允许儿童从新加坡移居到英国的上诉案件,该案中法院在判决中拒绝给予现有证据过多重视,指出鉴于疫情的发展较为迅速,应当结合进一步的证据作出判断。[2]

因此,在改革与家事司法审判之后,新加坡家事司法制度仍存在一定完善的空间,治疗性司法理念和法官主导方法的进一步深化仍待探讨,同时,疫情为家事司法带来了一定挑战,新加坡家事司法实践也作出了相应发展。整体来看,新加坡家事司法制度尚处于不断发展和完善过程中。

---

〔1〕 See K. C. Vijayan, *Family Law Reforms Not a Quick Fix, Says Judge*, The Straits Times (Jun. 29, 2020), https://www.straitstimes.com/singapore/courts-crime/family-law-reforms-not-a-quick-fix-says-judge.

〔2〕 See *UYK v UYJ* [2020] SGHCF 9.

第六章

加拿大家事司法改革及其发展

2019 年,加拿大通过立法对家庭法作出了实质性修改,这也是自 20 世纪末期以来加拿大对家事法律制度进行的首次大规模修改。此次修改强调明确儿童最大利益原则的判断标准和司法适用,推进解决家庭暴力问题和提升家事司法的效率,强调保障接近正义的实现。尽管加拿大此次修改的主要内容有待在近年来逐步实施,但其对儿童最大利益原则的完善和对接近正义保障措施的不断探索,有利于加拿大家事司法系统的不断更新和优化。

第一节　加拿大家事司法改革的开始:2019 年家庭法修改

相较于其他法律,家庭法更多与加拿大人息息相关。2018 年,加拿大政府提出了 C-78 法案以促进家事司法系统的发展。该法案对几部已有立法进行了修改,并于 2019 年正式通过。《离婚法》大部分修正案已于 2021 年 3 月生效,另外两部法案的修改将在近几年内生效。该立法修改旨在推动联邦家庭法能够进一步满足家庭的需求,促进儿童最大利益的维护,解决家庭暴力等问题,帮助减少贫困,以及使加拿大的家事司法系统更高效便利。家庭法的变化是加拿大持续为分居或离婚当事人及其子女提供支持的重要里程碑,家事司法系统的完善有助于进一步实现接近正义,促进家事纠纷的解决和加强对未成年人及其家庭的保护。

一、2019年家庭法修改之背景

加拿大的家庭法律制度由联邦家庭法与省和地区家庭法组成。进入21世纪以来,加拿大的家事司法系统在不断发展过程中尚存一定问题:家事纠纷的不断增加在一定程度上加重了家事司法系统的负担,部分家庭法中的争议问题缺乏明确的立法规范,当事人参与家事司法尚存一定难度。如何保障更多的当事人参与家事司法系统从而促进家事司法正义的实现,是加拿大家事司法系统发展需要解决的问题。

(一)加拿大的家庭法制度

加拿大是一个联邦制国家,家庭法属于共有管辖权的领域。联邦负责离婚及相关事项,如监护权和接触权问题、子女和配偶抚养费等家庭支持问题。省和地区负责与分居相关的事宜、离婚和分居中的财产分割问题以及司法行政问题。每个省和地区都有家事实体法和家事程序法,实体法规范了抚养和家庭支持等问题,程序法则规范了法院规则等问题。

联邦有关于家庭法的法规。例如:《离婚法》为离婚和配偶与儿童支持令、抚养问题等提供了全国性的法律制度;《家庭判令及协议强制执行法》规定了抚养和家庭支持义务的执行问题的相关措施,如退还所得税、中止或拒绝联邦执照等;《附加法案及养老金转移法案》规定了扣押联邦雇员的工资以执行民事判决,包括与抚养费相关的款项,以及将联邦退休金利益专用于执行家庭抚养义务的规范。

联邦政府与省和地区紧密合作,以促进各辖区的家庭法的一致性,同时,联邦家庭法反映了加拿大的两种法律传统。虽然大多数省和地区都采用了相同的普通法制度,但魁北克采用的是大陆法系制度。2019年加拿大家庭法的变化也反映了不同法律传统存在的区别。[1]

---

[1] See Legislative Background: An Act to Amend the Divorce Act, the Family Orders and Agreements Enforcement Assistance Act and the Garnishment, Attachment and Pension Diversion Act and to Make Consequential Amendments to Another Act (Bill C-78 in the 42nd Parliament) (2019), p. 5.

(二)家事司法系统有待改革

家庭法制度及其司法程序对家事纠纷的解决至关重要。在 2019 年之前,联邦家庭法在近 20 年内未作出实质性修改,这导致联邦家庭法还存在一定的问题。各省和地区已经陆续修订了家庭法规范,以更好地解决家庭法中存在的紧迫问题,如涉及移居、家庭暴力或促进非诉讼纠纷解决机制的适用等。联邦家庭法亦应及时作出修订,以更好地符合家庭的需求和家事正义的实现,切实保障儿童的最大利益。

1. 家庭法制度有待更新

联邦家庭法制度的制定在于为离婚或分居当事人提供指导和规范,并为儿童的持续监护和抚养制定规划。近年来,诸多家庭法利益相关者呼吁改革联邦家庭法。例如,儿童监护与接触专门联合委员会(Special Joint Committee on Child Custody and Access)早在 1998 年就提出一系列改革建议。例如,该委员会建议对《离婚法》进行修正,增加序言部分,并在序言中提及《儿童权利公约》的有关原则,以及离婚父母与其子女应保持密切联系的原则。委员会建议为维护儿童的最大利益,在作出影响他们的抚养决定时倾听儿童的声音,在法院认为需要适当考虑儿童最大利益的情形中法官有权任命儿童法律顾问。同时,该委员会建议在《离婚法》中不再使用“监护和接触”一词,而是采用新的“共同抚养”一词。委员会还建议鼓励离婚当事人自行或在受过专门培训的调解员的帮助下通过替代性纠纷解决途径制订抚养计划。[1]

针对该委员会的建议,政府亦出台相关报告作出肯定,认为该委员会对儿童最大利益、家事立法中使用的术语、共同抚养和抚养安排、统一的家事法院、抚养命令等家庭法领域复杂且有争议的问题进行了广泛调查并针对许多具体问题提出建议。针对该委员会的建议,政府认为将儿童的观点放在首位的提议值得肯定,可以制定一项儿童抚养协议,并致力于采取整体性方法改

---

〔1〕 See Parliament of Canada, Special Joint Committee on Child Custody and Access, for the Sake of the Children (1988), p. 23.

革家庭法，探索更多减少当事人冲突的措施。[1] 加拿大律师协会（Canadian Bar Association）也支持这些改革建议，还有观点主张缩小联邦与省和地区之间日益扩大的家庭法执法的差距。[2]

2. 多途径家事纠纷解决方式有待完善

人们对接近正义的普遍理解为律师和法院的参与，然而，司法系统并非仅仅包括一种解决纠纷的途径。2013 年，加拿大民事和家事案件接近正义行动委员会（Action Committee on Access to Justice in Civil and Family Matters）在报告中将家事司法系统定义为包含有助于解决家庭法问题的所有法律、项目或服务机构。这既包括法院、政府等公共机构和法律援助服务提供者，也包括非政府机构、律师、调解员和其他帮助家庭度过分离过程的专业人员。[3] 对家事司法系统的定义强调了多元主体在家事纠纷解决中的参与，这也意味着除诉讼外的调解等非诉讼纠纷解决机制亦在家事司法系统范围内。因此，诉诸司法并非只有诉讼一种途径，相反，家事司法系统包容了诉讼与非诉讼纠纷解决机制，能够提供多途径的家事纠纷解决方法。故而选择诉诸司法的人增多，并不必然意味着诉讼案件的增多或纠纷解决速度变慢，而是意味着对家庭而言，选择的余地增多。

改善诉诸司法的途径是近年来加拿大诸多机构或公众的呼声。2016 年的一份研究报告显示，在 3 年时间内，会有 5.1%的加拿大成年人口，或者说 120 万加拿大人面临家庭法问题。同时，该报告估算，在 2012 年至 2015 年，加拿大公民在解决民事和家事争议问题上花费了 230 亿加元，政府每年相应支出达 8 亿加元。因此，该报告认为，部分加拿大公民尤其是资源较少或认为自己处于社会边缘的人并不认为家事司法系统公平、可接近或可以反映他

---

[1] See Department of Justice, Government of Canada's Response to the Report of the Special Joint Committee on Child Custody and Access Strategy for Reform (1999), p. 2-3.

[2] See Legislative Background: An Act to Amend the Divorce Act, the Family Orders and Agreements Enforcement Assistance Act and the Garnishment, Attachment and Pension Diversion Act and to Make Consequential Amendments to Another Act (Bill C-78 in the 42nd Parliament) (2019), p. 6.

[3] See Action Committee on Access to Justice in Civil and Family Matters, Meaningful Change for Family Justice: Beyond Wise Words (2013), p. 3-4.

们需求。[1] 越来越多的中等收入家庭没有资格获得法律援助,亦无法支付律师费用,这导致他们必须亲自参与复杂的家事司法程序,这可能会加重本身已存在严重冲突或经济困难的离婚或分居当事人的负担。因此,改善当事人诉诸司法的机会,增强家事司法服务,可以在一定程度上减少或预防与分居或离婚相关的一些负面事项。

3. 部分家庭法问题尚存争议

在加拿大家事司法中,家事司法专业人员认为某些家庭法中具有争议性的问题还是很难解决。例如,关于离婚后携子女移居问题在实践中较为复杂,尚缺乏明确的立法指导。部分学者认为,关于抚养责任的部分法律用语的使用可能会加剧当事人之间的冲突,应当提升立法的明确性,从而更好地促进争议的解决。又如,抚养责任中的收入披露义务在实践中并未得到较好的执行。由于在实践中缺乏准确、较新的收入信息,因此难以公正地判断抚养费问题,这可能会给家事司法系统带来压力,也可能会加重双方当事人的经济和情感纠纷。[2]

另外,加拿大家庭法中还面临一个挑战,即如果案件属于涉外家事纠纷,由于不同国家的法律和法律传统可能有很大差异,这可能会导致在涉外纠纷中法院在适用相关规则方面面临挑战。

因此,尽管加拿大的家事司法系统不断发展,但家庭法律制度尚存一定问题影响着家事司法系统功能的发挥和家事司法正义的实现,这使通过改革相关家庭法律制度以推动家事司法系统的优化具有必要性。因此,自 2018 年起,加拿大开始探讨对联邦家庭法律制度的大规模修改,并于 2019 年通过了该修改法案。

---

〔1〕 See Canadian Forum on Civil Justice, Everyday Legal Problems and the Cost of Justice in Canada: Overview Report (2016), p. 2.

〔2〕 See Legislative Background: An Act to Amend the Divorce Act, the Family Orders and Agreements Enforcement Assistance Act and the Garnishment, Attachment and Pension Diversion Act and to Make Consequential Amendments to Another Act (Bill C-78 in the 42nd Parliament) (2019), p. 7.

二、2019年家庭法修改之进程与内容

2018年5月22日，加拿大政府计划引入新法律来修改加拿大联邦家庭法中涉及离婚、分居及抚养问题的立法，即C-78号法案。该法案旨在使家事司法制度能够更加符合加拿大家庭的需求。该法案修改了3部联邦家事法律，即《离婚法》、《家庭判令及协议强制执行法》及《附加法案及养老金转移法案》。2019年6月，该法案被批准，之后《离婚法》大部分内容将通过议会立法的方式通过。这是自1986年《离婚法》生效以来，加拿大有关离婚、分居和子女抚养等问题的联邦家庭法的第一次重大变革。

《离婚法》的修改主要体现在如下六个方面：(1)使用子女抚养相关的术语取代“监护”和“接触”；(2)为协助法院明确儿童最大利益的判断标准，制定一份详尽的清单；(3)要求和鼓励当事人及其律师积极通过非诉讼的方式解决家事纠纷；(4)采取相关措施协助法院解决家庭暴力问题；(5)通过相关制度框架建设来解决离婚案件中因儿童搬迁问题引起的纠纷；(6)简化流程，包括与家庭抚养义务相关的流程等。

《家庭判令及协议强制执行法》的修改主要体现在如下四个方面：(1)允许公布相关信息以帮助达成或改变抚养协议相关条款；(2)扩大向其他省级家事司法行政机构的信息公布，增强各机构之间的信息流通与互动；(3)允许扣押联邦资金以用于某些与家庭法相关的支出；(4)延长传唤被拘留者出庭的约束期；等等。

《附加法案及养老金转移法案》规定有限考虑家庭抚养义务，并简化了相关流程，旨在为家事纠纷解决提供更为快捷、经济有效的方式，从而减轻法院的负担并为家庭带来更好的结果。

三、2019年家庭法修改之目标

C-78法案明确提出了加拿大此次家庭法修改的4个主要目标，即促进儿童的最大利益、解决家庭暴力问题、减少贫困和提高家事司法系统的效率和可及性。

首先,儿童最大利益原则是加拿大家庭法的一项基本法律原则,该原则也是《儿童权利公约》规定的基本原则。2019年家庭法修改将维护儿童的最大利益作为抚养决定作出的唯一考虑因素,并规定了各种促进儿童最大利益维护的措施。立法列出了儿童最大利益标准的考量清单,着重强调了与儿童福祉相关的关键因素,从而帮助当事人、家事司法专业人员及法官在特定情况下判断最适合未成年人的方法或决策。同时,2019年家庭法修改的内容之一是对《离婚法》部分术语的修改,该术语的变化也旨在减少当事人之间的冲突从而更好地支持儿童最大利益的实现。另外,立法还引入了部分规定,旨在帮助当事人解决离婚后的移居纠纷等问题,更好地促进儿童最大利益的实现。因此,2019年家庭法的修改,将儿童最大利益原则置于首位,并通过多方面立法修改促进对儿童利益的维护,形成了此次家庭法修改中最突出的变化。

其次,解决家庭暴力问题是此次家庭法修改的重要目标。近年来,加拿大的家庭暴力问题较突出,无论是犯罪性质的家庭暴力还是不构成犯罪行为的精神虐待等,所有形式的家庭暴力都与家庭法背景高度相关,尤其与确定抚养及接触权有关。在2019年家庭法修改中,针对家庭暴力问题,一方面修正案对《离婚法》进行了修改,强调诉讼程序的协调,基于证据因素规范了家庭暴力的定义,并在家庭暴力问题处理中强调了对儿童最大利益的维护。另一方面,修正案对《家庭判令及协议强制执行法》相关规定进行了修改,从而为解决家庭暴力问题提供一定的保障措施,注重对受害者的安全保障。

再次,帮助减少贫困问题的负面影响也是此次家庭法修改的总体目标之一。分居和离婚会对家庭产生重大的经济影响,抚养费的支付是减少贫困的一个关键因素,尤其是对儿童、低收入家庭和单亲家庭而言。如何通过抚养费支付制度的完善促进当事人积极履行支付抚养费的法律义务,完善家庭法中最具争议的收入披露问题,是帮助减少贫困需要关注的重要方面。2019年立法变化强调帮助减少贫困和与收入相关的纠纷对家事司法系统造成的负面影响,促进和加强对家庭支持的协助,并在《附加法案及养老金转移法案》

中规定家庭抚养费债务的抵押优先于其他债务。

最后,促进家事司法系统的及时高效和便于参与同样是此次家庭法修改的重要目标。诉诸司法或接近正义是加拿大联邦政府需要解决的当务之急,家事司法是其中的关键部分。诉讼迟延、程序复杂、费用过多等问题都是影响当事人参与家事司法系统的阻碍,影响家事司法正义的实现。2019 年家庭法部分条款的修改旨在精简家事司法流程和改善家事司法服务,并促进更广泛的家事司法服务的提供,简化司法管辖区域之间建立和变更抚养费的流程等。通过加强家事案件管理和家事司法服务的效率来促进家事司法系统的更新,是 21 世纪以来英联邦国家普遍的改革内容,旨在减少诉讼迟延问题,促进家事纠纷解决的及时高效成比例。

除此之外,2017 年,加拿大签署了两项国际公约,一是 2007 年的《关于国际追索儿童抚养费和其他形式家庭扶养的公约》(International Recovery of Child Support and Other Forms of Family Maintenance),二是 1996 年《关于父母责任和保护儿童措施的管辖权、法律适用、承认、执行和合作公约》(Jurisdiction, Applicable Law, Recognition, Enforcement and Co-operation in Respect of Parental Responsibility and Measures for the Protection of Children)。尽管加拿大已经签署了两个公约,但两者尚未生效,修改联邦家庭法以使国内立法与两个公约相一致成为 2019 年立法修改的内容之一。2019 年立法修改赋予了两公约"法律效力",这意味着两公约将成为加拿大法律的一部分。当然,根据加拿大宪法,两公约仅具有联邦管辖权范围内的法律效力,但是,如果联邦家庭法与两公约存在冲突,那么两公约的效力优先于联邦家庭法。

因此,加拿大 2019 年家庭法的修改体现了对家庭法制度和家事司法系统的实质性变革,旨在推进家事司法系统的优化和家事司法正义的实现,保障儿童最大利益这一基本原则的贯彻,与英联邦其他国家的改革具有一致性。

第二节　儿童最大利益原则的明确与维护

儿童最大利益原则是加拿大家事司法的基本原则,也是抚养权纠纷中的首要考虑因素。2019 年修改后的《离婚法》明确规定了儿童最大利益的具体判断标准及判断方法,为儿童最大利益原则在司法实践中的适用提供了立法依据,同时,对《离婚法》中关于抚养权问题的相关术语进行了变革,进一步强调以儿童为中心的理念。针对离婚或分居后移居问题的处理,修订后的《离婚法》强调对儿童最大利益及相关判断因素的考量。儿童最大利益原则的明确和维护是加拿大此次家庭法修改的重要内容,也成为此次变革的主要目标之一。

一、明确儿童最大利益的具体判断标准

在此次家庭法修改中,加拿大对儿童最大利益原则的具体判断标准在立法中作出了明确规范,构成了加拿大此次家庭法修改的亮点。明确儿童最大利益的具体判断标准能够促进该原则在实践中的有效适用,并使司法工作人员知悉具体判断过程中的首要考虑因素和权衡方法,促进该原则在抚养纠纷中的具体适用。

(一)关注儿童在抚养案件中的最大利益

儿童最大利益原则是加拿大家事司法的基本原则。加拿大最高法院将儿童最大利益界定为儿童“在特定情况下获得最佳安排的积极权利”。[1] 该原则是《儿童权利公约》规定的基本原则,要求在涉及儿童的所有行动中以儿童的最大利益为首要考虑。儿童最大利益也是很多省和地区家庭法的基本原则。

近年来,加拿大很多学者主张修改《离婚法》,在法律上推定平等的共同

〔1〕 See *Young v Young* [1993] 4 SCR 3.

抚养,即平等的时间和共同的决策责任,除非当事人可以证明相关抚养安排不符合儿童的最大利益,否则该推定将会适用。尽管大多数情况下父母可以并且应该为未成年人分担抚养责任,但推定的平等分担抚养安排并非在所有家庭中适用。例如,如果父母中的一方经常出差工作或需要轮班工作,则可能很难做到平均分担育儿时间。又如,如果发生了家庭暴力情况,那么分担责任可能会对未成年人或其他家庭成员构成危险。由于配偶之间的权利地位之类往往不对等,聘请代理律师等费用又较高昂,这可能会使当事人很难提供证据说服法院不适用该平等抚养安排的推定。部分利益相关者,如加拿大律师协会主张该推定可能会强迫当事人提供证据证明另一方不适合共同抚养,这会增加案件数量,加大法院的工作压力。抚养问题的重点应该是儿童的最大利益,而非父母的权利,因此法律应继续关注儿童最大利益这一基本优先事项。[1] 儿童监护和接触问题特别委员会指出,子女抚养的推定可能会把调查抚养问题的重点从儿童最大利益中转移。[2] 然而,2019 年家庭法修改强调儿童最大利益,推进共同抚养与维护儿童最大利益可能存在不一致的情况。因此,共同抚养责任的推进,需要符合儿童最大利益原则,也即,在抚养问题中,儿童最大利益是首要的考量因素和基本原则。

(二)2019 年家庭法修改中的儿童最大利益

C-78 号法案修改了《离婚法》,为协助法院明确儿童最大利益的判断标准制定了一份详尽的清单。修改之前,虽然加拿大《离婚法》没有列出明确的儿童最大利益判断清单,但加拿大除一省外,其余所有省份或地区均制定了清单,并且各省和地区已经形成了大量先例,判例法对儿童最大利益作出了较详尽的定义。[3] 2019 年《离婚法》修正案制定了一份非常详细的判断儿童最大利益的标准清单,为儿童最大利益的判断提供了清晰、统一的标准,并能协助指导父母、家事司法专业人员、律师和法院。该法案指出,儿童最大利益评

[1] See Canadian Bar Association Family Law Section, Bill S-202—Shared Parenting Act (2017), p. 2.

[2] See Parliament of Canada, Special Joint Committee on Child Custody and Access, for the Sake of the Children (1988), p. 44.

[3] See *Van de Pierre v Edwards* [2001] 2 SCR 1014; *Young v Young* [1993] 4 SCR 3.

判的要素包括:(1)基于儿童年龄和发展阶段考虑儿童的需求,如对稳定的需求;(2)儿童与配偶双方、兄弟姐妹、祖父母及其他重要人物关系的性质和作用;(3)配偶各方愿意支持儿童发展和对儿童与另一方关系的维系;(4)抚养儿童的历史;(5)儿童的观点和倾向;(6)儿童的文化、语言、宗教和精神教养(spiritual upbringing);(7)任何照管儿童的计划;(8)抚养令所涉及的每个人照顾和满足儿童需求的能力和意愿;(9)抚养令所涉及的每个人的沟通和合作的能力和意愿;(10)任何家庭暴力;(11)与儿童的安全、保障和福祉相关的任何民事或刑事诉讼、命令、条件或措施。[1] 以下将对这些要素进行具体阐述。

其一,基于儿童年龄和发展阶段考虑儿童的需求,如对稳定的需求。该标准强调需要关注每个儿童的具体情况,如儿童的气质和性格可能会影响他们应对变化的能力,进而可能会影响他们所需要的抚养方式,如果未成年人有任何特殊的身体或心理需求,例如身体残疾,那么法院需要考虑这一点。该标准认识到每个未成年人都以自己独特的方式经受父母的离婚或分居等问题,未成年人的需求也会随着时间而变化,未成年人不同的成长阶段会影响他们对同一问题或情况的反应。例如,与青少年相比,大多数婴儿在日程安排和日常活动方面需要更多的可预测性。因此,该因素需要考虑儿童不同的发展阶段。

其二,儿童与配偶双方、兄弟姐妹、祖父母及其他重要人物关系的性质和作用。在确定抚养安排时,法院通常会考虑儿童与父母双方之间的关系,很多司法裁决和家庭评估报告都从审查儿童与父母双方关系开始。未成年人还可与兄弟姐妹、祖父母或其他大家庭成员保持重要关系,这些关系可以在未成年人的生活发生重大变化时为其提供稳定感。该因素考虑了儿童与祖父母等现有大家庭成员保持接触的重要性,该接触主要是在配偶承担抚养责

[1] See Divorce Act, Art. 16(1)-(3).

任期间进行,并且在部分案件中可能需要法院发布接触令。[1]

其三,配偶各方愿意支持儿童发展及对儿童与另一方关系维系的情况。未成年人与父母任何一方的关系都非常重要,并且对于父母而言,支持子女与父母中的另一方的关系维系也非常重要。与父母双方保持良好的关系可以使未成年人在经历父母离婚等重大生活变化后保持较稳定的心理状况。该因素在2002年起实施的《离婚法》第16条第10款和第17条第9款中包含的"友好父母规则"(Friendly Parent Rule)中有所体现。如果父母一方试图破坏子女与父母中的另一方的关系,法院在抚养令作出过程中需要将该问题考虑在内。在某些情况下,父母一方不宜推进子女与父母中的另一方之间的关系,如存在家庭暴力等问题,因此,法院在考虑该因素时应将其与儿童的安全和福祉一并考虑。

其四,抚养儿童的历史。在评估当事人离婚后在子女抚养中所发挥的作用时,法院可能需要考虑双方在离婚前所发挥的作用。一方对于子女的日常生活的了解和照顾子女的能力是其为子女提供日常照管能力的重要组成部分,子女与每个申请抚养令的个人之间的关系也与子女的稳定性有关,这会涉及照管连续性。因此,当事人抚养子女的历史关系照管连续性问题,也是影响抚养案件中儿童最大利益判断的重要因素。

其五,儿童的观点和倾向。加拿大是《儿童权利公约》的缔约国,该公约明确规定了对儿童意见的尊重。父母和法官对未成年子女的抚养问题的决定直接影响着未成年人。该因素要求考虑未成年人对与他们有重要影响的重要问题的看法,该因素还指示法院和当事人根据子女的年龄和成熟程度来考量未成年人表达的观点。[2]

---

〔1〕 See Legislative Background: An Act to Amend the Divorce Act, the Family Orders and Agreements Enforcement Assistance Act and the Garnishment, Attachment and Pension Diversion Act and to Make Consequential Amendments to Another Act (Bill C-78 in the 42nd Parliament) (2019), p. 10.

〔2〕 See Legislative Background: An Act to Amend the Divorce Act, the Family Orders and Agreements Enforcement Assistance Act and the Garnishment, Attachment and Pension Diversion Act and to Make Consequential Amendments to Another Act (Bill C-78 in the 42nd Parliament) (2019), p. 11.

其六,儿童的文化、语言、宗教和精神教养。在确定抚养安排时,法院通常会考虑未成年人的文化、语言、宗教和精神教养的相关性,根据儿童的具体情况,他们的文化或宗教信仰可能会为其提供额外的精神支持。通常情况下,未成年人不仅可以通过正规教育的方式学习,也可以通过经验和观察来学习,以在更大程度上提高他们的兴趣。儿童发展自己的文化认同和积极自信的潜力是法院考虑的重要因素,儿童父母保持和促进子女对其文化、语言和宗教遗产的理解和联系的能力也是全面考虑子女健康成长问题的一个因素。加拿大部分省份的儿童保护规则明确指出,在适用该标准的过程中需要考虑土著儿童的文化遗产。

其七,任何照管儿童的计划。儿童父母通常最有能力确定什么最适合子女,2019 年《离婚法》的修改旨在鼓励父母在尽可能少的法院干预的情况下制定抚养安排。在确定未成年人的最大利益时,法院可以考虑当事人如何计划在离婚后照管儿童。一种帮助儿童父母、调解员和律师确定儿童父母在分居和离婚后分担责任的方法名为"抚养计划"(parenting plan)。如果当事人同意抚养计划,那么根据新修订的《离婚法》第 16.6 条,法院会将该计划中的规定纳入抚养令或接触令中,除非这不符合儿童的最大利益。抚养计划是儿童父母表达其对离婚后抚养问题看法的一种方式,但该标准中所指的照管儿童的计划不仅包括抚养计划,还包括儿童父母描述其照管儿童计划的其他方式,如诉状或宣誓书等。

其八,抚养令所涉及的每个人照顾和满足儿童需求的能力和意愿。由于某些限制,部分儿童父母可能无法或不愿意履行自己的职责。该标准将有助于确保法院在评估未成年人的最大利益时考虑潜在抚养人的抚养能力和意愿。该标准不仅着眼于过去,还着眼于现在和未来照顾和满足未成年人需求的能力和意愿。在确定抚养安排和联系令(contact orders)时,法院需要考虑申请人的优缺点。

其九,抚养令所涉及的每个人的沟通和合作的能力和意愿。当父母能够合作和交流时,未成年人能够受益,因此,法院需要评估未成年人父母进行合作的能力和意愿,因为这可能会影响可以考虑的抚养安排的类型。能够合作和沟通的父母更有可能成功分担决策责任，他们也更有可能灵活管理抚养安排。对于这类父母，法院的抚养令或相关抚养协议的细节问题可能相对规定较少，当事人可具体协商或沟通；对于无法或不愿意彼此合作或良好沟通的父母，灵活安排抚养计划可能行不通，如果当事人不能够或不愿意有效合作或沟通，儿童可能会陷入父母纠纷之中，因此，这些父母可能需要更详细的协议或抚养命令，明确说明关于儿童抚养的具体安排。[1]

其十，任何形式的家庭暴力。2019 年修正案要求法院考虑家庭暴力对未成年人的影响，以及实施家庭暴力的人照管和满足儿童需求的能力和意愿。法院需要考虑抚养决定的适当性，要求当事人就影响儿童的问题进行合作。为了确定家庭暴力的影响，修正案要求法院考虑诸多具体因素，如暴力的性质和严重性，是否存在强制性或控制性的行为模式，实施家庭暴力的人是否已被采取措施防止其进一步的暴力行为或改善其抚养子女的标准等问题。

其十一，与儿童的安全、保障和福祉相关的任何民事或刑事诉讼、命令、条件或措施。2019 年对《离婚法》的修改还要求法院考虑与儿童的安全、保障和福祉有关的任何诉讼、命令或措施等，即使该命令可能已经不再有效。该标准使与父母抚养或接触子女有关的诉讼各方能够向法院提交与儿童的安全、保障和福祉相关的任何证据。

除了标准列表之外，《离婚法》还确定了"主要考虑因素"，即儿童的安全、保障和福祉。在某些情况下，子标准中列举的两个或者多个最大利益之间可能存在冲突，首要考虑因素强调必须将儿童的安全、保障和福祉放在第一位。类似的规定也在艾伯塔省和不列颠哥伦比亚省的家庭法法规之中有所体现。最大利益标准清单并非完全详细的列表，儿童父母和法院可以考虑与特定儿童相关的因素，即使这些因素并未在列表中规定。除了首要考虑因素外，该列表未规定任何一个标准优先于另一个标准，同时，没有一个单独的标准是

〔1〕 See Legislative Background: An Act to Amend the Divorce Act, the Family Orders and Agreements Enforcement Assistance Act and the Garnishment, Attachment and Pension Diversion Act and to Make Consequential Amendments to Another Act (Bill C-78 in the 42nd Parliament) (2019), p. 12.

完全确定的，每个标准的权重取决于特定儿童的具体情况。[1]

加拿大修改后的《离婚法》明确规定了抚养权问题中儿童最大利益的判断标准，列明了相关要素，并阐明了相关标准或要素之间的关系，明确了在不同标准发生冲突时的首要标准，即将儿童的安全、保障和福祉放在第一位，从而将司法实践与各地区立法的标准清单上升为法律。当然，该标准不具有绝对性，需要法院在实践中根据具体情况作出衡量。

二、《离婚法》中的术语修改与儿童最大利益

在家庭法中，儿童监护和接触是最具争议的问题之一，该类案件在家事案件中数量最多，并且解决该类案件所需时间较长。相关调查数据显示，在1991 年至 2011 年，大约有 500 万加拿大人分居或离婚，其中 38%涉及儿童抚养问题。家事案件在加拿大的所有民事案件中所占比重约为 34%，涉及儿童监护和接触或儿童抚养的案件在家事案件中所占比例最大。[2] 有学者指出，该问题可能与加拿大用来描述抚养责任的术语相关。《离婚法》中使用的术语对法院或当事人而言不恰当，应当采用以儿童为中心的概念，强调共同抚养的理念。[3] 监护权这个概念具有一定的所有权的含义，通常与警方拘留这个概念相关，监护和接触的用语也强化了胜负双方的心态，其中胜者为获得监护权的父母一方，败者为获得接触权一方。因此，儿童监护和接触问题特别联合委员会强烈建议以更加关注儿童的术语来取代这些术语。[4]

在 2019 年家庭法修改中，《离婚法》中的监护和接触这两个术语被删除，修正案中引入了抚养命令、抚养时间和决策责任等概念。对于那些承担

---

〔1〕 See Legislative Background: An Act to Amend the Divorce Act, the Family Orders and Agreements Enforcement Assistance Act and the Garnishment, Attachment and Pension Diversion Act and to Make Consequential Amendments to Another Act (Bill C-78 in the 42nd Parliament) (2019), p. 9-10.

〔2〕 See Department of Justice Canada, *JustFacts: Family Law Cases*, Department of Justice (Jan. 18, 2017), https://www.justice.gc.ca/eng/rp-pr/fl-lf/divorce/jf-pf/flc-cdf.html.

〔3〕 See Nicholas Bala, *Bringing Canada's Divorce Act into the New Millennium: Enacting a Child-focused Parenting Law*, 40 Queen's Law Journal 425(2015).

〔4〕 See Parliament of Canada, Special Joint Committee on Child Custody and Access, for the Sake of the Children (1988), p. 27.

或希望承担与照管或抚养儿童相关的抚养责任的人,法院会发布抚养令。之所以在立法中删除监护和接触这两个术语,根本原因在于鼓励父母关注儿童的需求。加拿大对部分省份或其他国家的立法作出了考察。例如,艾伯塔省家庭法使用了"照管权"、"抚养责任"、"抚养时间"、"抚养令"和"联系令"等术语。[1] 艾伯塔省最先在立法中使用新的抚养术语,其在 2009 年就已对家庭法的变更进行了广泛的审查,不列颠哥伦比亚省家庭法同样使用了上述术语。[2] 不列颠哥伦比亚省在引入新立法之前,通过一份全面的讨论文件进行了磋商,大多数受访者同意了引入新的抚养术语的建议。英国《1989 年儿童法》规定父母双方承担抚养责任,即决策责任,该责任取决于法院判决。根据与儿童接触时间的长短,该法院命令可分为居住令(residence orders)和联系令。澳大利亚在 1995 年将《1975 年家庭法》中的"监护"和"接触"这两个术语分别用"居住"和"联系"取代。在《2006 年家庭法修改(共同抚养责任)》[Family Law Amendment (Shared Parental Responsibility) Act 2006]中,澳大利亚进行了更深入的改革,引入了"抚养令"一词并规定了"平等共担抚养责任"(equal shared parental responsibility),即决策责任。

在修改之前,加拿大很多法官已经根据现行《离婚法》发布了有关抚养安排的命令,并未使用监护或接触这两个词汇。例如,在 2015 年 *M v F* 案中,安大略省上诉法院在判决中指出,二十多年来,多学科专家一直指责法院使用监护和接触这两个术语,认为这些词传达着胜者和败者的含义。这两个术语提供了对抗性的抚养方式,对儿童不利。学界对这种强调对抗性的儿童监护权术语存在的风险已经形成了共识。因此,上诉法院认可了初审法院的做法,即使用了评估者提供的抚养计划而未授予监护权。[3]

由此可以看出,加拿大在此次家庭法修改中对相关术语的修改作出了一定考察和长期探讨,改革具有变革基础和合理性依据。另外,在魁北克省 2003 年的 *D(W) v A(G)* 案中,法院强调了《离婚法》和《魁北克民法典》

[1] See Family Law Act, SA 2003, Cha. F-4.5.

[2] See Family Law Act, SBC 2011, Cha. 25.

[3] See *M v F* [2015] ONCA 277.

(Civil Code of Québec)的兼容性。[1] 2019年《离婚法》的修订并未改变联邦家庭法与各省或地区家庭法律规范之间的相互关系。

三、抚养令、联系令与儿童最大利益之维护

在2019年《离婚法》修改中,抚养令、联系令的引入进一步促进了抚养纠纷中对儿童利益的维护,并始终强调将儿童最大利益作为首要考量要素,进一步规范对抚养纠纷中儿童权益的维护。

(一)抚养令与儿童最大利益

2019年修改后的《离婚法》中引入了抚养令,抚养令中可规定抚养时间和决策责任。抚养时间是指一方当事人承担抚养责任的时间,该时间包括儿童在学校或托儿所等不在该人直接照管范围的时间。决策责任是指对未成年人作出重大决定的责任,例如关于子女健康和教育的责任。夫妻双方、抚养人或任何想要获得抚养人身份的人可以向法院申请抚养令。非配偶的人必须获得法院许可才能提出申请,这样可以在一定程度上节省司法资源,使法院可以专注于符合儿童最大利益的申请。2019年修正案将家事司法中的一些现有判例编纂成文,并引入了新概念,完善了关于抚养令的相关制度,以更好地保护未成年人的权益。

1. 抚养时间

2019年对《离婚法》的修改包括一项条款,即抚养时间可以根据时间表分配。在当事人存在较大冲突的情况中,该规定可能会有帮助;相反,如果在这种情况中采用灵活的时间分配,可能会导致双方当事人之间的争议更加频繁。修正案规定,每个有抚养时间的人都可以在照管儿童时就儿童的日常问题作出决定,除非法院另有命令。日常决策包括诸如子女的就寝时间等问题,如果某个属于日常决策范围内的特定事项对该未成年人来说非常重要,那么法院可以在抚养令中特别提及该事项。

2019年《离婚法》的修改保留了离婚法的基本原则,即未成年人应与父母

---

[1] See *D*(*W*) *v A*(*G*) [2003] RJQ 1411 (CA).

双方有尽可能多的在一起的时间，以符合儿童的最大利益。在当前《婚姻法》中，该原则体现在所谓"最大联系原则"（maximum contact principle）之中。该原则目前处在儿童最大利益原则的首要考虑因素之中，也即，法院必须首先考虑儿童的身体、情感和心理的安全、保障和福祉，这在家庭暴力案件中可能尤为重要。

需要注意的是，该抚养时间并非以同等时间为前提。正如加拿大最高法院针对现行法律规范中"最大接触原则"所指出的，父母双方与子女的最大接触并非绝对的目标，如果接触与儿童的最大利益相冲突，则该接触可能会受到限制。[1]

在议会讨论立法修改过程中，一部分人表达了对该问题的关注。作为回应，下议院司法与人权常设委员会（House of Commons Standing Committee on Justice and Human Rights）将该规定移至有关儿童最大利益的新规定之中。该修正案有助于阐明在抚养时间分配中如何适用儿童最大利益原则。另外，部分人担心"最多抚养时间"（maximum parenting time）可能会给人造成误解，认为需要推定双方当事人抚养时间相等。为了表明儿童最大利益是作出与儿童有关的任何决定时的唯一考量因素，司法部部长在致参议院法律和宪法事务常设委员会（Senate Standing Committee on Legal and Constitutional Affairs）主席的信件中承诺删除"最多"一词，修改为"与儿童的最大利益相符的抚养时间"（parenting time consistent with the best interests of the child），以使该措施更能够表明该条款的立法意图。[2]

2. 决策责任

2019年对《离婚法》的修改引入了决策责任的概念，该责任是对儿童福利作出重大决定的责任。该重大决定包括有关儿童的健康、教育、语言、宗教和重大课外活动的决定。该责任可分配给现在或即将根据抚养令承担抚养责任的父母一方或双方。修正案还规定可以将不同的决策责任分配给不同的

[1] See *Young v Young* [1993] 4 SCR 3.

[2] See Minister of Justice, Letter to the Chair of the Senate Standing Committee on Legal and Constitutional Affairs (2019), p. 3.

当事人。重大课外活动被列为决策责任概念中的内容之一,这些活动经常会引起很大的分歧,甚至可能产生诉讼。该规定将指导父母和法院在达成抚养协议的过程中尽早考虑这些问题。因此,重大课外活动主要是指需要在时间或财务上加大家庭资源投入的活动。

3. 禁止遣送儿童

在担心儿童有被绑架的危险或当事人冲突非常严重的情况下,法院可以在抚养令中加入"不移送条款"(non-removal clause)。尽管现行《离婚法》中尚未明确提及该权力,但该做法在实践中不断发展。为了促进对儿童最大利益的保障,2019 年修正案规定了防止绑架儿童的各种措施,如要求当事人在儿童的惯常居所地法院申请抚养令。同时,立法禁止未经指定人员书面同意或未经法院批准将儿童带离指定区域,该规定仅在有绑架风险的情况下适用,其将司法实践中的判例法上升为立法规范。[1]

(二)联系令与儿童利益保护

在大部分情况下,父母会推进子女与子女生活中的其他重要的人员之间的联系,如儿童的祖父母等。然而,当一段感情或婚姻关系破裂时,前配偶与子女的大家庭成员之间的关系可能会变得紧张,此时,前配偶可能无法或不愿意促进子女与对方大家庭成员之间的联系。2019 年修改的《离婚法》规定了联系令,以解决该问题。

非配偶的人员可以申请联系令,从而获得与未成年人进行相处的时间。由于大多数家庭不需要申请联系令,并且为了减少不必要的诉讼,立法规定申请人必须获得法院许可才能够提出联系令的诉讼申请。联系令和抚养令的条款和条件基本一致,如禁止移送儿童,但是,由于申请联系令的人并非儿童父母,因此联系令和抚养令在内容和权利方面存在差异。例如,具有联系令授权的人在与未成年人联系期间不能够作出与未成年人有关的日常决定。

---

〔1〕 See Legislative Background: An Act to Amend the Divorce Act, the Family Orders and Agreements Enforcement Assistance Act and the Garnishment, Attachment and Pension Diversion Act and to Make Consequential Amendments to Another Act (Bill C-78 in the 42nd Parliament) (2019), p. 16.

由此，通过抚养令和联系令的引入，修改后的《离婚法》保障了当事人及其他大家庭成员对未成年人进行抚养和联系的权利，并始终将儿童最大利益作为判断抚养令和联系令发布和具体规范的首要考量因素。

四、移居问题与儿童的利益维护

分居或离婚后的移居是影响儿童成长的重要问题，也是加拿大家庭法案件中常见的问题。2019 年《离婚法》的修改强调了对移居问题的界定和判断标准，并通过通知要求、举证责任设置、费用分担等构建起处理移居问题的法律框架，促进该类案件中儿童利益的维护。

（一）移居规定修改的必要性与法律框架

离婚后移居问题是诉讼活动中常见的家庭法纠纷。在 2016 年一项针对律师和法官的调查中，98%的受访者认为家事纠纷如果涉及搬迁或移居问题更难解决。[1] 在 1996 年加拿大最高法院审理的 *Gordon v Goertz* 案中，最高法院指出，在对因搬迁或移居问题而申请更改监护令的案件中，法院必须确信移居对未成年人的生活状况造成了重大变化。如果确实发生了这样的变化，那么除了确定儿童最大利益外，法院需要考虑一些其他因素，如儿童与父母之间的现有监护权、接触安排和关系，最大程度上提高父母与子女之间联系的期待；儿童的意见，部分与父母满足子女需求能力相关的特殊案件中具有监护权的父母一方移居的原因，改变监护权或将儿童带离当前生活环境可能会对儿童造成的影响。[2] 最高法院认为，尽管拥有监护权的一方当事人有权"得到最大的尊重和最认真的考虑"，但该案中缺乏有利于该方当事人的推定。然而，该案并未解决与移居通知相关的问题，也未涉及在移居可能发生之前何方当事人必须提出变更监护令的申请。

诸多家事司法从业人员和学者对移居相关的法律规范提出了批评。例如，有观点指出，上述案件中的判决不具有足够的确定性，导致司法实践之中

---

〔1〕 See Department of Justice Canada, The Practice of Family Law in Canada: Results from a Survey of Participants at the 2016 National Family Law Program (2016), p. 12.

〔2〕 See *Gordon v Goertz* [1996] 2 SCR 27.

很难预测案件的结果,不利于专业人员向客户提供建议或法官裁判案件。[1] 之所以该类案件很难判断,一定程度上在于之前的司法实践中缺少对儿童最大利益的深入分析。

随后,判例法在发展中出现了新的模式,一是如果有共同的照管或监护安排,法院可能会不批准移居;二是如果有明确的主要照管人,则可能更容易获得移居批准。[2] 整体来看,关于移居对未成年人影响的实证研究相对较少,并且可能会受到样本量较小或研究方法的限制。但就现有研究来看,移居可能会对未成年人造成不利影响或破坏他们与父母中的另一方之间的关系。但对移居问题的判断,需要考虑一系列因素。[3]

2019 年对《离婚法》的修改为搬迁和移居问题制定了法律框架,其主要包括三个方面,即关于拟变更居住或移居的通知、移居案件中儿童最大利益的其他标准和适用于某些移居案件的举证责任。移居可能会对子女与有抚养时间和决策责任的人、申请享有该责任的人或根据联系令与儿童有联系的人之间的关系产生重大影响。

(二)通知规定与反对移居

根据新的法律规定,有抚养时间或决策责任的人,有责任将移居或住所变更的信息告知其他有抚养时间或抚养责任的人以及与子女有联系的人,该通知需要包括新地址、联系信息等内容。部分移居状况可能会对子女与他人的关系产生重大影响,如长距离的移居等,此时则应视为重新安置。移居所需的通知须至少在拟移居前 60 天发出,并且还需要包括有关如何更改抚养安排的建议。下议院司法与人权常设委员会修改了该法案,要求以法律规定的形式提供通知。

即使是不与儿童共同居住的一方当事人移居,该通知规定仍然适用,这

---

〔1〕 See Rollie Thompson, "*Relocation and Relitigation: After Gordon v. Goertz*" *Case Comment*, 16 Canadian Family Law Quarterly 219 (1999).

〔2〕 See Rollie Thompson, *Heading for the Light: International Relocation from Canada*, 30 Canadian Family Law Quarterly 1 (2011).

〔3〕 See Department of Justice, Critical Review of Social Science Research on Parental Relocation Post-separation/Divorce (2013), p. 9.

是因为无论移居的是子女还是父母,对儿童造成的影响是相似的,该方当事人的移居同样可能会影响抚养安排,甚至可能影响该方当事人与子女之间的关系。2019 年修正案对拟移居的与儿童有联系的人也提出了类似的通知要求,要求对可能与儿童的关系产生重要影响的移居均须提前 60 天发出通知。[1]

针对所有类型的移居,法院可以下令不适用通知要求,或者根据具体需要修改要求,家庭暴力案件中法院也可发出此命令。此外,下议院司法与人权常设委员会对该法案进行了修改,明确规定豁免通知要求的申请可以单方面提出,无须另行通知其他相关人员。这些规定都旨在保障家庭成员尤其是儿童的安全。

如果有抚养时间或决策责任的人反对将儿童移居,则法院应鼓励其与提出移居的人协商解决方案。根据修正案,当事人负有新的义务,即试图在庭外解决纠纷,若当事人无法通过非诉讼途径达成解决方案,则反对方可起诉。有抚养令的一方当事人无论是直接起诉反对移居还是通过标准文件提出反对,法院都需要根据儿童的最大利益原则来判断是否应当允许移居。

(三)移居案件中儿童最大利益的其他判断标准

除儿童最大利益这一基本标准外,2019 年对《离婚法》的修改还规定了在所有移居案件中都需要考虑的 7 个标准。与儿童最大利益的判断标准相似,这 7 个判断因素都不具有决定性,需要综合考虑。

其一,移居的原因。该因素与加拿大最高法院在 *Gordon v Goertz* 案中的判决不一致,该案判决认为通常情况下不需要考虑移居的原因。[2] 然而,在综合考虑所有情况以判断移居是否符合儿童的最大利益时,移居的原因可能非常重要。例如,如果移居能够让儿童的父母获得改善其经济状况的工作,那么这可能与改善儿童的经济状况相关。该原因非常重要。

---

〔1〕 See Legislative Background: An Act to Amend the Divorce Act, the Family Orders and Agreements Enforcement Assistance Act and the Garnishment, Attachment and Pension Diversion Act and to Make Consequential Amendments to Another Act (Bill C-78 in the 42nd Parliament) (2019), p. 18.

〔2〕 See *Gordon v Goertz* [1996] 2 SCR 27.

其二,移居的影响。从以儿童为中心的角度来看,法院考虑移居对儿童可能造成的影响至关重要。例如,该标准指示法院考虑居住在不同地方可能对儿童产生的不同影响,要求法院进行利弊分析。

其三,有抚养时间的每个人与儿童共处的时间。法院有必要考虑移居可能会对儿童与父母的关系造成的干扰及其程度。例如,法院可能需要考虑,如果儿童与父母双方都有大量的共处时间,那么移居可能就会对现有安排造成很大的破坏;相反,如果父母一方对儿童负有主要责任并提议与儿童一起移居,那么法院需要考虑不批准该移居可能会对儿童产生的影响。

其四,是否提供通知。部分因素与相关流程相关,如是否发出通知影响移居的有序进行,应鼓励当事人遵守相关通知要求。

其五,指明地域的命令或协议。该因素认识到,有时当事人会达成协议或法院会作出判决,其中涉及儿童应居住于特定地理区域内的条款。该条款可能是出于善意谈判达成,以换取其他条款的达成,也可能是法院出于特定原因增加了该条款。虽然与儿童最大利益有关的情况会因时而变,但该因素也是法院在判断是否准许移居时需要考虑的因素之一。

其六,移居提议的合理性。该因素认识到,法院需要考虑移居的具体建议的适当性。例如,法院可以根据儿童的年龄、可行的交通工具等因素考虑距离问题。

其七,遵守家庭法义务。法院通常需要考虑双方当事人是否遵守了现有的法律义务,这些义务可能与抚养时间或抚养义务相关,是法院应了解的重要信息。

在移居问题中可能还存在一个问题,即当事人主张即使不允许其与儿童共同移居,其自身也将移居,判例法中该问题被称为“双重约束”问题。在该类问题中,一方面,如果儿童父母主张儿童不移居则自己也不移居,那么这意味着其移居主张的重要性不充分,故而不应允许移居;另一方面,如果儿童父母主张其仍会在儿童不移居的情况下移居,那么该回应可能被视为没有充分考虑儿童最大利益的证据。2019 年修正案指示,法院无须考虑在禁止儿童移居的情况下一方当事人的移居问题。[1]

另外，移居问题中对儿童最大利益的判断还需要根据新修订的《离婚法》中的具体举证责任进行。如果双方的抚养时间和抚养责任相同，则提出移居的人需要证明为何移居符合儿童的最大利益；如果父母一方承担主要抚养责任，则反对一方须证明移居为何不利于儿童最大利益的维护；在其他情况中，各方均须证明此举符合儿童最大利益。另外，移居可能会造成额外的费用支出问题，故而在移居后法院还可确定当事人在抚养时间和具体费用支出方面的比例等问题。

因此，在加拿大此次家庭法修改中，对儿童最大利益原则判断标准的进一步明确和对抚养权纠纷中相关争议处理机制的进一步完善，均体现了对维护儿童最大利益原则的重视。作为家事司法的基本原则，儿童最大利益原则在加拿大此次家庭法修改中得到了凸显。

第三节　解决家庭暴力问题，提升家事司法效率

解决家庭暴力问题和提升家事司法效率是加拿大家事司法改革的重要目标，也体现了21世纪以来家事司法制度的普遍发展方向。家庭暴力相关法律规范的不断完善不仅关系着家庭暴力问题的解决，也涉及对抚养纠纷中儿童最大利益的判断。简化司法流程以提升家事司法效率，便利当事人的诉讼参与是解决诉讼迟延问题，促进家事纠纷及时高效解决的有效途径。

一、着力解决家庭暴力问题

家庭暴力对未成年人的身心健康发展会产生严重的不利影响，分居或离婚可能加重家庭暴力的危险程度。家庭暴力问题也是影响儿童抚养安排确

---

〔1〕 See Legislative Background: An Act to Amend the Divorce Act, the Family Orders and Agreements Enforcement Assistance Act and the Garnishment, Attachment and Pension Diversion Act and to Make Consequential Amendments to Another Act (Bill C-78 in the 42nd Parliament) (2019), p. 21-22.

定的重要事件。加拿大当前尚存家庭暴力较为突出的问题，相关立法亦对涉及家庭暴力的抚养权纠纷及其他问题提及较少，故修改相关立法成为此次变革的目标之一，也构成家庭法修改的重要内容之一。

（一）家庭暴力问题较为突出，影响儿童发展

家庭暴力包括成年人或儿童在亲密关系、家庭或抚养关系中可能遭受的任何形式的虐待、暴力或遗弃行为。家庭暴力对个人的损害极大，其与家庭破裂之间可能存在互为因果的关系。2014 年的调查显示，在当时加拿大各省有现任或前任配偶或同居伴侣的人群中，有 4%的人在这之前的 5 年内遭受过来自配偶的身体或性虐待。当然，该数据已经比 2009 年调查的数据有所下降，后者显示 7%的受访者遭受过家庭暴力。心理影响和创伤后应激障碍在受害者中较为普遍，女性受害者更为严重。同时，对大多数遭受家庭暴力的受害者而言，警方在大部分情形中未注意到存在暴力或虐待行为。幼年时期的虐待和家庭暴力行为可能会对一个人的未来生活产生影响，该调查显示，相较于未遭受家庭暴力的人，幼年时期遭受过家庭暴力或虐待的人在成年后遭受家庭暴力的比例更大。[1]

家庭暴力可能会对儿童产生深远影响。遭受家庭暴力侵害的未成年人在一生的发展过程中可能会面临存在情绪或行为问题的风险，而这些影响与遭受虐待的影响相似。部分情绪或行为问题表现为创伤后应激障碍、抑郁、厌学、情绪调解困难或慢性身体疾病等。[2] 然而，相关调查显示，2014 年，加拿大 51%的有子女的家庭暴力受害者相信他们的子女可能看到或听到过家庭暴力行为的发生。[3] 经历过父母实施或遭受家庭暴力的儿童，在未来成长过程中可能会面临更大的风险。

同时，分居和离婚会加剧家庭暴力的危险程度，分居后的这段时期对家

---

〔1〕 See Canadian Centre for Justice Statistics, Family Violence in Canada: A Statistical Profile, 2014 (2016), p. 3-4.

〔2〕 See Department of Justice, Risk Factors for Children in Situations of Family Violence in the Context of Separation and Divorce (2013), p. 13.

〔3〕 See Canadian Centre for Justice Statistics, Family Violence in Canada: A Statistical Profile, 2014 (2016), p. 14.

庭暴力受害者而言是最危险的时期。调查数据显示,自2007年至2011年,在加拿大,一名女性被与其分居的配偶杀害的风险是被与其共同生活的配偶杀害的风险的6倍。[1] 尽管男女之间家庭暴力的总体发生率没有很大差异,但暴力的严重程度却存在显著的性别差异。调查显示,2014年,女性被枪支袭击、殴打或性虐待的情形是男性遭受此类家庭暴力行为的2倍,而相比之下,男性被踢或被咬的可能性更高。[2]

某些形式的家庭暴力具有犯罪性质,如使用暴力或性暴力。其他形式的家庭暴力则在本质上具有侮辱性质,如嘲笑、持续批评等精神虐待,该类行为通常是身体暴力或性暴力的先兆,但该类行为不构成犯罪行为。无论是否构成犯罪行为,所有形式的家庭暴力都与家庭法高度相关,并且在《离婚法》背景下,家庭暴力与确定抚养令和联系令相关,儿童保护运动一直强调国家应尽可能地干预和促进未成年人与实施家庭暴力的父母一方的安全接触。配偶之间的暴力问题长期被视为成年人的问题,与儿童的最大利益无关,实施家庭暴力的男性也可以是"好父亲"。20世纪末期以来,诸多团体和学者对该观念提出了挑战,并鼓励立法改革以承认配偶暴力是确定抚养权问题时需要考虑的关键因素。儿童与施暴者的联系可能会为新的家庭暴力创造机会,配偶暴力行为的存在也是虐待儿童的危险信号,同时,施暴者也会对儿童产生错误的引导作用,影响儿童对社交和人际关系冲突的处理方式选择。[3] 因此,家庭暴力行为与儿童最大利益的维护之间具有密切关系。

家庭暴力的范围不断扩大,但并非所有的家庭暴力都是同一种形式。目前,亲密伴侣暴力主要有4种类型。其一,强制性暴力或控制性暴力。这种暴力形成了一种在情感上侮辱性胁迫、控制的模式,并伴随着对伴侣的身体暴力。其二,暴力抵抗。该行为是针对强制性暴力或控制性暴力的暴力,是对配偶实施暴力行为的回应,目的在于保护自己或他人。其三,情境性或普通

---

[1] See Maire Sinha, Canadian Centre for Justice Statistics, "Family Violence in Canada: A Statistical Profile, 2011" (2013), p. 43.

[2] See Statistics Canada, Family Violence in Canada: A Statistical Profile, 2014 (2016), p. 5-8.

[3] See Department of Justice, Making Appropriate Parenting Arrangements in Family Violence Cases: Applying the Literature to Identify Promising Practices (2005), p. 15-17.

夫妻暴力。该暴力与控制他人的一般意愿无关,而与特定事件或情形相关。通常,该种暴力行为是无法处理冲突或愤怒的结果。其四,引发分居的暴力。该类暴力行为通常在分居前后发生,程度或轻或重。[1] 关于暴力类型的区分在确定抚养问题时非常重要,因为根据暴力类型的不同,可能需要作出不同的抚养安排以有利于儿童最大利益的维护。例如,父母分居对减少家庭暴力对儿童的影响程度取决于案件的性质以及是否进行适当的评估和干预策略,针对家庭暴力的不同情形应采取不同的应对措施,并结合由专业人员出具的评估报告等作出具体案件中对儿童最大利益的判断。[2] 又如,尽管所有的家庭暴力行为都具有诸多负面影响,但强制性暴力和控制性暴力最严重、存在更多的风险,并且可能与当事人的抚养能力问题相关。[3]

然而,修改前的加拿大《离婚法》未对分居后家庭暴力的高风险问题和家庭暴力对抚养问题的潜在影响作出足够回应。同时,在部分案件中,家庭可能参与司法系统的多个程序,尤其是家庭暴力案件可能涉及刑事司法程序、儿童保护程序和家事司法程序等,《离婚法》并未对该问题作出规范。联邦、省和地区相关研究报告显示,协调不同的司法程序可能会存在一定挑战或问题,尤其是在家庭暴力案件中,需要家事司法系统、儿童保护系统和刑事司法系统之间的合作。[4] 例如,如果家事法院不了解禁止当事人接触的民事保护令或刑事令的状况,则可能会发布与之不同的命令,这就会导致不同司法机构发布的命令在执行上存在问题,并且可能会对当事人或儿童造成潜在的安全隐患。因此,不同程序之间的协调也有待完善。

(二)对家庭暴力问题立法的修改与完善

2019 年加拿大对《离婚法》进行了大量修改,其中部分修改旨在解决家庭

---

〔1〕 See Joan Kelly & Michael Johnson, *Differentiation among Types of Intimate Partner Violence: Research Update and Implications for Interventions*, 46 Family Court Review 47 (2008).

〔2〕 See Department of Justice, Making Appropriate Parenting Arrangements in Family Violence Cases: Applying the Literature to Identify Promising Practices (2005), p. 49.

〔3〕 See Department of Justice, Making the Links in Family Violence Cases: Collaboration among the Family, Child Protection and Criminal Justice Systems (2013), p. 22.

〔4〕 See Department of Justice, Making the Links in Family Violence Cases: Collaboration among the Family, Child Protection and Criminal Justice Systems (2013), p. 84-85.

暴力相关问题。2019 年修正案为根据《离婚法》提起的任何诉讼程序设置了法院的新职责，即在申请抚养令或抚养费案件中，法院需要考虑是否存在涉及当事人的任何民事、儿童保护或刑事诉讼的悬而未决或正在生效的命令。为履行该职责，法院应当向当事人询问此类命令或诉讼程序，或者应当审查相关已生效判决的信息，如果某个省或地区建立了根据案件当事人查询相关判决或诉讼程序的信息库，那么法院可以据此调查相关信息。

同时，《离婚法》以证据为基础对家庭暴力作出了概念界定。家庭暴力被定义为任何暴力、威胁、强制性或控制性行为，或导致家庭成员对自身安全担忧恐惧的行为，对儿童而言，该行为还包括直接或间接接触。该定义明确承认属于家庭暴力领域内的行为不一定构成刑事犯罪。另外，相关立法还对构成家庭暴力的行为作出了列举，如身体虐待、精神虐待、经济虐待等。

在涉及家庭暴力问题中，儿童的最大利益是修正案要求法院考虑的首要原则。法院需要考虑施暴者照顾和满足儿童需求的能力和意愿，并且需要考虑相关判决的适当性。同时，为协助确定家庭暴力的影响，修正案列出了法院需要考虑的具体因素，如暴力的性质和严重性，是否具有强制性或控制性行为模式，实施暴力行为的人是否已采取防止暴力行为升级的措施等标准。

2019 年修正案对“最大联系原则”进行了修改，该修改与家庭暴力问题具有相关性。立法规定儿童应与父母双方有尽可能多的共处时间，从而符合儿童最大利益原则。“最大”一词的删除更能体现该规定保障儿童最大利益的立法意图，这也意味着在家庭暴力案件中可以根据儿童利益来判断抚养时间，从而作出更有利于儿童成长的抚养安排。另外，修改后的《家庭判令及协议强制执行法》允许向法院提供相关信息，以促进或改变抚养费相关判决。同时，在提出信息追踪申请之前，法院需要确信相关信息的发布不损害任何人的安全，以避免对家庭暴力受害者造成损害。[1]

因此，加拿大 2019 年家庭法的修改关注对家庭暴力问题的解决和抚养权

---

〔1〕 See Legislative Background: An Act to Amend the Divorce Act, the Family Orders and Agreements Enforcement Assistance Act and the Garnishment, Attachment and Pension Diversion Act and to Make Consequential Amendments to Another Act (Bill C-78 in the 42nd Parliament) (2019), p. 28.

纠纷中家庭暴力相关问题的分析,从而将儿童最大利益原则在此类案件中进一步强调,并完善了家庭暴力问题的解决机制。

二、提升家事司法效率的程序机制改革

提升家事司法系统运行的效率和便利当事人诉讼参与,是加拿大家事司法改革的主要目标之一,也反映了 21 世纪以来各国家事司法系统的普遍发展趋向。诉讼迟延问题、复杂程序影响当事人的参与、时间和金钱成本的增加等均对当事人参与家事司法程序造成了障碍,影响家事正义的实现。因此,通过程序机制的改革推动家事司法系统的有效运行,促进家事纠纷解决的及时高效成比例,是家事司法改革的重要目标,也是促进家事司法系统进一步优化的重要措施。

(一)《离婚法》修改中的家事司法效率提升

2019 年对《离婚法》进行的部分修改强调提升家事司法的效率和质量,为当事人提供更便利的家事司法服务。明确官方语言、鼓励当事人使用家事纠纷解决程序和其他家事司法服务、改善儿童抚养费服务相关规范及简化司法管辖区之间建立和变更抚养费的流程等均强调提升家事司法程序和家事司法服务的效率。

1. 明确官方语言

加拿大现行《离婚法》没有规定当事人是否可以在诉讼中使用他们选择的官方语言。下议院司法与人权常设委员会对 C-78 号法案进行了修改,修改后《离婚法》规定的官方语言选择权与《刑法》中的相关规范一致。

新的语言权利条款将允许相关诉讼程序的任何参与人如当事人、证人、律师等使用他们选择的官方语言。该条款包括提出诉状、提交证据和提出意见等权利。根据参与诉讼的有关人员申请,法院应当提供不同官方语言的同声传译。该条款允许与当事人使用相同官方语言的法官审理案件,当事人也可以要求以其选择的官方语言获知法院判决结果。[1]

---

[1] See Legislative Background: An Act to Amend the Divorce Act, the Family Orders and Agreements Enforcement Assistance Act and the Garnishment, Attachment and Pension Diversion Act and to Make Consequential Amendments to Another Act (Bill C-78 in the 42nd Parliament) (2019), p. 32.

2. 鼓励当事人使用家事纠纷解决程序和其他家事司法服务

越来越多的加拿大人需要在没有律师协助的情况下解决他们的家事纠纷。对于很多分居和离婚的家庭来说，通过协议等非诉讼方式解决纠纷比通过司法程序花费的时间和金钱成本更低。而且，在非诉讼纠纷解决途径中，当事人通常对自己的生活决定有更多的控制权。在涉及儿童的案件中，通过非对抗程序达成协议具有更大的优势，如儿童可能会看到父母一起协商而非激烈冲突的场面。

2019 年家庭法的变革增加了《离婚法》中规定的律师的职责，也增加了该法所涉诉讼当事人的职责。这些新增的职责鼓励当事人和律师适用家事纠纷解决程序，其中包括协商、调解、合作法等途径。尽管在某些情况下调解等家事纠纷解决程序可能更可取，但这些途径并非在所有的案件中都适用，如发生家庭暴力或存在双方当事人能力显著不平衡的情况，因此，参与家事纠纷解决程序的要求并不绝对，只有在适当的范围内才具有参加的必要性。同时，《离婚法》还规定了律师的新义务，即告知当事人任何可能对他们有帮助的家事司法服务。[1]

3. 改善儿童抚养费服务相关规范

2019 年修正案没有改变《联邦儿童抚养指南》(Federal Child Support Guidelines)关于儿童抚养规则或儿童抚养表的规定，但它使法院的司法行政服务能够更加便利。这些服务为当事人确定和变更抚养费问题提供了更加及时、高效、成比例的解决方式，同时，2019 年修正案为儿童抚养费及其重新计算相关程序的司法服务创设了相关机构，从而确保儿童在父母分居后能够保障其利益。

例如，修订后的《离婚法》规定了儿童抚养费重新计算服务。现行《离婚法》规定各省和地区与加拿大政府达成协议，授权子女抚养服务机构对离婚案件中子女抚养费金额进行行政管理，并要求当事人须提供准确的收入信

〔1〕 See Legislative Background: An Act to Amend the Divorce Act, the Family Orders and Agreements Enforcement Assistance Act and the Garnishment, Attachment and Pension Diversion Act and to Make Consequential Amendments to Another Act (Bill C-78 in the 42nd Parliament) (2019), p. 32-33.

息。2019 年修正案作出了很多改进,从而使抚养费的重新计算服务更加灵活和有效。修正案允许抚养费根据离婚当事人一方或双方的要求重新计算,而不是仅按照规定的间隔时间重新计算,同时,修正案规定允许在一方当事人拒绝披露收入信息时,通过重新计算服务认定其收入。[1]

又如,现行《离婚法》规定只有法院能够确定子女抚养费命令中的初始金额。2019 年修正案允许省和加拿大政府达成协议,授权省级儿童抚养服务机构根据《离婚法》确定儿童抚养费的金额,这简化了对儿童抚养费的确认程序。

4. 简化司法管辖区之间建立和变更抚养费的流程

改革之前,根据《离婚法》,抚养费案件的管辖程序以省级互惠执行维护令(reciprocal enforcement of maintenance orders)立法为基础。该程序需要申请人所在地法院作出临时命令,然后由被告所在司法管辖区的法院确认该命令。该程序仅限于各省或地区之间的抚养费命令的变化,也即一方当事人无法在其司法管辖区法院的审判程序中获得抚养令。同时,居住在国外的当事人也不能通过该程序获得或更改抚养费命令,并且国外的判决也很难在加拿大国内得到承认和执行,这都给跨国家庭带来了挑战。

2019 年通过的立法取消了第一阶段的审判程序,引入了新的简易申请程序,从而简化了相关流程。新程序扩大了司法管辖权的范围,从而允许当事人根据《离婚法》获得或变更抚养费命令,让居住在不同省或地区甚至跨国的家庭能够节省时间和金钱成本,确保了不同省份之间诉讼程序的一致性。2019 年立法允许当事人通过指定的行政机构提出计算或重新计算抚养费的申请,便利了抚养费的获得或重新计算。同时,2019 年家庭法修改后允许在特定情况下承认国外法院发布的抚养费命令,这将有助于抚养费命令的具体执行。

---

〔1〕 See Legislative Background: An Act to Amend the Divorce Act, the Family Orders and Agreements Enforcement Assistance Act and the Garnishment, Attachment and Pension Diversion Act and to Make Consequential Amendments to Another Act (Bill C-78 in the 42nd Parliament) (2019), p. 33-34.

(二)其他提升司法效率规范之修改

2019年加拿大对《家庭判令及协议强制执行法》作出了修改,允许将收入信息披露给省和地区重新计算服务,这能够减少当事人和法院系统的成本。因为若无法获知当事人的近期收入信息,则无法准确地重新计算抚养费。同时,立法规定更新政府与省和地区的信息共享协议,从而确保发布到重新计算服务中的收入信息受到保护。2019年修正案还允许省和地区指定当局申请和接受信息,以处理跨司法管辖区案件。

另外,在涉及诱拐儿童问题中,修改前的立法规定相关人员根据2021年修订前的《刑法》(Criminal Code)第282条和第283条调查相关行为,然后才能要求获得信息。该程序较烦琐,效率较低,故而相关人员很少适用,因为在处理该类问题中,时间至关重要,警方希望尽快获得追踪信息。此外,在部分情况下,找到儿童是当事人唯一的诉求,故而提出指控可能并不合适,如涉及家庭暴力等情况。因此,2019年的修改以更强有力的宣誓书要求取代了原规定,明确要求警察有合理的理由相信当事人已经犯下了刑事罪行,并且所披露的信息有助于协助犯罪现场调查。允许警察在提出指控之前寻求协助,能够便利警察寻人工作的开展,故而修改后的程序更有效。[1]

《家庭判令及协议强制执行法》规定了信息保护措施,如各省和地区与加拿大政府之间的信息共享协议必须保护根据该法发布的信息。由于立法将在信息发布方面进行诸多修改,因此需要更新这些协议,关于隐私保护的规范也须进行修改,从而确保相关省或地方机构严格遵守相关协议,根据该法申请和接收信息。由于各省和地区无法代表法院与加拿大政府订立共享协议,因此2019年的修改要求发布给法院的信息密封保存、公众无法接触。当然,法院可根据相关要求,向适当的个人或官员披露信息,并作出要求保密的命令。

---

〔1〕 See Legislative Background: An Act to Amend the Divorce Act, the Family Orders and Agreements Enforcement Assistance Act and the Garnishment, Attachment and Pension Diversion Act and to Make Consequential Amendments to Another Act (Bill C-78 in the 42nd Parliament) (2019), p. 36-37.

另外,2019 年家庭法修改中对《附加法案及养老金转移法案》作出了一定修改,以提高现行程序的有效性。在相关程序中,立法规定可以扣罚联邦工资或使用联邦退休金。修正案延长了被扣押传票送达联邦政府的期限,这将为提交申请的人提供更多的时间,以在出现程序错误时采取纠正措施。扣押制度也作出了修改,以便尽早扣押工资,从而使被抚养人能够尽快获得应得的抚养费。[1]

通过简化司法程序和相关流程规范,促进家事司法服务和部分抚养费执行措施等的有效实施来提升家事司法系统的效率是此次变革的内容之一,体现了加拿大对提升家事司法效率的重视。通过流程设计和程序机制的简化和完善以提升家事司法系统的运行效率是 21 世纪以来英联邦各国的普遍改革措施,也是促进家事司法系统优化和保障接近正义实现的必然发展方向。

第四节　加拿大家事司法的发展趋向

加拿大在 2019 年对家庭法进行了实质性修改,旨在促进家事司法系统的优化和保障儿童最大利益原则在司法实践中的适用。受新冠肺炎疫情影响,修改后的《离婚法》的实施时间有一定延迟,其他法律法规也将于近几年实施,但这并未阻碍加拿大家事司法系统的不断探索和发展,统一家事法院的扩建和信息网络技术的适用是推动接近正义实现的典型体现。

一、2019 年改革内容有待实施

尽管有观点批评该法案建议的修改"还远远不够",但 C-78 号法案得到了家事律师、法官、学者、调解员、心理健康专业人员的大力支持。然而,新冠肺炎疫情给加拿大家事司法系统的运作带来了挑战。2020 年 6 月,加拿大司

[1] See Legislative Background: An Act to Amend the Divorce Act, the Family Orders and Agreements Enforcement Assistance Act and the Garnishment, Attachment and Pension Diversion Act and to Make Consequential Amendments to Another Act (Bill C-78 in the 42nd Parliament) (2019), p. 39-40.

法部部长兼总检察长戴维·拉梅蒂(David Lametti)宣布,原定于2020年7月生效的《离婚法》的修改推迟生效,生效日期推迟至2021年3月。[1]

疫情期间,大多数法院仅受理紧急的家庭法事务,政府则专注于解决与疫情相关的紧急状况和有限事项,这使相关立法修改的必要措施难以执行。尽管家庭法专业人员、受分居和离婚影响的当事人都对《离婚法》的修改抱有很高的期待,但家事司法系统需要足够的时间来实现立法修改和下位法规调整。同时,《家庭判令及协议强制执行法》和《附加法案及养老金转移法案》的修改也计划于近几年内生效。

二、实现接近正义,促进技术更新

在加拿大的家事司法系统运行过程中,保障当事人参与家事司法程序、促进接近正义的实现是2019年家庭法修改的显著内容,也是家事司法系统不断优化的体现。例如,加拿大家事法院不断增强法官的多元化组成,自2015年以来新任命的法官中,女性法官的人数超过50%,并且少数民族、土著等法官人数不断增加。同时,为保障诉诸司法的实现,2018年加拿大预计在4年内提供7720万加元的资金以支持统一家事法院的扩建。[2] 统一家事法院的建设能够促进家事审判机构的专业化发展,为当事人等参与家事诉讼程序的公民提供更便利的家事司法服务。

同时,在疫情常态化发展阶段,加拿大法院不断更新家事司法程序,允许更多的远程访问和在线纠纷处理程序的适用,并简化了诸多过时的司法程序,这也引发了加拿大关于推动家事司法系统现代化发展的思考。通过信息

---

[1] See Department of Justice Canada, *Government Delays Divorce Act Amendments Coming into Force in Response to Requests from Justice Partners due to COVID-19 Pandemic*, Cision (Jun. 5, 2020), https://www.newswire.ca/news-releases/government-delays-divorce-act-amendments-coming-into-force-in-response-to-requests-from-justice-partners-due-to-covid-19-pandemic-844823233.html.

[2] See Department of Justice Canada, *Minister of Justice and Attorney General of Canada Announces a Judicial Appointment in Yukon*, Cision (Nov. 19, 2020), https://www.newswire.ca/news-releases/minister-of-justice-and-attorney-general-of-canada-announces-a-judicial-appointment-in-yukon-815566897.html.

网络技术等先进的科技发展推动家事司法系统的现代化,能够在一定程度上使法院摆脱不必要的离婚诉讼。这在一定程度上有利于简化诉讼程序,促进离婚观念的转变,也体现了家庭法的积极发展。[1]

---

〔1〕 See Marcus Sixta, *How COVID-19 Could Force Changes to Family Courts, Modernize Access to the Justice System*, CBC (Apr. 15, 2020), https://www.cbc.ca/news/opinion/opinion-family-law-courts-access-corononavirus-1.5516067.

第七章

英联邦国家家事司法改革之发展与借鉴

英联邦各国在进入 21 世纪以来均通过家事司法改革或审查等方式推动本国家事司法系统的完善,具体措施和机制更新具有很大的相似性,这既反映了英联邦国家的法律文化和制度体系的相似性,也体现了家事司法文化和理念发展的共通性。英联邦国家的家事司法改革或审查,反映了 21 世纪以来家事司法制度的普遍发展方向,其改革路径选择与程序中立性要素,一定程度上也可为我国正在进一步深化的家事审判改革提供参考。

第一节　英联邦国家家事司法改革之共性

进入 21 世纪以来,英联邦诸多国家都进行了家事司法改革或审查,不断推进家事司法制度的发展和完善。无论是改革原因,还是具体的改革措施和目标,英联邦国家的家事司法改革都具有共通性,并且各国在家事司法改革中相互影响和借鉴,从而呈现较大的共性。

一、改革原因与目标的一致性

进入 21 世纪以来,英联邦各国普遍对家事司法制度进行了改革或审查,从而推进家事司法系统的优化。各国家事司法制度改革或审查,都与解决家事司法中存在的突出问题、推动家事司法正义的实现相关。

英联邦各国家事司法改革的开展,旨在解决家事司法系统中普遍存在的诉讼迟延、成本较高、儿童权益保障不足等问题。英国家事司法改革之前诉讼迟延问题严重,家事审判费用过高,当事人存在起诉难的问题,并且家事司法中的信息技术水平有待提升,离婚制度引发诸多争议。家事司法系统运行过程中存在的诸多问题引发了英国进行审查和改革的决心,使之在后改革时代不断探讨家事司法制度的进一步完善。

澳大利亚的家事司法系统在运行中同样呈现一定问题,即当事人需要支付的费用过高、法院和法律服务资源有限,这使澳大利亚需要考虑为当事人提供便利、成本较低的家事司法服务。同时,案件的增多使家事司法系统面临的压力较大,家事案件的复杂性使家事司法系统需要与其他法律系统或部分进行协作。家事司法的透明度较低、儿童的意见在家事司法中未得到足够听取,这使家事司法的公信力较低。另外,在家庭暴力案件中,警方的干预程度及是否存在注意义务的问题也备受争议。家事司法系统运行中存在的问题和对家事司法正义的追求,构成澳大利亚家事司法审查的直接原因。

新西兰在 2014 年进行了家事司法改革,改革的原因在于家事司法审查中发现了家事司法系统存在的诸多问题,如非诉讼纠纷解决机制的适用不充分、儿童需求被忽视、诉讼程序复杂导致诉讼迟延问题、家事司法服务支出不断增长等。新西兰将家事司法改革的目标定为推动家事司法系统的现代化、便利化,减少当事人之间的冲突,以降低司法程序对未成年人及当事人的不利影响。

新加坡 2014 年的家事司法改革强调减少纠纷对未成年人及当事人的负面影响,采取较少对抗性的方法解决争议,保障儿童的程序参与等。这也反映了改革前新加坡家事司法系统存在的对抗性较强、当事人参与家事司法存在一定难度、儿童的观点未得到有效听取等问题。为促进家事司法系统的优化,新加坡在 2014 年推行改革,并在 2019 年审查中肯定了相关改革措施,进一步推进了家事司法流程的简化和减少制度对抗性的改革。

在 2019 年改革前,加拿大的家庭法制度在近 20 年内未进行实质性修改,部分家事司法制度有待更新或完善。抚养权纠纷中的法律术语不利于对儿童最大利益的维护，联邦与省和地区之间的家庭法立法和执法之间的差距逐渐扩大，部分中等收入家庭存在诉讼参与的困难或经济负担，离婚后子女移居问题缺乏明确的立法指导，等等。为促进家庭法的现代化发展，加拿大在2019年修改了相关立法。

整体来看，英联邦国家在21世纪以来的家事司法改革或审查均旨在解决家事司法系统运行中存在的直接问题，促进家事司法正义的实现。各国家事司法系统面临着普遍性的问题，如家事纠纷的增多且日益复杂造成了诉讼迟延等问题，儿童的程序参与和意见表达不足，当事人的诉讼成本增大，非诉讼纠纷解决机制和降低家事司法程序的对抗性等。同时，随着信息技术的发展，各国家事司法系统在发展过程中面临着优化案件管理制度、加强信息网络技术适用的时代性任务。从本质来看，英联邦各国对家事司法制度进行改革或审查的根本目的在于保障家事司法正义的实现，尤其是接近正义的实现，这也体现了家事司法系统的基本功能。

二、改革思路与方案设计相似

英联邦国家关于家事司法改革的推进路径具有相似性，均是通过审查、政府改革和立法修改等途径完成。各国普遍将家事司法审查作为改革的开端，并在改革后通过审查对改革的效果进行评析，从而探索家事司法系统进一步发展的方向。因此，在英联邦国家的家事司法改革中，家事司法审查是必可不少的重要环节。

英国在2011年对家事司法系统进行了审查，于2011年3月发布了《家事司法审查中期报告》，并经咨询与修改，于2011年11月发布了《家事司法审查最后报告》。报告提出了家事司法改革的具体建议，大部分建议在后续改革中得到落实。该审查报告由司法部任命的家事司法审查小组作出，政府在2012年对报告作出了回应，从而形成了具体的改革进路规划。

澳大利亚从2017年开始推进家事司法审查工作的开展，最终于2019年发布了审查报告，为后续改革奠定了基础。2017年，澳大利亚司法部部长要求澳大利亚法律改革委员会对家事司法系统进行审查，通过公众和专业机构咨询,法律改革委员会收到了不少反馈,并通过磋商和讨论制定了改革提案。2019 年,法律改革委员会提出了家事司法改革的 60 条建议,并对相关建议进行了详细阐述。

新西兰政府在 2011 年指示司法部对家事司法系统作出审查,并于 2014 年发布了审查报告,随即开展了家事司法改革。在 2019 年,新西兰对 2014 年后的家事司法系统的发展进行了审查,并提出了进一步发展的建议。新西兰通过及时的家事司法审查,推动家事司法系统在短期内进行了改革,并对改革效果通过家事司法审查进行评估,从而为进一步深化改革提供了建议。

2013 年,新加坡设立了家事司法委员会,该委员会在 2014 年发布了咨询文件,寻求公众对委员会提出的家事司法改革建议的反馈。在审议相关意见基础上,家事司法委员会提出了新加坡家事司法改革的建议,推动了新加坡家事司法改革的推进。2019 年,新加坡对家事司法系统进行了进一步审查,提出了深化改革的建议,旨在推动家事司法系统的现代化推进。

自 2018 年以来,加拿大开始推进对现有家庭法的实质性修改,以推进家事司法系统的优化。2018 年,加拿大政府提出的修改家庭法的法案于 2019 年获得批准,该修改被认为是 20 世纪末期以来加拿大家庭法进行的最大规模的变革。

整体来看,英联邦国家在家事司法改革前往往通过司法部任命的相关机构进行家事司法审查,并经审查小组审查、公众咨询等提出改革建议或方案。在改革之后,通过进一步家事司法审查对改革的效果进行反思,并提出深化改革或进一步完善家事司法系统的建议。审查与具体改革或法律修改的推进,构成英联邦国家家事司法系统发展的普遍路径或发展方式。

三、改革措施和具体机制相近

除基本改革路径或思路外,英联邦国家在家事司法改革中的具体改革措施或关注点具有共通性,部分改革措施是各国普遍强调的改革重点领域,如儿童意见表达、诉讼外纠纷解决机制、减少家事诉讼程序的对抗性、提升家事司法服务效率等。

英国在家事司法改革中建立了独立家事法院，加强家事司法机构的统一化设置，以便利当事人的诉讼和家事司法的连续性。为解决诉讼迟延问题，英国在改革中引入了26周法定审限，更新案件管理制度，推动调解信息评估会议等非诉讼纠纷解决机制的引入。同时，英国将倾听儿童声音作为改革的重要内容，强调保障法官会见儿童与儿童出庭作证，通过促进儿童程序参与来保障家事案件尤其是抚养权纠纷中儿童的最大利益。另外，英国在此次改革中重视家事司法透明度建设，通过家事裁判文书网上公开的制度构建和媒体报道家事司法的限制来消除"秘密司法"问题，保障公众的知情权。

在澳大利亚家事司法审查中，保障儿童的意见表达和程序参与同样是备受关注的重要领域，审查报告建议在立法中明确儿童最大利益的考量因素。同时，审查报告鼓励和解、仲裁等非诉讼纠纷机制的适用，强调提升家事司法的效率，促进家事纠纷解决的及时高效成比例。最终建议强调简化财产分割方法，增强法院的支持服务，并加强家事司法问责制和透明度建设。

新西兰重视诉讼外程序机制改革，家事纠纷解决机制等非诉讼纠纷解决机制的适用是诉讼外程序改革的核心内容，体现了新西兰减少家事纠纷解决对抗性的发展方向。同时，新西兰不断优化诉讼程序以提升诉讼效率，降低诉讼成本，对专业人员的参与作出了较多关注。在2019年家事司法审查中，新西兰强调设立家事司法服务机构以密切相关服务之间的关系，修改相关立法以保障家庭暴力案件中的儿童安全，以及进一步优化家事司法程序。

新加坡在2014年改革中统一了家事司法机构，设立了家事司法法院，该法院设置与英国的独立家事法院较为相似。同时，新加坡强调以法官为主导的家事纠纷解决方式，从而促进家事纠纷的及时高效解决，并通过任命儿童代表等方式保障儿童的意见表达。2019年家事司法审查强调简化离婚流程，这与英国无过错离婚引入的改革意图有相通性，即促进争议的及时解决，保障当事人的合法权益。

加拿大在家庭法修改中强调完善对儿童最大利益的规范，细化了儿童最大利益标准的考量清单，并对家庭暴力问题作出了较明确的规范。同时，促进家事司法系统的及时高效运行和便于当事人的诉讼参与也是加拿大此次家庭法修改的重要内容。

综观英联邦国家的家事司法改革可以发现各国在改革或审查建议中的措施具有很大的相似性,这主要体现在如下四个方面。

其一,注重对儿童意见表达和儿童参与的保障,始终强调儿童最大利益这一基本原则。英国、澳大利亚、新西兰、新加坡均在改革或审查中特别关注抚养权纠纷中儿童的意见表达和程序参与,通过法官会见儿童、借助儿童律师或专业人员表达意见、直接出庭作证等直接或间接的程序参与方式保障儿童的意见表达与听取。同时,澳大利亚、加拿大等均在改革或家庭法修改中明确了儿童最大利益原则的判断要素,进一步促进法官及当事人在抚养权纠纷中对儿童最大利益作出更准确的判断。

其二,通过设置专门家事审判机构、简化案件流程和增强案件管理制度等提升家事司法及其服务的效率。英国、新加坡均设立了独立的家事法院,审理家事一审案件,通过审判机构的专业化发展提升家事司法的效率,便利当事人的诉讼参与和家事纠纷的专门化处理。英国的在线离婚服务、新加坡各项简化家事司法流程的措施、澳大利亚的简化财产分割方法等,均通过简化家事司法程序来提升效率。同时,案件管理制度的更新也是各国家事司法改革必不可少的内容,其中涉及对诉讼连续性的考虑和对信息网络技术等先进科技的适用。新加坡以法官为主导的家事司法方式能够促进家事纠纷的及时解决,一定程度上可以提升效率。提升家事司法效率,减少诉讼迟延问题是英联邦各国家事司法系统普遍面临的任务,故而在改革中对该问题的解决成为主要内容之一。

其三,减少家事司法的对抗性,鼓励非诉讼家事纠纷解决机制的适用。英国在家事司法改革中强调调解、协作法、家庭团体会议等非诉讼纠纷解决机制的适用,并通过调解信息评估会议的引入为当事人选择非诉讼纠纷解决机制提供更多信息和机会。澳大利亚家事司法审查报告建议减少家事司法程序的对抗性,探讨了家事纠纷解决机制、法律协助解决机制的扩大适用,并建议在财产争议中增强非诉讼纠纷解决机制的适用,并对仲裁的适用提出建议,从而形成了较为全面的关于诉讼外纠纷解决方式的探讨。家事纠纷解决机制、离异抚养项目等诉讼外程序的改革是新西兰家事司法改革的核心内容,并在2019年审查中得到了进一步强调,其中促进当事人尽早达成协议是审查的核心建议。新加坡强调减少家事纠纷解决的对抗性,推动调解程序的普遍适用和治疗性司法,并在立法中规定了强制性咨询和调解环节,重视家事纠纷的诉讼外解决。减少家事司法的对抗性,通过非诉讼途径解决家事纠纷,能够促进纠纷的及时高效解决,并减少对当事人尤其是未成年人的情感和未来发展的不利影响。

其四,关注家庭暴力和离婚自由,注重对接近正义的保障。在改革后,英国不断探讨无过错离婚制度的引入,以减少当事人之间的冲突和离婚成本,更好地保障其离婚自由的实现和权益的维护。澳大利亚对家庭暴力问题作出了较多关注,对警察在家庭暴力案件中的干预程度和注意义务等作出了探讨,强调对家庭暴力案件中受害人的权益保护。新加坡在2014年改革中强调简化离婚的程序,以减少当事人的时间和金钱成本。在2019年家庭法修改中,加拿大将解决家庭暴力问题和减少贫困作为家庭法修改的总体目标,强调保障家庭暴力问题解决中的儿童权益保护和受害者安全保护。家庭暴力是家庭法中不可忽视的严重问题,其不仅会对当事人造成严重的人身伤害,还会对作为旁观者的未成年人的身心健康发展造成影响。对家庭暴力和简化离婚程序的强调,体现了英联邦国家在家事司法系统更新过程中更加强调对当事人合法权益的关注,体现了对实体正义的追求。

四、相互影响和借鉴

英联邦国家的家事司法改革措施或审查不仅存在诸多相似或共通之处,各国的改革或审查也深受其他国家影响,相互借鉴和参考。这也是各国家事司法改革呈现一致性的重要原因。

英国在家事司法审查报告中多次提及其他国家家事司法改革经验,如澳大利亚家事法院的电子法庭建设,美国、新西兰等国家的调解等非诉讼纠纷解决机制的发展等,从而对本国家事司法系统的发展状况作出对比和反思,探究家事司法系统的有待完善之处。同时,英国在家事司法审查及改革过程中,参观访问了澳大利亚相关机构以加强对其他国家家事司法改革经验的吸收与学习。[1]

澳大利亚在家事司法审查中强调了对英联邦国家的参考,指出加拿大、新西兰、英国等国家都在探索如何以更好的方式满足离异家庭的需求,如司法程序的可替代形式、多学科方法、改善对家庭暴力的回应和符合土著居民的特定方式。澳大利亚法律改革委员会分析了新西兰家事司法改革中出现的儿童参与减少的问题,[2]在审查建议中提议将保障儿童意见被倾听的权利扩大到家事纠纷解决机制中,从而保障儿童的意见能够得到充分尊重。另外,澳大利亚在警察干预家庭暴力案件的探讨中对英国和加拿大的判例进行了深入分析,体现了对英联邦国家家庭法判例的借鉴。

新西兰家事司法改革中引入的家事纠纷解决机制与澳大利亚家事司法审查中的家事纠纷解决机制具有一致性,它们均为家事纠纷的非诉讼解决的重要途径。同时,新西兰在家事司法审查中强调对澳大利亚《2004 年家庭法规则》的借鉴,[3]新西兰的诸多家事司法改革措施或审查内容,与澳大利亚具有较多相似性。

新加坡在家事司法改革中重视儿童的意见表达,审查报告对英国、澳大利亚、新西兰和加拿大探讨的司法会见的优势作出了借鉴。[4] 在以法官为主导的机制改革中,新加坡强调了英国和澳大利亚对禁止在家事诉讼展开当事人的交叉询问问题的特别考虑。[5] 在抚养权纠纷中相关术语的表述问题上,新加坡的家事司法审查报告同样借鉴了英国、新西兰和澳大利亚的法律

---

[1] See Family Justice Review Interim Report (2011), p. 199.

[2] See Mark Henaghan, *Article 12 of the UN Convention on the Rights of Children*, *International Journal of Children's Rights*, 25 The International Journal of Children's Rights 61 (2017).

[3] See Ministry of Justice, Te Korowai Ture ā-Whānau: The Final Report of the Independent Panel Examining the 2014 Family Justice Reforms (2019), p. 24-27.

[4] See Committee to Review and Enhance Reforms in the Family Justice System, Report of the Committee to Review and Enhance Reforms in the Family Justice System (2019), p. 26.

[5] See Committee to Review and Enhance Reforms in the Family Justice System, Report of the Committee to Review and Enhance Reforms in the Family Justice System (2019), p. 27.

术语转变,强调了传统"监护"术语的不合理性。[1] 另外,加拿大对《离婚法》中关于儿童监护和抚养问题相关法律术语的修改,也借鉴了英国、澳大利亚相关修改的经验。

综观英联邦各国的家事司法改革或审查,可以发现对其他英联邦国家相关改革举措的参考和借鉴是各国论证或实施本国改革措施的基础之一。英联邦各国在法律术语修改、倾听儿童声音、非诉讼纠纷解决机制引入等方面进行了诸多借鉴,吸收了他国的有效经验,体现了英联邦各国家事司法制度发展的相互影响。鉴于英联邦各国的家事司法系统比较相似,故而在借鉴和吸收他国经验方面较直接、有效。因此,进入21世纪以来,英联邦国家的家事司法改革或审查具有相似性,并且呈现相互影响和促进的特点。

当然,尽管英联邦各国的家事司法制度发展呈现出较大的相似性,但各国家事司法改革的具体举措与目标又具有本国特色,这与各国家事司法系统不同的发展现状和目标相关。英国的家事司法改革重在解决家事司法系统存在的诉讼迟延问题,故而独立家事法院的设立、26周审限制度的引入、非诉讼纠纷解决机制的扩大适用等均旨在提升家事司法效率。澳大利亚将儿童的程序参与作为家事司法审查的核心内容,强调关注家庭而非制度。新西兰将改革重点放在诉讼外程序中,重视非诉讼纠纷解决机制的适用。新加坡通过以法官为主导的方法提升家事司法的效率,增强对家事纠纷解决的合理干预。加拿大在家庭法修改中更关注儿童最大利益判断、家庭暴力、减少贫困等实质正义问题。总而言之,英联邦国家家事司法改革各有侧重,但均旨在解决本国家事司法系统面临的最直接或现实的问题。

第二节　英联邦国家家事司法系统的发展趋向

在英联邦国家的家事司法系统发展过程中,改革成为家事司法系统更新

[1] See Committee to Review and Enhance Reforms in the Family Justice System, Report of the Committee to Review and Enhance Reforms in the Family Justice System (2019), p. 56.

和优化的必然途径。新冠肺炎疫情对家事司法系统提出了挑战,但也一定程度上导致远程家事司法的不断探索和发展。同时,降低家事司法的对抗性,扩大非诉讼纠纷解决机制的适用,是英联邦各国家事司法系统的普遍发展方向。

一、改革:家事司法系统优化的必然路径

进入 21 世纪以来,英联邦各国纷纷通过家事司法改革或审查推进本国家事司法制度的完善,促进家事司法系统的有效运行,改革成为英联邦各国家事司法系统优化的有力方式,这也与世界范围内家事司法系统的发展路径一致。究其本质来看,英联邦各国的家事司法改革或为改革作准备的家事司法审查,是家事司法系统更新或优化的方式。

英联邦国家家事司法改革的推进,反映了家事司法系统的独立运作状态和外部环境影响之交互。法律系统通过运作中的闭合和认知上的开放从而形成持续运作的状态。一方面,法律系统的内部处于运行过程中,所有的运作都在内侧运行;另一方面,该内部运行的法律系统并非完全封闭,而是离不开环境这一外部条件,系统的闭合和开放互补,前者为后者提供基础,后者为前者提供参考。法律系统在认知上的开放保障了其学习能力,从而能够抵御外部环境压力,独立演进和运作。[1] 英国、新加坡等英联邦国家明确提出家事司法系统的概念,将与家事司法相关的机构、程序等作为一个独立系统对待,从而强调了家事司法工作的体系性。在英联邦国家家事司法系统运行过程中,一方面,家事司法系统中各主体遵循家事司法发展规律从事相关行为,推动家事司法系统的有序运行;另一方面,家事司法系统面临家事案件数量增多且日益复杂、信息网络技术更新、其他国家家事司法改革等外部环境影响,从而推动家事司法系统在运行过程中进行反思,通过更新结构和健全机制来促进系统自身的优化,以应对外部环境的挑战。

英联邦各国的家事司法改革或审查,本质上在于实现家事司法系统的功

[1] 参见张翠梅、赵若瑜:《卢曼自创生法律系统视阈下的系统与环境》,载《江汉论坛》2019 年第 4 期。

能,即保障家事正义的实现。根据目的论,法条中被应用的概念最终都是规定功能的概念、为特定目的服务,目的决定了各概念的内容和形式。[1] 目的背后有进一步的功能,即在社会层面法律系统本身的功能。法律系统的正义,是实现"稳定化规范预期"的功能,即实现法的安定性。因此,法律系统一方面自我指涉,另一方面具有反思性,通过反思与社会环境变化是否契合和能否通过法律实现调控以对预期功能或目标作出追求。[2] 正义是法律系统的自我观察和描述,引领着系统的决断,作为法律系统中心的司法,通过对正义的追求实现整个法律系统的发展。[3] 英联邦各国关于家事司法系统的更新或优化,本质上在于推动家事司法系统的发展,以更好地实现家事司法系统的预期功能,即发挥家事司法的纠纷解决功能。鉴于家事纠纷的特殊性,在家事司法中,除纠纷解决外,法院等机构试图减少当事人之间的冲突,这体现了家事司法的社会效果。同时,在英联邦国家的家事司法制度中,儿童最大利益原则是基本和首要原则,这也在家事司法系统各项程序机制和改革措施中得到体现。因此,维护未成年人的利益与解决当事人的纠纷均在英联邦国家家事司法系统发展的目标或功能之列。

英联邦国家的家事司法改革,本质上是英联邦国家对本国家事司法系统进行的机制更新和结构优化。通过改革以更好地促进系统目标的实现,应对外部环境的变化,发挥家事司法的本质功能和社会效果。

二、新冠肺炎疫情常态化背景下远程家事司法的发展

新冠肺炎疫情导致各国家事司法系统的运行受到阻碍,对家事司法工作的正常开展带来了挑战,加拿大 2019 年家庭法的修改只能推迟实施,各国的家事司法活动受到影响。英联邦各国推进远程家事司法的运行,以更好地保障家事纠纷的及时高效解决,并在实践中取得一定效果,形成了关于"互联网+家事司法"的有效探索。

---

[1] 参见[德]卡尔·拉伦茨:《法学方法论》,陈爱娥译,商务印书馆 2003 年版,第 357 页。

[2] 参见李忠夏:《功能取向的法教义学:传统与反思》,载《环球法律评论》2020 年第 5 期。

[3] 参见陆宇峰:《"自创生"系统论法学:一种理解现代法律的新思路》,载《政法论坛》2014 年第 4 期。

在疫情下,英国尽可能最大程度上维持家事司法系统的运作,诸多辖区采取了远程或混合工作模式,但远程访问平台面临着一定困难。英国不断更新关于远程家事司法的指导文件,促进疫情期间家事司法正义能够尽可能实现。法院和裁判所事务管理服务局提供了电话会议和网络电话平台软件(Skype),致力于引入集中式远程访问系统(如云视频平台等),用于家事法院的全视频庭审。2020 年 6 月,英国高等法院家事法庭庭长安德鲁·麦克法兰尼(Andrew McFarlane)发布的《家事法院和新冠肺炎疫情:前进道路》(The Family Court and COVID-19: The Road Ahead)指出,疫情对案件管理工作会产生较大影响。案件是否会被延期审理或是在相对较短的时间内处理需要经过更长时间的重新评估,这需要考虑判决结果对儿童及其家庭的决定性、诉讼迟延和日益增加的案件挤压问题对家事司法系统的整体影响,以及各方的利益诉求。虽然在案件管理阶段,立法并未要求法院将儿童的利益作为首要考虑因素,但儿童利益和避免迟延问题一直是大部分案件中最重要的因素。就儿童的抚养问题及时作出决定具有重要性,儿童的利益应始终在法院的重要考量范围之内,案件管理阶段亦应如此。[1]

英国相关文件指出,在可预见的未来,远程听证和混合听证方式将持续存在,并且应当成为明确规定的听证方式,从而降低因遵守社交规范而对法院造成的经费压力,减少全程听证的次数。在统一的云视频平台建成前,法官、律师和诉讼参与人可在现有平台中根据具体情况作出选择。视频审判司法工作组(Video Hearings Judicial Working Group)定期召开会议,对开放用于操作远程访问家事法院的资源工作进行协调和监督。鉴于不同的家事法院处于不同的现代化阶段或网络信息技术水平有异,故而远程家事司法的发展没有唯一固定的模式,而是需要各家事法院结合实际状况作出选择。[2]

---

〔1〕 See Andrew McFarlane, *The Family Court and COVID-19: The Road Ahead*, Courts and Tribunals Judiciary (Jun. 9, 2020), https://www.judiciary.uk/wp-content/uploads/2020/06/The-Road-Ahead_FINAL.pdf.

〔2〕 See Justice MacDonald, *The Remote Access Family Court*, Courts and Tribunals Judiciary (Jun. 26, 2020), https://www.judiciary.uk/wp-content/uploads/2020/06/The-Remote-Access-Family-Court-Version-5-Final-Version-26.06.2020.pdf.

疫情期间，澳大利亚家事法院仍继续开庭，并且向法院提出紧急申请的案件数量有所增加，部分案件得到了有效判决。例如，法院在个案中取消了监护令安排，否则会因疫情导致当事人与儿童之间无法建立联系；[1]在抚养安排中考虑了当事人的健康状况和社交距离；[2]通过视听设备通信取代直接见面，以维持疫情期间儿童与一方当事人之间的联系，避免可能使儿童遭遇危险的州际旅行；[3]确认疫情导致的出行限制等并非当事人不遵守法院作出的抚养令的一般理由；[4]等等。同时，在疫情之前，澳大利亚家事法院未曾举行在线听证会，但在疫情开始后，家事法院通过电话、视听设备等方式推进家事司法工作之开展。然而，在线审理模式会存在较大困难，如网速问题、硬件和软件故障、送达困难等，并且家事案件中困难更多，如家庭暴力案件中的远程参与可能会导致对隐私权保障和受害人安全等问题的担忧。[5]

新西兰强调了疫情期间承担共同抚养责任的儿童父母应当搁置他们的争议，将儿童的最大利益作为首要考量因素。新西兰首席家事法院法官贾奎琳·莫兰（Jacquelyn Moran）强调，如果有共同抚养安排，但儿童父母双方居住在不同的社区或城镇，儿童及其家人的安全不应因家庭间的流动而受到损害，当事人应当搁置其争议，作出符合儿童及其家庭甚至社区最大利益的决定。[6]

疫情影响了新加坡的司法程序，新加坡法院密切关注技术在法律系统中的作用。随着法院档案系统的数字化，电子诉讼系统发挥了较大作用，法院的审判和调解工作逐步推进到数字化领域，如通过视频会议设施等进行案件审理。新加坡首席大法官梅达顺多次强调，技术已经开始转变人们关于纠纷

---

〔1〕 See *Baginski & Medvitz* [2020] FamCA 258.

〔2〕 See *Zeelan & Abney* [2020] FCCA 884.

〔3〕 See *Banham v Banham* [2020] FCCA 1201.

〔4〕 See *Mafton v Salmet* (*No.* 2) [2020] FCCA 903.

〔5〕 See Bruce Smyth et al., *COVID-19 in Australia: Impacts on Separated Families, Family Law Professionals, and Family Courts*, 58 Family Court Review 1022 (2020).

〔6〕 See Sam Hurley, *COVID-19 Coronavirus: Top Family Court Judge Urges Shared Custody Parents to "Put Aside Their Conflict"*, NZME (Mar. 25, 2020), https://www.nzherald.co.nz/nz/covid-19-coronavirus-top-family-court-judge-urges-shared-custody-parents-to-put-aside-their-conflict/I53FUE7NCGLG73TNOHWIO36OEM/.

解决地点和方式的传统观念，在线法院在纠纷解决中可以发挥较大的作用。[1]

除在线审判外，疫情导致加拿大家事法院对所有文件进行强制性电子归档，并加快了数字司法档案建设——家事法院的登记系统关闭，电子文件归档成为必要之举。如何通过新技术工具的适用便利家事司法工作的开展，也成为部分学者强调的后疫情时代应当考虑的问题。[2]

整体来看，疫情对英联邦国家的家事司法系统带来了诸多挑战，抚养权纠纷等家事争议的解决可能存在迟延等问题，从而影响家事司法正义的实现。与此同时，英联邦各国法院纷纷进行现代化改造，通过网络信息技术、视频会议工具等方式推动在线家事审判的发展，精简家事司法程序，提升家事司法效率，一定程度上能够促进家事司法系统的优化。[3]

三、更低对抗性：家事司法的社会化发展

在英联邦国家家事司法改革或审查中，减少家事司法的对抗性，扩大诉讼外纠纷解决机制的应用，是各国改革的重要内容之一，这既体现了家事司法的特殊性，也反映了家事司法的社会化发展趋向。

英国在引入调解信息评估会议、家庭团体会议制度之后，不断推进非诉讼纠纷解决机制的适用，以促进家事纠纷的及时高效解决。疫情导致英国严格限制家事法院开放的数量，家事法院往往优先处理紧急状况，如涉及儿童的家事公法案件、涉及儿童的紧急私法案件、儿童诱拐案件、虐待和紧急离婚申请等。法院提升了案件管理能力，然而，案件审理的迟延问题仍较为明显。由此，英国司法部门主张通过替代性纠纷解决方式来缓解诉讼迟延问题，调

---

〔1〕 See Gloria James-Civetta, *COVID-19 and Family Law: The Singapore Perspective*, International Bar Association (Jun. 26, 2020), https://www.ibanet.org/Article/NewDetail.aspx? ArticleUid = 817EBE8D-F628-44F5-8C8C-515A260FD5D0.

〔2〕 See Bruce Smyth et al., *COVID-19 in Australia: Impacts on Separated Families, Family Law Professionals, and Family Courts*, 58 Family Court Review 1022 (2020).

〔3〕 See Marcus Sixta, *How COVID-19 Could Force Changes to Family Courts, Modernize Access to the Justice System*, CBC (Apr. 15, 2020), https://www.cbc.ca/news/opinion/opinion-family-law-courts-access-corononavirus-1.5516067.

解、仲裁、私人金融纠纷解决机制(private financial dispute resolutions)、早期中立评估(early neutral evaluation)等方式备受欢迎。调解是解决家事纠纷最具成本效益的方法之一,比法院主导的司法程序更具可持续性,对改善当事人关系更有利。仲裁比司法程序灵活,仲裁员相较于法官更有时间深入考虑案件问题。私人金融纠纷解决方案适用于已经在法院提起诉讼的案件,在披露财产后,当事人希望由私人金融纠纷解决方案法官来审判案件,由此,诉讼程序暂停,私人金融纠纷解决方案的法官在当事人的协助下推动双方谈判,指出案件可能的结果。早期中立评估与私人金融纠纷解决方案类似,但不需要当事人启动司法程序,当事人可以任命一名早期中立评估员协助解决纠纷。这些程序机制当事人并非只能选择其一,而是可以混合使用。在家事案件中,纠纷解决是首要诉求,司法途径往往被认为处于次要位置,仅在最基本的案件中才予以考虑。[1]

自《1975 年家庭法》颁布以来,澳大利亚政府不断推进家庭法制度的创新改革。《1975 年家庭法》中无过错离婚制度的引入为家事纠纷解决从互相指责向协作解决提供了基础,这在一定程度上能够降低家事纠纷解决的对抗性。减少家事纠纷解决的对抗性也是当今家事司法制度发展的重要趋向。在澳大利亚,通过替代性纠纷解决机制解决家事纠纷,减少诉诸司法的案件数量,成为改善家事司法制度的重要内容。[2]

在新西兰的家事司法改革中,家事纠纷解决机制的引入是改革的核心内容之一,促进当事人尽早达成协议是家事司法制度进一步改革的目标。相关研究表明,伤害子女的并非夫妻分离,而是冲突。非诉讼纠纷解决方式能够通过调解服务等提供保障儿童利益的高质量的信息,比司法程序的对抗性要低,并且诉讼外服务对当事人而言更为便利。通过调解解决案件平均需要 37 天,而通过诉讼程序则需要 268 天。新西兰通过鼓励律师参与非诉讼程序来为当事人提供信息,帮助当事人准确参与家事纠纷解决过程,从而促进纠纷

---

〔1〕 See Fiona Read, *Family Justice: Back to Normal?*, Gatezze (Jul. 3, 2020), https://www.lawgazette.co.uk/commentary-and-opinion/family-justice-back-to-normal/5104885.article.

〔2〕 See Lola Ojelabi & Judith Gutman, *Family Dispute Resolution and Access to Justice in Australia*, 16 International Journal of Law in Context 255 (2020).

的及时解决。[1]

为减少家事司法的对抗性,新加坡在 2014 年对家事司法制度进行了全面改革,引入了以法官为主导的方法,这反映了新加坡家庭法中新的司法理念。以法官为主导的方法为法官引入了一种新的权力,即法官可以指示当事人参加调解或咨询。有学者建议,新加坡应当采用跨学科的方法解决家事纠纷:其一,在统一的家事司法法院设立后,应当明确法院在调解和咨询等方面的决策或权力,从而提升家事纠纷解决的透明度,这也有助于帮助律师更好地为当事人提供建议;其二,在家事司法法院介入之前,法庭外的调解等方式在家事纠纷的早期阶段介入具有重要性,家事司法法院也可与外部机构合作以提供全面的解决方案;其三,家事司法法院还可与学者和研究人员合作,以更好地总结司法和调解经验,制定适合当事人的纠纷解决制度。[2]

在加拿大家庭法修改中,减少家事司法的对抗性同样是重要内容之一,除联邦法律外,加拿大各省在本省的家事司法改革中同样强调减少家事司法的对抗性。例如,不列颠哥伦比亚省政府计划对省级法院处理家事案件的方式进行重大改进,以减少家事司法系统的对抗性。该省法院家庭规则工作小组提出了家事纠纷解决的新模型,设想了紧急事项的优先顺序:第一,让当事人参加早期评估和推介程序,以确定其需求;第二,调解程序,以了解是否可以在诉讼前解决问题;第三,强制性育儿信息和教育计划;第四,旨在帮助未通过法庭外途径解决纠纷的当事人的家事管理会议。[3] 通过扩大非诉讼纠纷解决方式的适用减少家事纠纷解决的对抗性,促进当事人及早解决争议,也是加拿大家庭法不断改革的重要方向。

---

[1] See Catherine Hutton, *Still not Enough Progress on Keeping Families Out of Court—Independent Panel*, RNZ (May 26, 2020), https://www.rnz.co.nz/news/national/417532/still-not-enough-progress-on-keeping-families-out-of-court-independent-panel.

[2] See Eunice Chua, *Mediation in the Singapore Family Justice Courts: Examining the Mandatory Mediation Model under the Judge-led Approach*, 38 Civil Justice Quarterly 97 (2019).

[3] See Ian Burns, *B. C. Family Law Reform Proposals Aimed at Less Adversarial System, Smaller Burden on Courts*, The Lawyer's Diary (Dec. 12, 2019), https://www.thelawyersdaily.ca/articles/16702/b-c-family-law-reform-proposals-aimed-at-less-adversarial-system-smaller-burden-on-courts.

整体来看，在英联邦国家家事司法制度的进一步发展过程中，减少家事司法的对抗性、扩大非诉讼纠纷解决机制的适用仍是重要的发展趋向。家事司法具有特殊性，这使家事纠纷的解决需要考虑减少当事人之间的冲突，促进纠纷的及时处理，减少对未成年人或当事人的不良影响。因此，在家事司法制度发展过程中，区别于一般民事司法制度，家事司法更加强调减少当事人之间的对抗性，注重对当事人尤其是未成年人的关注。这体现了家事司法制度进一步专业化、社会化发展的趋向，也是更好地解决家事纠纷的必然发展方向。

第三节 英联邦国家家事司法改革之启示

21 世纪以来，各国纷纷通过家事司法改革推动本国家事司法系统的优化，改革路径或具体机制存在诸多相似或一致之处，英联邦各国尤甚。各国家事司法制度的发展反映了家事司法的普遍发展规律。尽管英联邦国家与我国的家事司法系统存在较大差异，但均面临案件增多且日益复杂、信息网络技术更新、儿童程序参与不足、非诉讼纠纷解决机制有待加强等问题，均须通过改革推进家事司法系统的优化，更好地发挥解决家事纠纷的系统功能。减少家事司法的对抗性，维护当事人之间的关系稳定和减少对未成年人的不利影响，是世界范围内各国家事司法系统的普遍发展趋向。因此，对英联邦国家家事司法改革的研究，在一定程度上可为我国进一步深化改革提供借鉴或参考。以英国等英联邦国家的家事司法透明度建设和儿童最大利益的维护为例，结合我国家事裁判文书公开和家事司法中未成年人权益保障现状，可以发现英联邦国家的经验在一定程度上可以为我国提供参考。

一、我国家事裁判文书公开及其限制

如何保障公众知情权与个人隐私权之间的平衡，是家事裁判文书网上公开必然要面对的重要问题。增强家事司法透明度关系家事司法公信力和公

众知情权,对个人隐私权的保护可以通过匿名化处理和个人信息保护机制的完善来实现。英国 2011 年以来的家事司法改革通过扩大家事裁判文书网上公开的力度来提升家事司法透明度,但效果略显不足。2019 年 4 月,澳大利亚法律改革委员会发布了家事法系统的审查报告,提出了提升家事司法透明度的改革建议。通过家事裁判文书网上公开的方式提升家事司法透明度成为互联网时代各国家事司法系统发展的重要内容,尽管我国积极推进裁判文书网上公开,但目前家事裁判文书网上公开在实践中尚存诸多问题。增强家事裁判文书网上公开的匿名化技术处理和运行监督机制,完善家事司法公开的多元方式,有利于推进我国家事审判改革的进一步深化。

(一)我国家事裁判文书公开尚存争议

在家事案件通常不公开审理的情况下,家事裁判文书的网上公开成为增强家事司法透明度的有力途径。尽管我国对家事裁判文书的网上公开作出了具体规定,但目前实践中家事裁判文书的公开仍存在一些问题。

自 2013 年最高人民法院推出中国裁判文书网以来,我国积极推进裁判文书网上公开,已经建成了世界范围内最具影响力的裁判文书网。[1] 至 2020 年 8 月 30 日,中国裁判文书网文书总量突破 1 亿篇,访问总量近 480 亿次。[2] 为规范法院在互联网上公布裁判文书的工作,最高人民法院在 2016 年 8 月发布了《最高人民法院关于人民法院在互联网公布裁判文书的规定》。该司法解释第 4 条规定了不在互联网上发布的裁判文书的范围,其中包括离婚诉讼或涉及未成年子女抚养、监护的案件。第 6 条规定,不在互联网上公布的裁判文书,应当公布这些案件的案号、审理法院、裁判日期及不公开理由,除非公布上述信息可能泄露国家秘密。根据该规定,离婚诉讼或涉及未成年人抚养、监护的案件不在公开范围内,但应作出说明。

除离婚诉讼、涉及未成年人抚养、监护的案件不在互联网公布外,其他家事案件在互联网上公布时需要符合第 9 条的匿名化处理规则和第 10 条删除

---

〔1〕 参见周强:《最高人民法院工作报告——2017 年 3 月 12 日在第十二届全国人民代表大会第五次会议上》,载《人民日报》2017 年 3 月 20 日,第 3 版。

〔2〕 参见姜佩杉:《中国裁判文书网文书总量突破一亿》,载《人民法院报》2020 年 9 月 2 日,第 1 版。

个人信息的规定。司法解释第 8 条规定,法院在公布涉及婚姻家庭、继承纠纷案件的当事人及其法定代理人时应进行匿名化处理。根据第 9 条的规定,匿名化处理一般保留姓氏,名字以“某”替代,隐名处理后发生重复的则在姓名后加阿拉伯数字进行区分。根据第 10 条,自然人的身份证号码、家庭住址、通信方式等个人信息以及家事纠纷中涉及隐私的信息应当删除。

尽管最高人民法院的司法解释对家事裁判文书的公布作出了公开范围限制和匿名化处理的规定,但在实践中,家事裁判文书的网上公开还存在一定的问题。笔者对中国裁判文书网公布的家事裁判文书进行了研究,发现其中存在的问题主要体现在以下四个方面。

其一,尽管司法解释规定离婚、儿童抚养或监护类案件的判决书可以不在互联网上公布,但现实中此类案件的判决书有不少在中国裁判文书网上公布,且部分裁判文书的发布时间在司法解释生效之后。部分离婚或涉及儿童抚养、监护类案件的裁判文书不符合仅公布案号、审理法院、裁判日期及不公开理由的规定,部分在匿名化处理之后公布了全文。因此,司法解释中关于离婚、儿童抚养或监护案件的不公开规定在实践中并未完全落实。

其二,部分公开的家事裁判文书的匿名化处理不符合司法解释的要求,尚存侵犯个人隐私权或泄露个人信息的隐患。司法解释规定在匿名化处理中,一般保留姓氏,名字以“某”替代,但部分案件中当事人的姓名仍然保留在公布的裁判文书中。该匿名化处理存在不足的裁判文书主要分为两类,一类裁判文书虽然在正文中隐去了当事人的姓名,但在搜索页标题中仍然保留了当事人姓名,如 2017 年 9 月 11 日发布的一份判决书,虽然在判决书正文中使用了“童××”“姚××”代替,但在标题中却未处理当事人的姓名;[1] 另一类裁判文书在标题与裁判文书正文中未隐去当事人姓名,如 2017 年 9 月 4 日发布的离婚纠纷一审判决书、2017 年 9 月 13 日发布的离婚纠纷一审判决书等,无论是标题还是正文均未隐匿当事人姓名,亦未对未成年子女的姓名作

---

[1] 参见新疆生产建设兵团下野地垦区人民法院民事判决书,(2017)兵 0801 民初 399 号。

匿名处理。[1]

其三,部分公开的离婚诉讼等裁判文书未删除能够确认当事人身份的个人信息,违反了司法解释第 10 条的规定。司法解释第 10 条规定应当删除自然人的身份证号码、家庭住址、通信方式等个人信息,但部分公开的裁判文书并未完全删除该类信息,如 2017 年 8 月 30 日发布的“赵某某诉王某某离婚纠纷一审判决书”中,当事人的家庭地址信息未被删除。[2]

其四,部分家事裁判文书完全没有经过匿名化及删除个人信息的处理,直接发布在了中国裁判文书网上,泄露了当事人的个人信息,侵犯当事人的隐私权。例如,2017 年 9 月 11 日发布的一份判决书中,当事人的姓名、家庭住址、工作单位等个人信息均未处理。[3]

因此,在深化家事审判改革过程中,一方面家事司法的透明度引发关注,另一方面家事裁判文书的公开还存在一些问题。这既需要对家事审判公开及其限制的合法性和正当性基础作出探讨,也需要结合我国家事裁判文书公开的实践状况和存在的问题探讨发展的方向。

(二)完善我国家事裁判文书网上公开的发展方向

在进一步深化家事审判改革的过程中,为促进家事审判公开与个人隐私权保护之间的平衡,规范家事裁判文书的公布范围、加强匿名化处理和个人信息保护、健全家事裁判文书网上公开的流程和制约监督机制等应当成为我国家事裁判文书公开的发展方向。

1. 缩小不公开的家事裁判文书的范围

我国司法解释规定不公开离婚诉讼和涉及儿童抚养、监护的判决书的目的在于保护当事人及未成年人的隐私权,但该规定实则有待商榷。正如前文所探讨,提升家事司法的透明度具有重要意义,家事司法领域的不公开在互联网时代有待突破,该突破并非不保护当事人及未成年人的隐私权,而是在

---

〔1〕 参见山东省郯城县人民法院民事判决书,(2017)鲁 1322 民初 4068 号;湖南省道县人民法院民事判决书,(2017)湘 1124 民初 1945 号。

〔2〕 参见黑龙江省大庆市萨尔图区人民法院民事判决书,(2017)黑 0602 民初 2881 号。

〔3〕 参见吉林省汪清林区基层法院民事判决书,(2017)吉 7501 民初 108 号。

保护个人隐私权的基础上推动家事司法公开的发展。裁判文书网上公开的制度化和规范化发展,有助于监督司法权的规范运行、保障公众知情权、便利当事人及律师进行诉讼活动、倒逼法官提升职业素养和水平等。[1] 鉴于该类案件的裁判文书同样可以发挥一般裁判文书公开的社会利益和价值,故而修改司法解释中的规定不会造成对当事人隐私权的损害,反而有利于发挥裁判文书网上公开的宣传教育等功能。

更重要的是,尽管家事案件有诸多不同案由和类型,但其中离婚诉讼占绝大多数,不公开离婚诉讼、儿童监护与抚养案件的裁判文书会导致家事裁判文书的公开数量过少,进而影响家事司法领域审判公开的效果。在这类案件中,当事人隐私权保护的核心问题不在于公开与否,而在于网上公开的匿名化处理和个人信息保护方面的规范与完善。实践中家事裁判文书的公开状况也说明了这一点,目前离婚案件的裁判文书并非仅公布少量案件信息,而是在匿名化处理后全文公布,这才是实践中的普遍做法,也是符合家事裁判文书公开范围的可行之举。正如有学者主张,"涉及个人隐私的家事案件裁判文书不对社会公众公开。人民法院宣告涉及个人隐私的家事案件判决时,只宣告判决主文"[2],在维护个人隐私与家庭信息的前提下缩小不公开的家事裁判文书的范围,能够在更大程度上实现公众知情权和个人隐私权之间的平衡。

2. 探索匿名化处理和个人信息保护的有效途径

尽管我国积极推进裁判文书网上公开,司法解释已经对匿名化处理和个人信息保护的要求和具体操作标准作出了明确规定,但实践中各地法院在公开过程中存在失误和问题,导致不符合司法解释规定的情形频繁出现。因此,各地法院在网上公开家事裁判文书的过程中,应当加强对匿名化处理的重视,不仅处理当事人姓名,还应当修改或处理可能识别出当事人的具体信息,从而使当事人及未成年人不会因该公开被公众识别出来。

---

[1] 参见田禾:《裁判文书公开是司法改革重要成果》,载《人民法院报》2017 年 8 月 31 日,第 2 版。

[2] 刘敏、陈爱武:《〈中华人民共和国家事诉讼法〉建议稿及立法理由书》,法律出版社 2018 年版,第 75 页。

在涉及个人隐私的案件中,很多国家的法院基本上是将经过匿名化处理的裁判文书上网公开,并注重对个人信息和隐私的保护;除特定地区公布的判决书保留了当事人姓名,大部分国家同样将当事人的姓名进行了匿名化处理。2018年5月,最高人民法院发布了《关于全面提升裁判文书质量切实防止低级错误反复发生的紧急通知》,针对一些法院的个别上网裁判文书存在低级错误等问题,指出应大力推广裁判文书智能纠错软件的安装和应用,按照智慧法院建设要求,充分发挥随案同步生成电子卷宗、裁判文书智能辅助生成、文书智能纠错等软件的作用,从而有效辅助法官及时发现和纠正文书低级错误。在互联网与人工智能迅速发展的今天,相关辅助软件的有效利用能够在匿名化处理中发挥重要作用。

3. 完善运行和监督机制

裁判文书网上公开并非简单的一项制度或操作,而是具有较强专业性的系统工程,需要一系列配套制度措施和具有可操作性的运行和监督机制。有观点指出,为保障裁判文书网上公开的质量,应当明确裁判文书负责制和上网公开之前的审查责任制,首先由承办案件的部门负责人审核,重大、复杂、疑难或社会关注度较高的案件由主管副院长审核。[1] 司法解释仅对匿名化处理的标准和要求作出规定,具体的操作流程或运行机制有待不断探索。在员额制推行后,案件的匿名化处理和上传发布由法官负责,具体操作事宜可由法官助理负责;相关审查机构应当负责审核家事裁判文书的形式错误和统计相关公开数据,并负责与上级法院相关机构对接相关技术问题。[2]

《最高人民法院关于人民法院在互联网公布裁判文书的规定》第16条规定,技术处理不当的裁判文书应及时撤回并在纠正后重新公布,然而其并未规定具体的撤回及纠正流程。目前部分已公布的裁判文书存在技术处理不当的问题,各地法院在完善裁判文书匿名化和个人信息保护处理机制的同时,还应完善撤回和纠正机制,将已公布的处理不当的裁判文书撤回并在纠

[1] 参见赵红星、李君剑:《裁判文书网上公开现状探析及公开方向论证》,载《河北法学》2015年第12期。

[2] 参见马超、于晓虹、何海波:《大数据分析:中国司法裁判文书上网公开报告》,载《中国法律评论》2016年第4期。

正后重新公布。同时,家事裁判文书公布之后的反馈与监督机制,也有待裁判文书网上公开相关程序的不断完善。案件承办法官是裁判文书质量的第一责任人,其所在审判团队、所在部门和分管领导也应承担管理责任,一经发现文书存在多处瑕疵和低级错误,应及时采取有效措施处理问责。同时,还要进一步健全完善长效机制,填补办案和管理漏洞,不断提升法官的裁判文书制作和说理释法水平。

4. 构建家事审判公开的多元方式

除裁判文书网上公开之外,在新媒体时代中,保障媒体及公众对家事司法进行有效监督具有重要意义。媒体对家事司法的合理报道能够在一定程度上增强公众对家事司法的理解和信任,并监督家事司法之运作。需要注意的是,在互联网时代,互联网及各种新媒体、自媒体迅速发展,部分报道可能存在夸张、失实或误导的成分,加强新闻媒体的行业自律和职业伦理对保障家事司法报道的准确性具有重要意义。同时,法院应积极探索保障家事司法报道准确性的方式,加强对媒体报道司法的合作与监督,保障家事司法报道和互联网上各项家事司法信息的准确性。

另外,在我国家事审判改革过程中,各项涉及家事司法的法院文化建设可在一定程度上成为增强公众了解家事司法的途径之一,开放日等活动同样具有可行性。通过创新公开方式来推进公众对家事司法的了解和提升家事司法公信力,也可以成为我国进一步深化家事审判改革的有利探索。

二、我国《民法典》中未成年人最大利益原则的引入及其判断

2020 年,我国《民法典》正式出台,并自 2021 年 1 月 1 日起开始施行。《民法典》对《中华人民共和国婚姻法》(以下简称《婚姻法》)作出了一定修改,第 1084 条在离婚后子女抚养问题中引入了“最有利于未成年子女”与“尊重其真实意愿”等规定,体现了未成年人最大利益原则的引入。这是我国婚姻家庭立法的重要进步,也为我国家事审判改革的进一步深化提供了新的思路,与国际公约和其他国家和地区家庭法规定的儿童最大利益原则相一致。然而,我国《民法典》仅作出了较为原则性的规范,未成年人最大利益的判断

标准尚不明确,如何在抚养纠纷审理过程中贯彻未成年人最大利益原则尚待进一步探讨,英联邦国家家事司法改革中儿童最大利益原则的发展可带来一定启示。

(一)未成年人最大利益原则的引入及现存问题

针对离婚后子女抚养权归属问题,《民法典》第 1084 条第 3 款规定:“离婚后,不满两周岁的子女,以由母亲直接抚养为原则。已满两周岁的子女,父母双方对抚养问题协议不成的,由人民法院根据双方的具体情况,按照最有利于未成年子女的原则判决。子女已满八周岁的,应当尊重其真实意愿。”该修改在《婚姻法》第 36 条第 3 款的基础上进一步明确了父母离婚之后子女抚养的判断依据。其一,规定不满两周岁的子女以由母亲直接抚养为原则;其二,强调了最有利于子女的抚养原则,即“按照最有利于未成年子女的原则判决”;其三,规定“子女已满八周岁的,应当尊重其真实意愿”,对尊重未成年人子女的真实意愿进行了规定。因此,该规定的立法意义,一方面是对《婚姻法》规定的“哺乳期内”“哺乳期后”的年龄作出了明确的界定,从而便于及时确定儿童的直接抚养人,促进抚养纠纷的及时解决;另一方面则是通过“最有利于子女”和八周岁以上“尊重其真实意愿”两项规定,将未成年人最大利益原则在抚养权问题中确定下来。[1]《民法典》这一修改得到了学界的普遍肯定,认为这是加强对未成年人保护的重要体现。[2] 这很大程度上在于未成年人最大利益原则的引入该具有进步性的发展。

尽管我国《民法典》在离婚后子女抚养问题中引入了未成年人最大利益原则,强调对儿童意见的听取和最有利于未成年子女,但如何判断未成年人最大利益尚无明确标准。《最高人民法院关于适用〈中华人民共和国民法典〉婚姻家庭编的解释(一)》列举了子女抚养问题判断的具体规则,但并未对“最有利于未成年人”作出明确解释,相关规定主要沿用了《最高人民法院关于人民法院审理离婚案件处理子女抚养问题的若干具体意见》的规定,未对“最有利于未成年子女”作出具体规范,亦未体现对最有利于未成年子女的充分考

〔1〕 参见王歌雅:《民法典婚姻家庭编的价值阐释与制度修为》,载《东方法学》2020 年第 4 期。
〔2〕 参见张鸣起:《民法典分编的编纂》,载《中国法学》2020 年第 3 期。

量。在判断“最有利于未成年子女”时需要考虑的要素、各要素的重要性排序、如何在诸多要素之中确定最有利于未成年子女的抚养方案等均没有明确标准,这可能会导致在实践中《民法典》的新修改在司法实践中无法得到有效适用。尽管法官可以在裁判中进行个案平衡,但缺乏明确标准可能导致不同法官的裁判标准存在较大差异,容易造成类案不类判的问题,影响家事司法的公正性。

(二)未成年人最大利益的判断标准

尽管各个国家和地区均在抚养权争议中规定了儿童最大利益原则或最有利于未成年子女的规定,但如何判断目前尚未形成完全一致的观点,各个国家和地区在完善家庭法和推进家事司法改革过程中始终将其作为重要内容,加拿大在立法中明确规定了儿童最大利益的判断要素,为未成年人最大利益的判断提供了参考。结合其他国家和地区家庭法中儿童最大利益原则的立法与司法实践来看,未成年人最大利益往往以儿童需求、亲子关系与育儿能力、抚养安排、支持力量和影响因素五类不同的因素进行判断。

一是儿童需求与意愿,即涉及儿童成长过程中的需求及儿童的意愿。这包括儿童成长所需的环境和需求,儿童的意见、观点和倾向,儿童的身体、情感及教育需要,儿童的安全、保障和福祉等。对儿童成长过程中各项需求的考量是判断未成年人最大利益的重要依据,加拿大更是将儿童的安全、保障和福祉作为判断未成年人最大利益原则的首要因素。在各国立法与实践中,儿童的意见和观点同样是重要的判断依据,英国、澳大利亚等国家在家事司法改革中强调对儿童意见的倾听,我国《民法典》的修改也强调了这一点。

二是亲子关系和育儿能力,也即育儿的意愿、历史和能力层面。这包括父母的健康情况、之前的任何遗弃或放弃监护的行为、抚养儿童的历史、父母的住所和探视机会、父母的工作时间及其对子女的影响、父母的教养风格与方式、父母的经济状况或物质能力等。一方面,父母双方对儿童的抚养历史能够在一定程度上反映亲子关系及其照管儿童的能力和经验,另一方面,经济基础、陪伴时间等也是判断其育儿能力的重要因素。

三是抚养安排,即双方当事人关于儿童抚养达成的协议或提出的计划。

这包括任何照管儿童的计划、抚养协议、配偶各方愿意支持儿童发展和对儿童与另一方关系的维系等。鉴于家庭纠纷的特殊性,尽量促进当事人解决相关纠纷、减少公权力机构的介入以增强家庭关系的和谐稳定是家事司法的重要理念,在离婚后抚养权归属问题中,双方当事人达成的协议具有重要意义,是法院判决作出的重要依据。同时,各方提出的抚养规划或计划,也是证明其育儿能力和意愿的重要因素,故而也是判断未成年人最大利益的要素。

四是支持力量,主要指兄弟姐妹或大家庭成员的支持。这包括手足关系评价,儿童与兄弟姐妹、祖父母及其他重要人物关系的性质和作用等。对儿童抚养权归属的探讨,还须结合其与兄弟姐妹的关系及是否想要共同居住等作出考虑,从而形成更符合儿童利益的判决。大家庭成员对儿童健康成长的支持同样是需要考虑的因素,尤其是祖父母、外祖父母对儿童健康成长所发挥的作用和支持。在强调大家庭或家族观念较重的国家或地区,大家庭的支持作用不可忽视。

五是其他影响因素,主要指文化、宗教等对未成年人最大利益判断可能产生影响的因素。这包括儿童的文化、语言、宗教、精神教养、伦理、种族等。这些因素在传统家庭法中的作用并不突出,但在跨国婚姻较多或多民族国家或地区,不同民族或宗教信仰的儿童的最大利益可能需要结合其具体民族、文化等独特成长背景作出分析。因此,该方面因素不可忽视。

整体来看,以上五个方面是判断未成年人最大利益时常见的五类因素。各个国家和地区往往在列举未成年人最大利益判断因素时,一方面,强调所列举要素并不绝对或全面,法院在实践中可针对其中部分或全部要素进行探讨,也可引入其他要素进行分析;另一方面,确定相关要素发生冲突时的解决方案,如进行综合利益衡量或确定首要考虑因素。首要考虑因素的设置,往往以第一类要素为准,即部分国家和地区将儿童的安全、福祉作为首要考虑要素,部分国家和地区强调儿童的意见和倾向。通过明确未成年人最大利益的判断要素,并设定相关要素冲突时的判断标准,为抚养权争议实践中未成年人最大利益的判断提供指引,也是各国家事司法改革过程中不断完善的重要内容。

结　语

通过改革推进家事司法系统的不断更新和优化，是各国家事司法制度的普遍发展路径。无论是英联邦国家还是我国，均在21世纪对家事司法系统进行了较大规模的改革，并且处于进一步深化改革的过程中。通过改革推进家事司法制度的完善，解决家事司法系统在运行过程中面临的问题和挑战，应对不断变化的外部环境和需求，是各国家事司法系统更新的重要内容。家事司法系统的优化，本质上在于保障家事司法功能的实现，即解决家事纠纷、保障家事正义的实现。

综观21世纪以来英联邦国家的家事司法改革或审查，减少家事司法的对抗性、扩大非诉讼纠纷解决机制的适用，保障未成年人的程序参与、充分考虑儿童的最大利益，通过统一家事法院设置推进家事司法机构的专业化发展，提升案件管理水平和数字化建设，保障专业人员参与和跨学科方法适用，着力解决家庭暴力等问题，是改革或审查建议的重要内容，也是各国不断优化家事司法系统的着力点。这既反映了家事司法系统发展的普遍需求，也反映了家事司法系统对案件增多且日益复杂、家庭结构和文化变迁、信息网络技术发展等新的发展环境和挑战的回应。在家事司法制度发展过程中，减少对抗性成为各国的普遍选择，体现了各国家事司法系统对家事纠纷特殊性的考量和对减少当事人之间冲突的追求。家事司法的裁判功能在于解决家事纠纷，但家事司法的社会效果在于减少当事人之间的冲突，保障未成年人的健康成长，从而促进社会的和谐稳定。

我国自2016年起试点家事审判改革，目前改革已进入进一步深化阶段。《民法典》在离婚后子女抚养问题和收养问题中规定了最有利于未成年子女原则,体现了我国对《儿童权利公约》中儿童最大利益原则的引入。如何在家事司法中使未成年人的利益得到充分体现和保护,是我国进一步深化家事审判改革需要解决的重要问题,也反映了我国家事司法的价值取向之发展。在进一步深化改革过程中,扩大非诉讼纠纷解决机制的适用,推动家事司法的专业化和社会化发展,加强信息网络技术在家事司法中的适用等是优化我国家事司法系统的有效机制,也是符合时代发展需求和家事司法发展规律的必要措施。家事司法改革并非一蹴而就,而是需要在家事司法实践中不断深化与完善,故而我国家事司法制度的完善,尚待持续推进。

主要参考文献

一、中文类

(一)著作

1. 高宣扬:《鲁曼社会系统理论与现代性》,中国人民大学出版社 2005 年版。

2. 林秀雄:《婚姻家庭法之研究》,中国政法大学出版社 2001 年版。

3. 刘敏、陈爱武:《〈中华人民共和国家事诉讼法〉建议稿及立法理由书》,法律出版社 2018 年版。

4. 石雷:《英国现代离婚制度研究》,群众出版社 2015 年版。

5. 夏吟兰:《离婚自由与限制论》,中国政法大学出版社 2007 年版。

6. 薛波主编,潘汉典总审定:《元照英美法词典》,北京大学出版社 2013 年版。

(二)译著

1. [德]卡尔·拉伦茨:《法学方法论》,陈爱娥译,商务印书馆 2003 年版。

2. [法]卢梭:《社会契约论》,商务印书馆 2011 年版。

3. [英]约翰·伊克拉:《家庭法和私生活》,石雷译,法律出版社 2015 年版。

(三)文章

1. 陈爱武:《情理与互让:家事调解的技术构造解读》,载《社会科学辑刊》2013 年第 2 期。

2. 陈景辉:《比例原则的普遍化与基本权利的性质》,载《中国法学》2017

年第 5 期。

3. 洪冬英:《以法院文化建设推动司法的改革与发展》,载《法学》2012 年第 11 期。

4. 姜佩杉:《中国裁判文书网文书总量突破一亿》,载《人民法院报》2020 年 9 月 2 日,第 1 版。

5. 刘昱辉:《论公安机关实施〈反家庭暴力法〉中的不作为问题及对策》,载《中国人民公安大学学报(社会科学版)》2017 年第 3 期。

6. 刘作翔:《法治文化的几个理论问题》,载《法学论坛》2012 年第 1 期。

7. 李忠夏:《功能取向的法教义学:传统与反思》,载《环球法律评论》2020 年第 5 期。

8. 陆宇峰:《"自创生"系统论法学:一种理解现代法律的新思路》,载《政法论坛》2014 年第 4 期。

9. 罗清:《反家庭暴力中的国家责任——以适当的注意标准为限》,载《政治与法律》2013 年第 11 期。

10. 马超、于晓虹、何海波:《大数据分析:中国司法裁判文书上网公开报告》,载《中国法律评论》2016 年第 4 期。

11. 马忆南、罗玲:《裁判离婚理由立法研究》,载《法学论坛》2014 年第 4 期。

12. [美]庞德:《作为中国法基础的比较法和历史》,王笑红译,载王健编:《西法东渐:外国人与中国近代法的变革》,中国政法大学出版社 2001 年版。

13. 孙军工、朱健:《英国法院怎样和媒体打交道》,载《人民法院报》2016 年 1 月 15 日,第 8 版。

14. 陶婷:《民事裁判文书上网公开的边界问题探究——基于司法知情权与个人隐私权的冲突与平衡的考量》,载《西南政法大学学报》2014 年第 6 期。

15. 田禾:《裁判文书公开是司法改革重要成果》,载《人民法院报》2017 年 8 月 31 日,第 2 版。

16. 涂钒:《英国:数字化离婚》,载《检察风云》2018 年第 13 期。

17. 涂云新、秦前红:《司法改革的组织和程序保障——论〈欧洲司法改革报告 2011—2012〉对中国的借鉴和启示》,载《河南财经政法大学学报》2013 年第 6 期。

18. 王道强:《家事纠纷区别于普通民事纠纷之特质分析》,载《人民法院报》2016 年 1 月 27 日,第 7 版。

19. 王德新:《家事审判改革的理念革新与路径调适》,载《当代法学》2018 年第 1 期。

20. 王歌雅:《民法典婚姻家庭编的价值阐释与制度修为》,载《东方法学》2020 年第 4 期。

21. 王灏:《普通法系过失侵权责任证成研究》,载《浙江工商大学学报》2017 年第 4 期。

22. 王洪:《论子女最佳利益原则》,载《现代法学》2003 年第 6 期。

23. 王明辉:《加强家事审判的专业化建设》,载《人民法院报》2016 年 12 月 29 日,第 2 版。

24. 王雪梅:《儿童权利保护的"最大利益原则"研究》(上),载《环球法律评论》2002 年第 4 期。

25. [新]邓碧云:《新加坡家事司法改革概略与规划》,袁跃文、林超译,载《中国应用法学》2017 年第 5 期。

26. 徐爱国:《侵权法女性主义视角的解读》,载《学习与探索》2012 年第 3 期。

27. 尹琳:《美国"治疗性司法"理念的实践及其启示》,载《政治与法律》2014 年第 12 期。

28. [英]托马斯勋爵:《英国最高法院 2016 年度报告》(下),袁跃文译,载《人民法院报》2017 年 1 月 27 日,第 8 版。

29. [英]詹姆斯・芒比:《英国家事法院公布裁判文书工作指南》,任容庆译,载《法制日报》2016 年 11 月 30 日,第 11 版。

30. 于雪锋:《侵权法中可预见性标准的基本功能及其比较》,载《东方法学》2016 年第 4 期。

31. 余小伟:《"公平责任"是否"公平"——以二十世纪新侵权法理论为视

角》,载《政治与法律》2017 年第 12 期。

32. 张彩凤、沈国琴:《家庭暴力案件中警察权的权限及行使原则——性别平等主义视角下的分析》,载《中国人民公安大学学报(社会科学版)》2009 年第 1 期。

33. 张翠梅、赵若瑜:《卢曼自创生法律系统视阈下的系统与环境》,载《江汉论坛》2019 年第 4 期。

34. 张鸣起:《民法典分编的编纂》,载《中国法学》2020 年第 3 期。

35. 赵红星、李君剑:《裁判文书网上公开现状探析及公开方向论证》,载《河北法学》2015 年第 12 期。

36. 赵敏:《服务行政视角下公安行政不作为新探——以警察干预家庭暴力为例》,载《河北法学》2013 年第 8 期。

37. 周强:《最高人民法院工作报告——2017 年 3 月 12 日在第十二届全国人民代表大会第五次会议上》,载《人民日报》2017 年 3 月 20 日,第 3 版。

二、英文类

(一)著作

1. Alan Tidwell, *A Conflict Resolved: A Critical Assessment of Conflict Resolution*, Continuum, 1998.

2. Bryan Garner ed., *Black's Law Dictionary*, Thomson West, 2004.

3. Elaine Laken et al., *Introduction to the Family Proceedings Court*, Waterside Press, 1997.

4. Elizabeth A. Sheehy, *Defending Battered Women on Trial: Lessons from the Transcripts*, UBC Press, 2014.

5. Gary Slapper & David Kelly, *The English Legal System* (2016-2017), Routledge, 2016.

6. Gillian Geddes & Richard Budworth, *The Single Family Court: A Practitioner's Handbook*, Wildy, Simmonds and Hill Publishing, 2016.

7. John Eekelaar & Mavis Maclean, *Family Justice: The Work of Family*

Judges in Uncertain Times, Hart Publishing, 2013.

8. Jonathan Herring, Rebecca Probert & Stephen Gilmorem, *Great Debates in Family Law*, Palgrave Macmillan, 2012.

9. Judith Masson et al., *Principles of Family Law*, Sweet & Maxwell, 2008.

10. Kate Standley & Paula Davies, *Family Law*, Palgrave Macmillan, 2013.

11. Kim Holt, *Contemporary Family Justice: Policy and Practice in Complex Child Protection Decisions*, Jessica Kingsley Publishers, 2016.

12. Marta Poblet ed., *Mobile Technologies for Conflict Management: Online Dispute Resolution, Governance, Participation*, Springer, 2011.

13. Nigel Lowe & Gillian Douglas, *Bromley's Family Law*, Oxford University Press, 2015.

14. Niklas Luhmann, *The Differentiation of Society*, Columbia University Press, 1982.

15. Patrick Parkinson & Judy Cashmore, *The Voice of a Child in Family Law Disputes*, Oxford, Oxford University Press, 2008.

16. Robert Kraut, Malcolm Brynin & Sara Kiesler eds., *Computers, Phones, and the Internet: Domesticating Information Technology*, Oxford University Press, 2006.

17. Rosemary Auchmuty ed., *Great Debates in Gender and Law*, Palgrave, 2018.

18. Sarah Blackmore & Jacqui Thomas, *Reforming Family Justice: A Guide to the Family Court and the Children and Families Act* 2014, Jordan Publishing Limited, 2014.

19. Shefali Shah, *Key Changes to Family Justice*, CoramBAAF, 2016.

20. Stephen Gilmore & Lisa Glennon, *Hayes and Williams' Family Law: Principles, Policy, and Practice*, Oxford University Press, 2012.

21. Thomas Schultz, *Information Technology and Arbitration: A Practitioner's Guide*, Kluwer Law International, 2006.

22. Ton Liefaard & Jaap Doek eds., *Litigating the Rights of the Child: The UN Convention on the Rights of the Child in Domestic and International Jurisprudence*, Springer, 2015.

(二)文章

1. Adrian James et al., *The Voice of the Child in Family Mediation: Norway and England*, 18 The International Journal of Children's Rights 313 (2010).

2. Alison Diduck, *Justice by ADR in Private Family Matters: Is It Fair and Is It Possible?*, 44 Family Law 616 (2014).

3. Bill Atkin, *Controversial Changes to the Family Justice System in New Zealand: Is the Private Law/Public Law Division Still Useful*, 29 Policy and the Family 183 (2015).

4. Brittany Rudd et al., *Child-informed Mediation Study Follow-up: Comparing the Frequency of Relitigation Following Different Types of Family Mediation*, 21 Psychology, Public Policy, and Law 452 (2015).

5. Charles Waldegrave, *Contrasting National Jurisdictional and Welfare Responses to Violence to Children*, 27 Social Poilcy Journal of New Zealand 57 (2006).

6. Chris Barton & Judith Pugsley, *The Voice of the Child: Are Mediators Listening?*, 44 Family Law 357 (2014).

7. Danielle Lordi, *Police Liability under State Tort Law for Failure to Enforce Protection Orders: The Last Demand for Accountability*, 85 Oregon Law Review 325 (2006).

8. Daryl Higgins, *A Public Health Approach to Enhancing Safe and Supportive Family Environments for Children*, 96 Family Matters 39 (2015).

9. E. Kay M. Tisdall, *Challenging Competency and Capacity? Due Weight*

to Children's Views in Family Law Proceedings, 26 The International Journal of Children's Rights 159 (2018).

10. E. Kay M. Tisdall, *Subjects with Agency? Children's Participation in Family Law Proceedings*, 38 Journal of Social Welfare and Family Law 362 (2016).

11. Erika Chamberlain, *To Serve and Protect Whom? Proximity in Cases of Police Failure to Protect*, 53 Alberta Law Review 977 (2016).

12. Eunice Chua, *Mediation in the Singapore Family Justice Courts: Examining the Mandatory Mediation Model under the Judge-led Approach*, 38 Civil Justice Quarterly 97 (2019).

13. Felicity Bell, *Barriers to Empowering Children in Private Family Law Proceedings*, 30 International Journal of Law, Policy and the Family 225 (2016).

14. Felicity Bell, *Meetings between Children's Lawyers and Children Involved in Private Family Law Disputes*, 28 Child and Family Law Quarterly 5 (2016).

15. Gillian Macdonald, *Hearing Children's Voices? Including Children's Perspectives on Their Experiences of Domestic Violence in Welfare Reports Prepared for the English Courts in Private Family Law Proceedings*, 65 Child Abuse & Neglect 1 (2017).

16. Henry Kha, *Evaluating Collaborative Law in the Australian Context*, 26 Australian Dispute Resolution Journal 178 (2015).

17. James Munby, 12*th View from the President's Chamber: The Process of Reform: Next Steps*, 44 Family Law 978 (2014).

18. James Munby, *Transparency in the Family Courts: Publication of Judgments: Practice Guidance*, 44 Family Law 222 (2014).

19. James Munby, *Transparency—The Next Steps*, 44 Family Law 1259 (2014).

20. James Munby, *View from the President's Chambers*, 43 Family Law 816 (2013).

21. Janet Walker, *How Can We Ensure that Children's Voices are Heard in Mediation?*, 43 Family Law 191 (2013).

22. Joan Kelly & Michael Johnson, *Differentiation among Types of Intimate Partner Violence: Research Update and Implications for Interventions*, 46 Family Court Review 47 (2008).

23. Kathryn Kuehnle, Lyn Greenberg & Michael Gottlieb, *Incorporating the Principles of Scientifically Based Child Interviews into Family Law Cases*, 1 Journal of Child Custody 97 (2004).

24. Kelly Olson, *Family Group Conferencing and Child Protection Mediation: Essential Tools for Prioritizing Family Engagement in Child Welfare Cases*, 47 Family Court Review 53 (2009).

25. Kylie Beckhouse, *Laying the Guideposts for Participatory Practice: Children's Participation in Family Law Matters*, 98 *Family Matters* 26 (2016).

26. Leonard Edwards, *Child Protection Mediation: A 25-year Perspective*, 47 Family Court Review 69 (2009).

27. Leong Wai Kum, *From Substantive Law towards Family Justice for the Child in Divorce Proceedings in Singapore*, 30 Singapore Academy of Law Journal 587 (2018).

28. Linda Elrod, "*Please Let Me Stay*": *Hearing the Voice of the Child in Hague Abduction Cases*, 63 Oklahoma Law Review 663 (2011).

29. Lola Ojelabi & Judith Gutman, *Family Dispute Resolution and Access to Justice in Australia*, 16 International Journal of Law in Context 255 (2020).

30. Lucille Ponte, *Michigan Cyber Court: A Bold Experiment in the Development of the First Public Virtual Courthouse*, 4 North Carolina Journal of Law & Technology 51 (2002).

31. Mandy Shircore et al., *Domestic and Family Violence and Police Negligence*, 39 Sydney Law Review 539 (2017).

32. Marie Connolly & Judith Masson, *Private and Public Voices: Does Family Group Conferencing Privilege the Voice of Children and Families in Child Welfare?*, 36 Journal of Social Welfare and Family Law 403 (2014).

33. Marilyn Scott & Pauline Collins, *The Challenges for Collaborative Lawyers in Providing CP Processes*, 31 Australian Journal of Family Law 27 (2017).

34. Mark Henaghan, *Article 12 of the UN Convention on the Rights of Children, International Journal of Children's Rights*, 25 The International Journal of Children's Rights 61 (2017).

35. Masha Antokolskaia, *Convergence of Divorce Laws in Europe*, 18 Child and Family Law Quarterly 307 (2006).

36. Melanie Randall, *Private Law, the State and the Duty to Protect: Tort Actions for Police Failures in Gendered Violence Cases*, 44 Supreme Court Law Review 343 (2009).

37. Michelle Fernando, *Proposed Guidelines for Judges Meeting with Children in Family Law Proceedings*, 2 Family Law Review 213 (2012).

38. Nancy Thoennes, *What We Know Now: Findings From Dependency Mediation Research*, 47 Family Court Review 21 (2009).

39. Nicholas Bala, *Bringing Canada's Divorce Act into the New Millennium: Enacting a Child-focused Parenting Law*, 40 Queen's Law Journal 425(2015).

40. Nicholas Wall, *Privacy and Publicity in Family Law: Their Eternal Tension*, 42 Family Law 1463 (2012).

41. Nicola Taylor, *Child Participation: Overcoming Disparity between New Zealand's Family Court and Out-of-Court Dispute Resolution Processes*, 25 The International Journal of Children's Rights 3 (2017).

42. Nicola Taylor & John Caldwell, *Judicial Meetings with Children: Documenting Practice within the New Zealand Family Court*, 3 New Zealand Law Review 264 (2013).

43. Nina Vallins, *Police Responses to Family Violence: Recasting a Duty of Care*, 42 Alternative Law Journal 29 (2017).

44. Rosemary Hunter et al., *Mapping Paths to Family Justice: Matching Parties, Cases and Processes*, 44 Family Law 475 (2014).

45. PA Welbourne, *Adversarial Courts, Therapeutic Justice and Protecting Children in the Family Justice System*, 28 Child and Family Law Quarterly 1 (2016).

46. Peter Boshier, Nicola Taylor & Fred Seymour, *Early Intervention in New Zealand Family Court Cases*, 49 Family Court Review 818 (2011).

47. Peter Salem & Annette Burns, *Guiding Principles for Family Justice Programs*, 57 Family Court Review 434 (2019).

48. Rachel Birnbaum & Michael Saini, *A Qualitative Synthesis of Children's Participation in Custody Disputes*, 22 Research on Social Work Practice 400 (2012).

49. Rollie Thompson, "*Relocation and Relitigation: After Gordon v. Goertz*" *Case Comment*, 16 Canadian Family Law Quarterly 219 (1999).

50. Rollie Thompson, *Heading for the Light: International Relocation from Canada*, 30 Canadian Family Law Quarterly 1 (2011).

51. Ron Neff & Kat Cooper, *Parental Conflict Resolution: Six, Twelve and Fifteen-month Follow-ups of a High Conflict Program*, 42 Family Court Review 99 (2004).

52. Ros Macdonald & Anne Wallace, *Review of the Extent of Courtroom Technology in Australia*, 12 William & Mary Bill of Rights Journal 127 (2004).

53. Sally Holland et al., *Democratising the Family and the State? The Case*

of Family Group Conferences in Child Welfare, 34 Journal of Social Policy 59 (2004).

54. Stelios Tofaris & Sandy Steel, *Negligence Liability for Omissions and the Police*, 75 The Cambridge Law Journal 128 (2016).

55. Ute Straub, *Family Group Conference in Europe: From Margin to Mainstream*, 1 ERIS Web Journal 26 (2012).

(三)案例

1. *A v Ward* [2010] EWHC 16 (Fam), [2010] 1 FLR 1497.

2. *AQL v AQM* [2011] SGHC 264.

3. *AQL v AQM* [2012] 1 SLR 840.

4. *ATZ v AUA* [2015] SGHC 161.

5. *AUA v ATZ* [2016] SGCA 41.

6. *AZB v AZC* [2016] SGHCF 1.

7. *B. M. v British Columbia (Attorney General)* [2004] BCCA 402.

8. *Baginski & Medvitz* [2020] FamCA 258.

9. *Banham v Banham* [2020] FCCA 1201.

10. *BMI v BMJ* [2017] SGHC 112.

11. *Bondelmonte v Bondelmonte & Anor* [2017] HCA 8.

12. *C (A Child)* [2015] EWCA Civ 500.

13. *Caparo Industries PLC v Dickman* [1990] UKHL 2.

14. *CX v CY (Minor)* [2005] SGCA 37.

15. *D(W) c A(G)* [2003] RJQ 1411 (CA).

16. *Doe v Metropolitan Toronto (Municipality) Commissioners of Police (Div. Ct.)* [1990] CanLII 6611 (ON SC).

17. *G (A Child)* [2018] EWHC 1301 (Fam).

18. *Gordon v Goertz* [1996] 2 SCR 27.

19. *Harris v Harris, Attorney-General v Harris* [2001] 2 FLR 895.

20. *Hill v Chief Constable of West Yorkshire* [1989] AC 53.

21. *K v B* [2010] NZSC 112.

22. *Kent County Council v M and K (Section 20)* [2016] EWFC 28.

23. *Kim Chun Ahe v Ng Siew Kee* [2002] SGDC 276.

24. *M v F* [2015] ONCA 277.

25. *Mafton v Salmet (No. 2)* [2020] FCCA 903.

26. *Michael and others v The Chief Constable of South Wales Police and another* [2015] UKSC 2.

27. *Modbury Triangle Shopping Centre Pty Ltd v Anzil and Another* (2001) 176 ALR 411.

28. *Norfolk County Council v Webster* [2007] 2 FLR 415.

29. *Owens v Owens* [2017] EWCA Civ 182, [2018] UKSC 41.

30. *R v Cannings* [2004] 1 FCR 193.

31. *Re A (A Child)* [2014] EWHC 604 (Fam).

32. *Re B (A Child)* [2004] EWHC 411.

33. *Re C (A Child)* [2015] EWCA Civ 500.

34. *Re J (A Child)* [2013] EWHC 2694 (Fam).

35. *Re K (A Child)* [2013] EWHC 2684 (Fam).

36. *Re L (A Child)* [2011] EWHC B8 (Fam).

37. *Re P (A Child)* [2013] EWHC 4048 (Fam).

38. *Re Roddy (A Child)* [2004] 2 FLR 949.

39. *Re W* [1995] 2 FLR 466, 474.

40. *Re X; London Borough of Barnet v Y and X* [2006] 2 FLR 998.

41. *Reynolds v Times Newspapers Ltd* [2001] 2 AC 127.

42. *Roger Williams v Rebecca Minnock and Ethan Freeman Williams* [2015], Bristol Crown Court, Case No. VS13P00027.

43. *Scott v Scott* [1913] AC 417.

44. *Smith v Chief Constable of Sussex Police* [2009] AC 225.

45. *Smith v State of Victoria* [2018] VSC 475.

46. *Soon Peck Wah v Woon Che Chye* [1997] 3 SLR(R) 430.

47. *Swinney v Chief Constable of Northumbria Police Force* [1996] EWCA Civ 1322.

48. *Tame v New South Wales* [2002] HCA 35, *Cran v New South Wales* [2004] NSWCA 92.

49. *TFW v TFX* [2014] SGDC 329.

50. *TGV v TGW* [2015] SGFC 131.

51. *TJF v TFG* [2016] SGFC 165.

52. *TQ v TR and Another Appeal* [2009] SGCA 6.

53. *TSG & Anor v TSE & Anor* [2017] SGHCF 21.

54. *UYK v UYJ* [2020] SGHCF 9.

55. *Van de Pierre v Edwards* [2001] 2 SCR 1014.

56. *Webster v Norfolk County Council and the Children* [2009] EWCA Civ 59, [2009] 1 FLR 1378.

57. *Whitney v California* (1927) 274 US 357.

58. *Wong Phila Mae v Shaw Harold* [1991] 1 SLR(R) 680.

59. *X v X* [2016] EWHC 3512 (Fam).

60. *Young v Young* [1993] 4 SCR 3.

61. *Z County Council v TS* [2008] EWHC 1773 (Fam).

62. *Zeelan Abney* [2020] FCCA 884.

63. *ZO v ZP* [2009] SGDC 33.

64. *ZO v ZP and another appeal* [2011] 3 SLR 647.

后　记

英联邦国家在进入21世纪后普遍进行了家事司法改革或审查，虽具体措施有异，但改革理念、发展目标、路径设计和具体机制等诸多方面具有很大的相似性。因此，在研究了英国2011年以来的家事司法改革之后，将澳大利亚、新西兰、新加坡、加拿大等国家近年来的家事司法改革与英国改革后的家事司法系统的发展相结合，形成对英联邦国家在21世纪以来的家事司法制度发展的全面梳理和深入探讨，是我目前一直从事的研究。本书选取了近年来英联邦国家中五个具有代表性国家的家事司法改革及其审查进行探讨，其中部分国家的改革效果和司法审查后的具体改革推进还待关注，部分国家家事司法系统的发展趋向尚待探讨，因此，本书是关于英联邦国家家事司法制度的初步研究，我也将会持续在该领域作出探讨，以形成关于英联邦国家家事司法制度的深入研究。

作为山东师范大学“法治文化与法治话语比较研究”青年创新团队的研究成果，本书的出版得到了团队负责人吕芳老师和法学院荆月新老师、周巨木书记、王德新老师等老师的支持。同时，法律出版社韩泓宇编辑和马秋婧编辑也为本书的出版提供了支持和协助。

家事无小事，家事司法关系着家庭的和谐和社会的稳定，尤其是会涉及未成年人权益的维护，对该问题的研究始终具有必要性。我会以本书为基础，进一步深化对英联邦国家家事司法制度的研究，并拓展对家事司法制度的比较研究，从而形成对我国家事司法制度及其比较研究的深入探索。

齐凯悦

2021年3月25日